中华人民共和国
反间谍法
注解与配套

第六版

中国法制出版社
CHINA LEGAL PUBLISHING HOUSE

图书在版编目（CIP）数据

中华人民共和国反间谍法注解与配套／中国法制出版社编.—北京：中国法制出版社，2023.9
（法律注解与配套丛书）
ISBN 978-7-5216-3664-2

Ⅰ.①中… Ⅱ.①中… Ⅲ.①反间谍法-法律解释-中国 Ⅳ.①D922.145

中国国家版本馆 CIP 数据核字（2023）第 115684 号

策划编辑：袁笋冰　　　责任编辑：李璞娜　　　封面设计：杨泽江

中华人民共和国反间谍法注解与配套
ZHONGHUA RENMIN GONGHEGUO FANJIANDIEFA ZHUJIE YU PEITAO

经销/新华书店
印刷/三河市国英印务有限公司
开本/850 毫米×1168 毫米　32 开　　　　印张/ 8.25　字数/ 199 千
版次/2023 年 9 月第 1 版　　　　　　　　2023 年 9 月第 1 次印刷

中国法制出版社出版
书号 ISBN 978-7-5216-3664-2　　　　　　　　　　　定价：24.00 元

北京市西城区西便门西里甲 16 号西便门办公区
邮政编码：100053　　　　　　　　　　传真：010-63141600
网址：http://www.zgfzs.com　　　　　编辑部电话：010-63141670
市场营销部电话：010-63141612　　　印务部电话：010-63141606

（如有印装质量问题，请与本社印务部联系）

出版说明

中国法制出版社一直致力于出版适合大众需求的法律图书。为了帮助读者准确理解与适用法律，我社于2008年9月推出"法律注解与配套丛书"，深受广大读者的认同与喜爱，此后推出的第二、三、四、五版也持续热销。为了更好地服务读者，及时反映国家最新立法动态及法律文件的多次清理结果，我社决定推出"法律注解与配套丛书"（第六版）。

本丛书具有以下特点：

1. 由相关领域的具有丰富实践经验和学术素养的法律专业人士撰写适用导引，对相关法律领域作提纲挈领的说明，重点提示立法动态及适用重点、难点。

2. 对主体法中的重点法条及专业术语进行注解，帮助读者把握立法精神，理解条文含义。

3. 根据司法实践提炼疑难问题，由相关专家运用法律规定及原理进行权威解答。

4. 在主体法律文件之后择要收录与其实施相关的配套规定，便于读者查找、应用。

此外，为了凸显丛书简约、实用的特色，分册根据需要附上实用图表、办事流程等，方便读者查阅使用。

真诚希望本丛书的出版能给您在法律的应用上带来帮助和便利，同时也恳请广大读者对书中存在的不足之处提出批评和建议。

中国法制出版社
2023年9月

适用导引

反间谍斗争本质上是反渗透、反颠覆、反窃密斗争，直接关系国家政治安全等核心安全。为了加强和保障反间谍工作，依法严厉惩治间谍组织和各种敌对势力危害我国家安全的行为，2014年11月，第十二届全国人民代表大会常务委员会第十一次会议通过了《中华人民共和国反间谍法》。反间谍法是贯彻落实总体国家安全观的第一部法律，是规范和保障反间谍斗争的专门法律，具有特殊的立法意义。反间谍法颁布施行近十年来，我国的国家安全形势又发生了重大变化，为了更好地贯彻落实党的二十大精神和党中央加强反间谍工作的一系列重要决策部署，提高专门机关的反间谍工作能力，增强全民国家安全意识和素养，2023年4月26日，第十四届全国人民代表大会常务委员会第二次会议审议通过了新修订的《中华人民共和国反间谍法》。新修订的反间谍法自2023年7月1日起施行。

2014年颁布施行的反间谍法有5章共计40条规定。在此基础上，2023年修订后的反间谍法有6章共计71条规定，几乎每一条都作了修改和完善。

（一）贯彻落实党的二十大精神，强化党中央对反间谍工作的领导

第一，完善反间谍工作基本原则。反间谍法规定的基本原则统领法律中的各项具体规定。此次修订反间谍法，一是明确"坚持党中央集中统一领导"反间谍工作；二是增加规定反间谍工作应当"坚持总体国家安全观"；三是增加反间谍工作要坚持"标本兼治""筑牢国家安全人民防线"的规定。基于以上，修订后的反间谍法第二条规定："反间谍工作坚持党中央集中统一领导，

坚持总体国家安全观，坚持公开工作与秘密工作相结合、专门工作与群众路线相结合，坚持积极防御、依法惩治、标本兼治，筑牢国家安全人民防线。"

第二，建立国家层面的反间谍工作协调机制。反间谍工作是一项系统工程，不只是专门机关一家的责任，而是社会各相关主体的共同职责，需要各部门、各方面通力协作、加强配合，共同打造国家安全的钢铁长城。修订后的反间谍法新增第五条规定："国家建立反间谍工作协调机制，统筹协调反间谍工作中的重大事项，研究、解决反间谍工作中的重大问题。"

（二）与国家安全法治体系中的其他法律规定相衔接，清晰界定间谍行为的定义范围

明确什么是间谍行为，是反间谍法最核心的内容，也是此次修订反间谍法的重点。当前社会生活、科学技术等各领域发展迅速，实践中一些新行为、新情况是否属于间谍行为需要站在新的历史时期，严格贯彻落实总体国家安全观，在法律上予以界定和明确。此次修订完善了间谍行为的定义，与其他法律法规相衔接，清晰界定间谍行为的定义范围，织密国家安全法网，主要体现在以下几个方面：第一，进一步明确特定主体"窃密"对象范围。修订后的反间谍法第四条第一款第三项将间谍组织及其代理人以外的其他境外机构、组织、个人等窃取、刺探、收买、非法提供"其他关系国家安全和利益的文件、数据、资料、物品"的行为明确为间谍行为。第二，增加利用网络实施间谍行为的规定。修订后的反间谍法第四条第一款第四项中将"间谍组织及其代理人实施或者指使、资助他人实施，或者境内外机构、组织、个人与其相勾结实施针对国家机关、涉密单位或者关键信息基础设施等的网络攻击、侵入、干扰、控制、破坏等活动"明确为间谍行为。第三，与国家安全法治体系中的相关法律实现衔接。修订后的反间谍法关于间谍行为的定义，延续以往的立法体例列举

了几种间谍行为,对这些行为规定的理解不能限于反间谍法自身文本的有限体量,更不可做断章取义的解释,造成相关概念被不当地放大或缩小,影响法律实施的效果。对这些行为规定的理解,需要从我国法律体系,特别是从国家安全法治体系的相关法律中作系统化的理解和认定,实现法律之间的有效衔接。事实上,间谍行为定义中出现的一些概念,在其他法律中不仅是明确的,而且已经经历长期实践检验,较为清楚和易于判断,有利于社会公众识别和执法司法机关办理案件。一是修订后的反间谍法第四条中规定的"间谍组织及其代理人",与我国1997年修订后的刑法第一百一十条明确规定的间谍犯罪中的"间谍组织及其代理人"的含义是一致的。二是修订后的反间谍法第四条第一款第一项中的"危害中华人民共和国国家安全"主要是指危害到国家安全法第二条所规定的国家安全,即危害到国家政权、主权、统一和领土完整、人民福祉、经济社会可持续发展以及国家其他重大利益,严重侵害了上述国家核心利益的安全和国家其他重大利益相对处于没有危险和不受内外威胁的状态,以及保障持续安全状态的能力。三是修订后的反间谍法第四条第一款第三项中的"关系国家安全和利益的数据"主要是指数据安全法第二十一条第二款规定的,实行更加严格的管理制度保护的关系国家安全、国民经济命脉、重要民生、重大公共利益等国家核心数据。四是修订后的反间谍法第四条第一款第四项中的"关键信息基础设施",根据网络安全法第三十一条的规定,其具体范围由国务院制定。国务院2021年制定的关键信息基础设施安全保护条例第二条明确了相关范围,即指公共通信和信息服务、能源、交通、水利、金融、公共服务、电子政务、国防科技工业等重要行业和领域的,以及其他一旦遭到破坏、丧失功能或者数据泄露,可能严重危害国家安全、国计民生、公共利益的重要网络设施、信息系统等。此外,针对实践中的问题,此次修订反间谍法增加规定了投靠间谍组织及其代理人、胁迫国家工作人员叛变、针对第三国开展间谍活动等间谍行为方式。

(三) 加强对反间谍工作的保障与监督，尊重和保障人权

修订后的反间谍法在加强反间谍工作，依法防范、制止和惩治间谍行为的同时，更加注重坚持法治原则，兼顾赋权与限权，加强对公权力的监督制约，依法保护个人和组织的合法权益。例如，反间谍法第三条明确规定"反间谍工作应当依法进行，尊重和保障人权，保障个人和组织的合法权益"。再如，反间谍法在总则部分第十一条规定了国家安全机关工作人员应当严格依法办事，不得超越职权、滥用职权，不得侵犯个人和组织的合法权益，并对工作中获取的信息予以保密。在总则部分规定国家安全机关工作人员的责任义务和禁止性规定，是此次修订反间谍法向全社会传递的重要信号。国家安全机关工作人员在执行本法其他规定的时候，都需要遵守总则的责任义务和禁止性规定，并接受全社会监督。修订后的反间谍法第六十九条同步配置了法律责任，如果国家安全机关工作人员违反了总则的该条规定，依法予以处分，构成犯罪的，依法追究刑事责任。

此外，修订后的反间谍法设置"保障与监督"专章，进一步明确国家安全机关执法规范要求，严格审批程序，加强对国家安全机关工作人员的监督，明确国家安全机关应当执行内部监督和安全审查制度。个人和组织依法享有检举、控告权利，并规定了可以申请的救济措施等，使尊重和保障人权的规定有具体的制度和程序予以落实。

(四) 加强反间谍工作体制机制建设，提高维护国家安全能力

第一，加强安全防范制度建设。此次修订反间谍法，总结反间谍安全防范的实践经验，增加"安全防范"专章，对各单位的反间谍安全防范主体责任，地方各级政府、行业主管部门的管理责任，重点单位的安全防范责任，国家安全机关的协调指导和监

督检查职责以及涉及国家安全事项的建设项目许可等方面作了规定，形成了有体系、有重点、有具体措施的反间谍安全防范体制机制。通过具体规定，依法明确"防什么、谁来防、怎么防"，有利于进一步压实反间谍安全防范责任，提升全社会特别是核心要害领域的安全防范工作能力和水平。第二，完善反间谍调查处置措施。此次修订反间谍法，根据执法实践的实际需求，整合完善"调查处置"专章，与网络安全法、数据安全法、出境入境管理法等相关法律做好衔接，增加查阅调取数据、传唤、查询财产信息、不准出入境等行政执法职权；明确国家安全机关执法规范要求，严格审批层级和程序，实现规范化执法；增加对发现的网络安全风险等的通报和处置措施；增加对国家秘密、情报的鉴定评估机制；增加行刑衔接的规定。第三，完善法律责任，兼顾预防和惩治。此次修订反间谍法，根据反间谍工作的实际需要，扩大行政处罚的适用情形，对涉及间谍行为的轻微违法行为明确规定罚款、拘留等行政处罚，对帮助实施间谍行为的一并处罚；增加约谈、通报批评、罚款、暂扣或者吊销许可证件等处罚种类；立足我国反间谍工作实践，做好与行政处罚法、行政诉讼法、刑事诉讼法等相关法律的衔接，增强法律的可操作性。

目　　录

适用导引 ·· *1*

中华人民共和国反间谍法

第一章　总　　则

第一条　【立法目的】 ··· 1
第二条　【指导思想和基本原则】 ··· 2
第三条　【法治原则和保障人权原则】 ·· 3
　　1. 如何理解反间谍工作应当"依法进行" ································ 3
第四条　【间谍行为的定义】 ·· 4
　　2. 如何界定"间谍组织"和"间谍组织代理人" ······················· 9
　　3. 如何理解"危害中华人民共和国国家安全的活动" ············· 10
　　4. 如何理解本条第一款第三项规定中的"境外机构、
　　　 组织、个人" ·· 10
第五条　【国家协调机制】 ·· 10
　　5. 何为本条规定中的"重大事项"和"重大问题" ················ 11
　　6. 反间谍工作协调机制是否等同于国家安全机关 ················· 11
第六条　【主管机关及有关部门的配合协作】 ······························· 11
第七条　【维护国家安全义务】 ·· 12

1

7. 防范、制止间谍行为，维护国家安全的义务主要包括哪些方面的义务 ………………………………… 14

第 八 条 【支持协助和保密义务】 ……………… 14

8. 公民和组织应如何依法支持、协助反间谍工作 …… 15
9. 公民和组织泄露有关国家秘密和反间谍工作秘密应承担何种法律责任 ……………………………… 16

第 九 条 【保护和表彰奖励】 …………………… 17

10. 国家安全机关对哪些在反间谍安全防范工作中取得显著成绩或者做出重大贡献的单位和个人给予表彰和奖励 …………………………………… 18
11. 在哪些情形下，国家不予奖励或者不予重复奖励 … 18
12. 国家如何对举报间谍行为或者在反间谍工作中做出重大贡献的个人和组织予以奖励 ……………… 19
13. 两人及两人以上对危害国家安全行为进行举报的，如何进行奖励认定 …………………………… 19
14. 以发放奖金方式对公民举报危害国家安全行为进行奖励的，具体标准是什么 …………………… 19

第 十 条 【违法必究】 …………………………… 20

第十一条 【履职义务】 …………………………… 20

15. 如何理解国家安全机关及其工作人员应严格依法办事 … 22
16. 国家安全机关及其工作人员履行反间谍工作职责获取的个人和组织的信息，是否可以用于打击其他违法犯罪活动 …………………………………… 22

第二章 安全防范

第十二条 【安全防范的主体责任】 ……………… 23

17. 国家机关、社会团体、企业事业组织和其他社会组织应承担哪些反间谍安全防范主体责任⋯⋯⋯⋯⋯ 24
18. 行业主管部门应承担哪些反间谍安全防范监管责任⋯⋯ 25
19. 国家安全机关在哪些情形下，可以对机关、团体、企业事业组织和其他社会组织开展反间谍安全防范检查⋯⋯⋯⋯⋯⋯⋯⋯⋯⋯⋯⋯⋯⋯⋯⋯⋯⋯⋯⋯ 25
20. 国家安全机关可以通过哪些方式对反间谍安全防范工作进行检查⋯⋯⋯⋯⋯⋯⋯⋯⋯⋯⋯⋯⋯⋯ 25
21. 国家安全机关可以通过哪些方式对落实反间谍安全防范责任进行指导⋯⋯⋯⋯⋯⋯⋯⋯⋯⋯⋯⋯ 25

第十三条　【宣传教育责任】⋯⋯⋯⋯⋯⋯⋯⋯⋯⋯ 26
22. 国家安全机关应如何指导有关单位开展反间谍宣传教育活动，提高防范意识和能力⋯⋯⋯⋯⋯ 27

第十四条　【不得非法获取、持有国家秘密】⋯⋯⋯⋯ 27
23. 国家秘密具体包括哪些内容⋯⋯⋯⋯⋯⋯⋯⋯⋯⋯ 28
24. 哪些情形属于非法获取、持有属于国家秘密的文件、数据、资料、物品⋯⋯⋯⋯⋯⋯⋯⋯⋯⋯ 29

第十五条　【不得非法生产、销售、持有、使用专用间谍器材】⋯⋯⋯⋯⋯⋯⋯⋯⋯⋯⋯⋯⋯⋯⋯ 29
25. 哪些器材属于专用间谍器材⋯⋯⋯⋯⋯⋯⋯⋯⋯⋯ 31
26. 非法生产、销售、持有、使用专用间谍器材的，应承担何种法律责任⋯⋯⋯⋯⋯⋯⋯⋯⋯⋯⋯⋯ 31

第十六条　【举报间谍行为】⋯⋯⋯⋯⋯⋯⋯⋯⋯⋯ 31
27. 公民可以通过哪些方式向国家安全机关举报间谍行为⋯⋯⋯⋯⋯⋯⋯⋯⋯⋯⋯⋯⋯⋯⋯⋯⋯⋯⋯ 33

第十七条　【重点单位管理制度和职责】⋯⋯⋯⋯⋯ 33
28. 如何确定反间谍安全防范重点单位⋯⋯⋯⋯⋯⋯⋯ 34

29. 反间谍安全防范重点单位应履行哪些义务 ………… 34

第十八条 【重点单位人员的反间谍防范】 ………… 34

30. 反间谍安全防范重点单位在人员管理方面应落实
哪些责任 ………………………………………… 36

第十九条 【重点单位物理防范】 ………… 36

第二十条 【重点单位技术防范】 ………… 37

31. 关键信息基础设施运营者在技术防范措施方面应
履行哪些义务 …………………………………… 38

第二十一条 【涉及国家安全事项建设项目许可】 ………… 38

32. 安全控制区域内房屋、建筑物的租赁、转让、销
售是否需要进行涉及国家安全事项的建设项目许可 … 40

第二十二条 【技术防范的标准制定及检查检测】 ………… 40

33. 国家安全机关可以采取哪些方式开展反间谍技术
防范检查检测 …………………………………… 41

第三章 调查处置

第二十三条 【反间谍工作职权的范围】 ………… 42

第二十四条 【查验、问询、查看】 ………… 43

34. 本条规定的问询与治安管理处罚法、刑事诉讼法
等中规定的询问有何区别 ……………………… 44

第二十五条 【电子设备查验】 ………… 45

第二十六条 【查阅、调取】 ………… 46

35. 拒不配合国家安全机关调取数据的，应承担何种
法律责任 ………………………………………… 48

第二十七条 【传唤】 ………… 49

第二十八条 【检查】 ………… 52

第二十九条 【查询】 ………… 53

36. 银行业金融机构接到国家安全机关协助查询的需求后,应在多长时间内办理完毕 ·· 55

第 三 十 条　【查封、扣押、冻结】 ························· 55

37. 国家安全机关对于查封、扣押、冻结的财物,应当如何处理 ·· 56

第三十一条　【执法规范】 ·· 57

第三十二条　【配合调查工作】 ·· 57

38. 在国家机关调查了解有关间谍行为的情况、收集有关证据时,拒绝作证的,应承担何种法律责任 ··· 58

第三十三条　【不准出境】 ·· 59

第三十四条　【不准入境】 ·· 60

第三十五条　【与移民管理机构的衔接】 ····························· 61

第三十六条　【对网络信息内容和安全风险的处置】 ········ 62

第三十七条　【技术侦察和身份保护】 ································ 64

第三十八条　【国家秘密、情报的鉴定和评估】 ················ 65

39. 对已定密事项是否属于国家秘密或者属于何种密级有不同意见的,应如何进行认定 ······························ 66

第三十九条　【立案侦查】 ·· 66

第四章　保障与监督

第 四 十 条　【履行职责受法律保护】 ································ 67

第四十一条　【重点领域协助调查】 ···································· 68

第四十二条　【通行便利】 ·· 69

第四十三条　【进入有关场所单位的规定】 ······················· 70

第四十四条　【使用、征用】 ·· 71

第四十五条　【通关便利和免检】 ·· 72

第四十六条　【保护、营救、补偿】 ···································· 73

5

40. 对于因支持、协助反间谍工作面临危险的，具体可采取哪些保护措施 ······ 74
第四十七条 　【安置】 ······ 74
41. 如何理解本条规定中的"为反间谍工作做出贡献" ······ 75
第四十八条 　【抚恤优待】 ······ 75
第四十九条 　【鼓励科技创新】 ······ 76
第 五 十 条 　【专业队伍建设】 ······ 76
第五十一条 　【内部监督和安全审查】 ······ 76
42. 国家安全机关内部监督和安全审查制度包含哪些内容 ··· 76
第五十二条 　【检举、控告】 ······ 77

第五章　法律责任

第五十三条 　【追究间谍犯罪的刑事责任】 ······ 79
43. 实施间谍行为可能构成哪些犯罪 ······ 79
第五十四条 　【间谍行为和帮助行为的行政处罚】 ······ 80
第五十五条 　【宽大政策】 ······ 82
44. 哪些情形属于本条规定中的有"立功表现" ······ 84
第五十六条 　【违反安全防范主体责任的处罚】 ······ 85
第五十七条 　【违反建设项目许可的处罚】 ······ 85
45. 如何认定本条规定中的"拒不改正或者情节严重" ······ 86
第五十八条 　【重点领域违反协助调查要求的处罚】 ······ 86
第五十九条 　【拒不配合数据调取的处罚】 ······ 87
第 六 十 条 　【妨碍执法的处罚】 ······ 87
第六十一条 　【违反国家秘密和专用间谍器材管理规定的处罚】 ······ 90
第六十二条 　【查封、扣押、冻结财物的处理】 ······ 91
第六十三条 　【涉案财物的处置】 ······ 92

第六十四条　【对非法利益的特殊措施】 …………… 92
　46. 如何理解本条规定中的因实施间谍行为获取的
　　　"所有利益" ……………………………………… 93
第六十五条　【罚没财物的管理】 ………………………… 93
第六十六条　【限期出境和驱逐出境】 …………………… 93
　47. 被遣送出境的外国人可以被遣送至哪些国家或者
　　　地区 ………………………………………………… 94
第六十七条　【行政处罚当事人的权利】 ………………… 94
第六十八条　【申请行政复议和提起行政诉讼】 ………… 94
第六十九条　【渎职的法律责任】 ………………………… 94

第六章　附　　则

第 七 十 条　【间谍行为以外的危害国家安全行为的法
　　　　　　　律适用】 ……………………………………… 95
　48. 哪些行为属于本条第一款规定的间谍行为以外的
　　　危害国家安全行为 ………………………………… 96
第七十一条　【施行日期】 ………………………………… 96

配 套 法 规

中华人民共和国反间谍法实施细则 …………………… 97
　（2017 年 11 月 22 日）
中华人民共和国国家安全法 …………………………… 102
　（2015 年 7 月 1 日）
中华人民共和国国家情报法 …………………………… 114
　（2018 年 4 月 27 日）

7

中华人民共和国保守国家秘密法 …………………… 119
　　（2010年4月29日）
中华人民共和国保守国家秘密法实施条例 …………… 129
　　（2014年1月17日）
中华人民共和国刑法（节录）…………………………… 139
　　（2020年12月26日）
关键信息基础设施安全保护条例 ……………………… 142
　　（2021年7月30日）
反间谍安全防范工作规定 ……………………………… 151
　　（2021年4月26日）
公民举报危害国家安全行为奖励办法 ………………… 159
　　（2022年6月6日）
保密事项范围制定、修订和使用办法 ………………… 164
　　（2017年3月9日）
泄密案件查处办法 ……………………………………… 170
　　（2017年12月29日）
国家秘密鉴定工作规定 ………………………………… 182
　　（2021年7月30日）
国家秘密定密管理暂行规定 …………………………… 190
　　（2014年3月9日）
派生国家秘密定密管理暂行办法 ……………………… 199
　　（2023年2月27日）
最高人民法院关于审理为境外窃取、刺探、收买、非法提
　　供国家秘密、情报案件具体应用法律若干问题的解释 …… 203
　　（2001年1月17日）
人民法院、保密行政管理部门办理侵犯国家秘密案件
　　若干问题的规定 …………………………………… 205
　　（2020年3月11日）

实用附录

反间谍法新旧对照表 ················· 207
国家安全机关公布一批危害国家安全典型案例（节录）······ 230
国家安全机关公布典型案例（节录）··········· 235
最高人民检察院发布4起检察机关依法惩治危害国家
　安全犯罪典型案例（节录）············· 238
最高人民法院发布全民国家安全教育典型案例及相关
　法律规定（节录）················· 241
最高人民法院发布5起平安中国建设第一批典型案例
　（节录）····················· 242

中华人民共和国反间谍法

（2014年11月1日第十二届全国人民代表大会常务委员会第十一次会议通过　2023年4月26日第十四届全国人民代表大会常务委员会第二次会议修订　2023年4月26日中华人民共和国主席令第4号公布　自2023年7月1日起施行）

目　录

第一章　总　则
第二章　安全防范
第三章　调查处置
第四章　保障与监督
第五章　法律责任
第六章　附　则

第一章　总　则

第一条　【立法目的】*　为了加强反间谍工作，防范、制止和惩治间谍行为，维护国家安全，保护人民利益，根据宪法，制定本法。

---

* 条文主旨为编者所加，下同。

注解

本条是关于反间谍法的立法目的和立法依据的规定。对于本法的立法宗旨，可以从三个方面进行理解：第一，本法的基本任务是"为了加强反间谍工作"。第二，本法的直接任务是"防范、制止和惩治间谍行为"。"防范、制止和惩治间谍行为"明确了反间谍工作的主要内容，即从防范、制止和惩治三个方面着手，体系性构建反间谍工作。所谓"防范"，是指社会各相关主体要承担起反间谍安全防范的主体责任，在前端预防并化解间谍等危害国家安全的风险，构筑国家安全人民防线。安全防范是反间谍工作最前端和最重要的环节。本法设置了"安全防范"专章，系统性规定了反间谍安全防范的内容，落实社会各相关主体的职责，降低间谍犯罪等严重危害行为和结果的发生概率。所谓"制止"，是指提高对间谍行为的警惕，加强相关监控工作，及时了解境外间谍组织和敌对势力的动向，及时获取他们的活动线索，及时发现间谍行为，并采取有效措施防止间谍行为发生，或者将已经发生的间谍行为遏制在未果状态，避免造成危害国家安全的严重后果。所谓"惩治"，是指及时抓获间谍违法犯罪分子，坚决依照反间谍法、刑法、刑事诉讼法等法律的有关规定追究间谍违法犯罪的法律责任，使违法犯罪分子受到应得的惩罚，同时达到震慑其他不法分子违法犯罪企图的目的。第三，本法的根本目的，是通过"加强反间谍工作，防范、制止和惩治间谍行为"，最终"维护国家安全，保护人民利益"。

配套

《宪法》第28、54条

第二条　【指导思想和基本原则】 反间谍工作坚持党中央集中统一领导，坚持总体国家安全观，坚持公开工作与秘密工作相结合、专门工作与群众路线相结合，坚持积极防御、依法惩治、标本兼治，筑牢国家安全人民防线。

注解

本条是关于反间谍工作基本原则的规定。2023年修订反间谍法，对本条作了以下四处修改：一是进一步强化党中央对反间谍工作的领导。二是将总体国家安全观写入反间谍法。三是增加了坚持"标本兼治"的原则。四是增加了坚持"筑牢国家安全人民防线"的原则。本条规定了反间谍工作需要坚持的四个方面原则：第一，坚持党中央集中统一领导的原则。这是开展反间谍工作的首要原则和根本原则。第二，坚持总体国家安全观的原则。总体国家安全观是维护国家安全特别是开展反间谍工作必须遵循的重要指导。第三，坚持公开工作与秘密工作相结合、专门工作与群众路线相结合的原则。这是反间谍工作战略层面的重要原则，是经过长期工作经验积累并传承下来的重要法宝。第四，坚持积极防御、依法惩治、标本兼治，筑牢国家安全人民防线的原则。这是反间谍工作制度层面的重要原则。

配 套

《国家安全法》第2、3条

第三条　【法治原则和保障人权原则】反间谍工作应当依法进行，尊重和保障人权，保障个人和组织的合法权益。

应 用

1. 如何理解反间谍工作应当"依法进行"

"反间谍工作应当依法进行"是全面依法治国在反间谍工作领域的具体体现，也是反间谍法的立法之基。这里的"依法"既包括依照本法，也包括依照宪法、国家安全法治体系的相关法律和其他法律。

一是依照反间谍法开展反间谍工作。首先，需要坚持依照反间谍法规定的基本原则。在法律的授权下开展反间谍工作，理解、适用并执行反间谍法的具体法律规定时，需要以本法的基本原则为标尺，判断是否达到了"加强反间谍工作"的效果，完成了"防范、制止和惩治间谍行为"的目标，进一步"筑牢国家安全人民防线"，并符合"尊重和保障人权，保障个人和组织的合法权益"等原则。其次，需要依照反间谍法的具体规定和要求开展反间谍工作。反间谍法在赋权国家安全机关防范、制止和惩治间谍行为的同时，也注意通过设置条件和程序，规范权力行使，避免权力滥用。反间谍工作要依法进行，就需要遵循这些条件和程序，使执法规范化。二是依照宪法、国家安全法治体系的相关法律和其他法律，更好地开展反间谍工作。首先，反间谍法是根据宪法制定的，依法开展反间谍工作就是为了遵守并贯彻、实施宪法的规定和精神，更好地履行宪法序言中规定的中国人民对敌视和破坏我

3

国社会主义制度的国内外的敌对势力和敌对分子必须进行斗争的义务。其次，依法开展反间谍工作需要通过国家安全法治体系的相关法律系统性理解反间谍法中的有关规定，以指导法律实施。对于反间谍法的相关规定不能孤立地、断章取义地理解，需要从我国国家安全法治体系中整体性地理解。三是依法开展反间谍工作，还需要严格依照本法规定的其他法律的内容和精神，具体执行。

配套

《宪法》第33条；《国家安全法》第7条；《治安管理处罚法》第5条；《刑事诉讼法》第2条

第四条　【间谍行为的定义】本法所称间谍行为，是指下列行为：

（一）间谍组织及其代理人实施或者指使、资助他人实施，或者境内外机构、组织、个人与其相勾结实施的危害中华人民共和国国家安全的活动；

（二）参加间谍组织或者接受间谍组织及其代理人的任务，或者投靠间谍组织及其代理人；

（三）间谍组织及其代理人以外的其他境外机构、组织、个人实施或者指使、资助他人实施，或者境内机构、组织、个人与其相勾结实施的窃取、刺探、收买、非法提供国家秘密、情报以及其他关系国家安全和利益的文件、数据、资料、物品，或者策动、引诱、胁迫、收买国家工作人员叛变的活动；

（四）间谍组织及其代理人实施或者指使、资助他人实施，或者境内外机构、组织、个人与其相勾结实施针对国家机关、涉密单位或者关键信息基础设施等的网络攻击、侵入、干扰、控制、破坏等活动；

（五）为敌人指示攻击目标；

（六）进行其他间谍活动。

间谍组织及其代理人在中华人民共和国领域内，或者利用中华人民共和国的公民、组织或者其他条件，从事针对第三国的间谍活动，危害中华人民共和国国家安全的，适用本法。

> **注解**

本条是关于间谍行为定义的规定。2023年修订反间谍法，对本条作了以下修改：一是将条文位置由附则部分调整至第一章总则部分。二是增加"投靠间谍组织及其代理人"的规定。三是明确相关主体窃取、刺探、收买、非法提供"其他关系国家安全和利益的文件、数据、资料、物品"以及"胁迫"国家工作人员叛变的行为为间谍行为。四是增加对通过网络实施间谍行为的规定。五是增加一款规定，即对于利用我国的相关条件开展针对第三国的间谍活动，危害我国国家安全的，适用反间谍法的相关规定。

本条第一款是关于间谍行为具体行为方式的规定，分六项对间谍行为作了规定：

（1）间谍组织及其代理人实施或者指使、资助他人实施，或者境内外机构、组织、个人与其相勾结实施的危害中华人民共和国国家安全的活动。这类行为是最典型的间谍行为。这类间谍行为有以下特点：一是行为的主体是特定主体。实施本项行为的具体主体为间谍组织及其代理人，以及间谍组织及其代理人指使、资助、勾结的其他人。二是行为方式上包括间谍组织及其代理人直接实施，其以指使、资助他人的方式间接实施，以及其与境内外机构、组织、个人相勾结实施。这里的"指使"，是指间谍组织及其代理人通过命令、安排、派遣、唆使等方式，使其他组织、个人按照其要求，实施或者完成危害我国国家安全的行为。"资助"，是指间谍组织及其代理人以提供资金、场所和物资等方式，支持、帮助其他组织、个人进行危害我国国家安全的行为。"勾结"，包括境内外机构、组织、个人与间谍组织及其代理人共同策划进行危害我国国家安全的活动，或者境内外机构、组织、个人接受间谍组织的资助、指使，进行危害我国国家安全的活动，或者与间谍组织建立联系，取得其支持、帮助，进行危害我国国家安全的活动等。这里所说的"境内外机构、组织、个人"，包括中华人民共和国境内、境外的一切机构、组织、个人。其中境外机构、组织、个人与间谍组织及其代理人相勾结实施间谍行为，主要是针对一些境外非政府组织等与间谍组织相勾结，从事危害我国国家安全活动的情况所作出的规定。三是行为人实施的是危害中华人民共和国国家安全的活动。如果间谍组织及其代理人实施的活动没有危害到我国的国家安全，则不属于本法规定的间谍行为。如果境外间谍组织实施的间谍行为不是针对我国的，但是发生在我国领域内，或者利用我国的公民、组织或者其他条件实施针对第三国的间谍行为，且危害到我国国家安全的，适用本条第二款的规定。

(2) 参加间谍组织或者接受间谍组织及其代理人的任务，或者投靠间谍组织及其代理人。这类行为包含三种情形：一是参加间谍组织的行为，是指行为人通过一定的程序或者手续正式加入间谍组织，成为间谍组织成员的行为。行为人只要有参加间谍组织的行为，无论其参加后是否实施了具体的间谍活动，都属于间谍行为。即参加间谍组织后即行潜伏的，不影响其间谍行为的成立。二是接受间谍组织及其代理人的任务的行为，即受间谍组织及其代理人的命令、派遣、指使、委托，为间谍组织及其代理人服务，从事危害我国国家安全的活动。行为人只要实施了接受间谍组织及其代理人任务的行为，无论其是否参加间谍组织，都不影响其间谍行为的成立。三是投靠间谍组织及其代理人。这里的"投靠"指明知对方为间谍组织及其代理人，为了加入间谍组织或者认领间谍组织及其代理人的任务，主动与其接触和联系的行为。"投靠"可以通过接触和联系的频率、表达的意愿、提出的条件、实施的行为、造成的危害等进行判断和认定。如果间谍组织及其代理人已经对其明确招募、布置任务的，则属于参加间谍组织或者接受间谍组织及其代理人的任务。

(3) 间谍组织及其代理人以外的其他境外机构、组织、个人实施或者指使、资助他人实施，或者境内机构、组织、个人与其相勾结实施的窃取、刺探、收买或者非法提供国家秘密、情报以及其他关系国家安全和利益的文件、数据、资料、物品，或者策动、引诱、胁迫、收买国家工作人员叛变的活动。本项规定从行为的主体和危害行为的类型两个方面明确了这类行为所具有的间谍活动的本质特征：第一，行为的主体是间谍组织及其代理人以外的其他机构、组织、个人，包括境外机构、组织、个人，被其指使、资助的他人，以及与其相勾结的境内机构、组织、个人。第二，行为人实施了特指的两类危害我国国家安全的间谍活动：一是实施了窃取、刺探、收买或者非法提供国家秘密、情报以及其他关系国家安全和利益的文件、数据、资料、物品的行为。这里的"窃取"是指行为人采用各种秘密手段，如盗窃、偷拍、偷录、拦截等行为而取得国家秘密、情报等的行为。"刺探"是指行为人通过各种途径和手段非法探知国家秘密、情报等的行为。"收买"是指行为人以提供金钱、财物或者其他利益的方法，获取国家秘密、情报等的行为。"非法提供"是指知悉国家秘密、情报等的人，将自己知悉、管理、持有的国家秘密、情报等，以非法出售、交付、出借、告知等方式提供给其他不应知悉该秘密、情报等的人员的行为。"国家秘密"是指关系国家安全和利益，依照法定程序确定，在一定时间内只限一定范围的人员知悉的事项。"情报"是指除国家秘密以外的关系国家安全和利益、尚未公开的或者依照有关规定不应公开的事项。需要注意的是，关于情报的范围，实践中要根据具体情况具体分析，从严掌握，要特别注意将其与正常的信息情报交流区别开，也不能把所有的未公开的内部信息都列入"情报"的范围。根据相关司法解释的规定，人民法院审理为境外窃取、刺探、收买、非法提供情报案件，需要对有关事项是否属于情报进行鉴定的，由国家保密工作部门或者省、自治区、直辖市保密工作部门鉴定。这里规定的"其他关系国家安全和利益的文件、数据、资料、物品"主要是对"情报"的进一步说明，在维护国家安全和利益的状态和能力的性质上应与"国家秘密、情报"相当，一旦被侵害所造成的危害性也应相当。实践中，需要对特定主体窃取"情报"的内容和范围进一步明确，以确定"窃密"对象的性质、载体，同时将其与正常的信息情报交流等区别开。这里的"国家安全和利益"应参照国家安全法第二条关于国家安全的定义进行判断和确定。这里的载体包括"文件、数据、资料、物品"，既包括有形载体，也包括无形载体，其性质是都需要承载涉及国家安全和利益的内容和信息，而不是一般性质的"文件、数据、资料、物品"。如果相关文件、数据、资料、物品等十分重要，但并不关系到国家安全和利益，而是具有其他需要保护的价值，如文物、普通商业秘密等，受到侵害的，由其他法律调整，并且由法律规定的其他执法部门进行执法。二是实施了策动、引诱、胁迫、收买国家工作人员叛变的行为。"国家工作人员"，是指国家机关中从事公务的人员。国有公司、企业、事业单位、人民团体中从事公务的人员和国家机关、国有公司、企业、事业单位委派到非国有公司、企业、事业单位、社会团体从事公务的人员，以及其他依照法律从事公务的人员，以国家工作人员论。"叛变"是指背叛祖国、投靠敌国、敌方，出卖国家和人民利益的变节行为。

(4) 间谍组织及其代理人实施或者指使、资助他人实施，或者境内外机构、组织、个人与其相勾结实施针对国家机关、涉密单位或者关键信息基础设施等的网络攻击、侵入、干扰、控制、破坏等活动。本项对利用网络技术实施间谍行为作了专门规定，该类间谍活动有以下特征：一是行为的主体需要与间谍组织及其代理人相关。具体的实施主体为间谍组织及其代理人，受间谍组织及其代理人指使、资助的他人以及与间谍组织及其代理人相勾结的境内外机构、组织、个人。如果行为主体与间谍组织及其代理人无关，则不属于本项规定的行为主体。例如，与间谍组织及其代理人无关的普通网络黑客之间相互勾结实施的网络窃密、攻击行为，不属于本法调整的范围，可以依据治安管理处罚法、网络安全法、数据安全法等其他法律进行规范。二是行为的对象限定为国家机关、涉密单位或者关键信息基础设施等。这里规定的"国家机关"，是指管理国家某一方面事务的具体工作部门，包括各级国家权力机关、党政机关、司法机关和军事机关。"涉密单位"是指产生、处理、保存国家秘密的单位。"关键信息基础设施"，是指公共通信和信息服务、能源、交通、水利、金融、公共服务、电子政务、国防科技工业等重要行业和领域的，以及其他一旦遭到破坏、丧失功能或者数据泄露，可能严重危害国家安全、国计民生、公共利益的重要网络设施、信息系统等。三是实施了网络攻击、侵入、干扰、控制、破坏等活动。这里的"网络攻击"是指通过计算机网络信息技术直接或者间接对特定目标采取打击，以达到使特定目标受损、超负荷运转、瘫痪、失常、被侵入的目的。需要注意的是，网络攻击不以是否造成危害结果来认定，只要实施了行为，就可以认定构成网络攻击。一些网络攻击即使被成功地防护、抵御住，其攻击行为也属于这里规定的实施"网络攻击"行为。"网络侵入"是指未经授权或者同意，通过计算机网络技术进入对象目标的计算机信息系统。"网络干扰"是指通过计算机网络技术手段扰乱对象目标的正常秩序或者相关部署。"网络控制"是指通过计算机网络技术锁定、劫持、操控他人的计算机信息系统，并且通过使用该计算机信息系统控制人的意图开展活动。这里规定的"等"，指其他网络活动。随着技术的发展和迭代，可能出现一些新的网络活动方式，只要这些网络活动是特定主体针对特定目标实施的间谍活动，就可以认定构成本项规定的行为。此外，这里的网络间谍活动主要是通过计算机网络技术开展的"线上"的网络攻击、侵入、干扰、控制、破坏等活动，也有"线下"与

"线上"配合进行的活动,即为了开展"线上"网络攻击、侵入、干扰、控制、破坏等活动而实施的"线下"准备活动。如果只存在"线下"活动,而没有"线上"的网络活动,则属于本款第一项规定的间谍行为。

(5) 为敌人指示攻击目标。该项规定的这类间谍行为与刑法第一百一十条关于间谍犯罪行为的规定相衔接。这里的"敌人",主要是指战时与我方交战的敌国或者敌对方,也包括非交战状态下袭击我国境内目标的敌国、敌对方。这里的为敌人"指示攻击目标",是指引导敌人的军事攻击等破坏活动,或者为其提供、标示相关目标信息的行为。"指示"的具体方式多种多样,既包括发送情报、发射信号弹、燃烧明火等传统的指示方式,也包括激光引导、数字定位及其他技术手段等新的指示方式。"攻击",包括各类通过人员和使用武器进行的武力袭击等活动。

(6) 进行其他间谍活动。该项属于兜底性规定,即除上述五情形以外的其他间谍活动。

本条第二款是关于针对第三国的间谍活动适用本法的规定。适用本款需要间谍活动"在中华人民共和国领域内,或者利用中华人民共和国的公民、组织或者其他条件"。即只要是在中华人民共和国领域内实施的,就可以根据属地原则依法适用本法的规定。同时间谍组织及其代理人只要利用我国公民、组织或者其他条件对第三国进行间谍活动,也满足适用本法规定的条件。间谍组织及其代理人在我国领域内实施,或者利用我国公民、组织及其他条件开展间谍活动,容易让我国被第三国误解和误判,从而影响到我国的国家安全,因此需要依法预防、制止和惩治该种行为。同时,只有"危害中华人民共和国国家安全的"才适用我国的反间谍法。

应用

2. 如何界定"间谍组织"和"间谍组织代理人"

"间谍组织",是指外国政府或者境外的敌对势力建立的旨在收集我国政治、经济、军事等方面的国家秘密、情报等信息,或者对我国进行颠覆、破坏等活动,以危害我国国家安全和利益作为其主要任务的组织。"间谍组织代理人",是指受间谍组织或者其成员的指使、委托、委派、资助,下达间谍组织的任务指令,进行或者授意、指使他人进行危害我国国家安全活动的人。根据有关规定,间谍组织和间谍组织代理人由中华人民共和国国家安全部确认。

3. 如何理解"危害中华人民共和国国家安全的活动"

"危害中华人民共和国国家安全的活动"主要是指危害我国国家安全法第二条所规定的国家安全的活动，即危害到国家政权、主权、统一和领土完整、人民福祉、经济社会可持续发展和国家其他重大利益，严重侵害了上述国家核心利益的安全和国家其他重大利益相对处于没有危险和不受内外威胁的状态，以及保障持续安全状态的能力。

4. 如何理解本条第一款第三项规定中的"境外机构、组织、个人"

"境外机构"，是指中华人民共和国边境以外的国家和地区的机构，如政府、军队以及其他由有关当局设立的机构。此外，上述境外机构在我国境内设立的分支机构或代表机构，也属于境外机构。"境外组织"，主要是指中华人民共和国边境以外的国家和地区的政党、社会团体、非政府组织，以及其他企业、事业组织等。同样，上述组织在中国境内设立的分支或者代表组织，也属于境外组织。"境外个人"，主要是指外国公民、无国籍人以及其他境外个人。外国人、无国籍人身在中华人民共和国境内的，也属于这里的"境外个人"。

配套

《国家安全法》第2条；《保守国家秘密法》第2、6、8条；《网络安全法》第25、27、31条；《数据安全法》第21、32条；《刑法》第93、102—107、110—113、219条之一、282条；《关键信息基础设施安全保护条例》第2条

第五条　【国家协调机制】 国家建立反间谍工作协调机制，统筹协调反间谍工作中的重大事项，研究、解决反间谍工作中的重大问题。

注解

本条是2023年修订反间谍法时新增加的规定，是关于国家建立反间谍工作协调机制的规定。在国家层面建立的专门的协调机制，主要职责是统筹、协调反间谍工作中的重大事项，研究、解决反间谍工作中的重大问题。

应用

5. 何为本条规定中的"重大事项"和"重大问题"

本条中的"重大事项",一般是指超出自身职权范围,或者虽在自身职权范围内,但关乎全局、影响广泛的重要事情和重要情况。在具体工作中,有关部门认为属于反间谍工作重大事项的,可以报请反间谍工作协调机制研究,同时,反间谍工作协调机制认为属于反间谍工作重大事项的,也可以要求有关方面提请反间谍工作协调机制进行研究。"重大问题"与"重大事项"相比相对具体,属于反间谍工作中遇到的具体事项,包括关乎全局或者重要领域的事项或者重要情况,涉及重要制度建设的情况和问题,有关部门、单位认为靠单一部门无法有效研究、解决的重要问题等。实践中,有关部门、单位等认为属于反间谍工作中的重大问题的,可以按照规定和程序报请反间谍工作协调机制研究、解决,同样,国家反间谍工作协调机制可以定期研究、解决其认为属于反间谍工作中的重大问题的问题,通过协调机制的常态化工作,推进反间谍法实施和反间谍工作有效落实,切实维护国家安全。

6. 反间谍工作协调机制是否等同于国家安全机关

实践中需要注意,国家建立的反间谍工作协调机制,负责统筹协调反间谍工作中的重大事项和研究、解决重大问题,但其与国家安全机关并不是一回事。国家安全机关是反间谍工作的主管机关,但是反间谍工作还涉及其他各有关部门、各方面事项,涉及一些重大事项、重要问题,只依靠国家安全机关无法有效统筹协调,因此,不能将反间谍工作协调机制等同于国家安全机关。国家安全机关认为属于反间谍工作中的重大事项、重大问题需要统筹研究的,可以报请反间谍工作协调机制研究确定。

配套

《国家安全法》第5、44、45条;《出口管制法》第5条;《反恐怖主义法》第7、8、43条;《数据安全法》第5条;《生物安全法》第10条

第六条 【主管机关及有关部门的配合协作】国家安全机关是反间谍工作的主管机关。

公安、保密等有关部门和军队有关部门按照职责分工,密切配合,加强协调,依法做好有关工作。

注解

　　根据本条规定，国家安全机关是反间谍工作的主管机关。从目前机构设置的情况看，国家安全机关是指国家安全部，省级及省级以下国家安全厅、国家安全局、国家安全分局等。公安机关、保密等有关部门和军队有关部门也会涉及反间谍工作。比如，军事秘密对于保障军事安全和国家政权具有非常重要的意义，一直以来就是境外间谍机构和敌对势力间谍活动的重要目标。军队有关部门一方面需要做好保密措施，防止秘密被刺探和窃取；另一方面也需要采取及时有效的措施，发现和制止间谍行为，防止军事秘密被窃取、刺探，引起重大损失。公安机关作为负责社会治安和管理的国家机关，其出入境、人口、网络管理等工作，都可能涉及国家安全。公安机关负责侦查"国内危害国家政治安全的犯罪案件"，对为境外窃取国家秘密、情报的行为也要开展情报、侦查、控制、处置、反制等工作。根据保守国家秘密法的规定，国家保密行政管理部门负有制定保密规章和国家保密标准，依法组织开展保密宣传教育、保密检查、保密技术防护和泄密案件查处工作，对机关、单位的保密工作进行指导和监督，对机关、单位遵守保密制度的情况进行检查，要求存在泄密隐患的机关、单位采取措施和限期整改，责令停止使用存在泄密隐患的设施、设备、场所以及督促、指导有关机关、单位对涉嫌泄露国家秘密的行为进行调查处理等的职责。保密部门对保密检查中发现的非法获取、持有的国家秘密载体，应当予以收缴。对于涉嫌泄露国家秘密的案件，要配合国家安全机关等部门开展相关工作。上述各部门应按照法律和有关规定的职责划分，把自己职责范围内的任务完成好，并在此基础上协调一致、互联互通、互相支援，避免出现责任不清、擅自越权或者互相扯皮等情况。

配套

　　《保守国家秘密法》第5、41—47条；《国家安全法》第5条；《反恐怖主义法》第7条

　　第七条　**【维护国家安全义务】**中华人民共和国公民有维护国家的安全、荣誉和利益的义务，不得有危害国家的安全、荣誉和利益的行为。

一切国家机关和武装力量、各政党和各人民团体、企业事业组织和其他社会组织，都有防范、制止间谍行为，维护国家安全的义务。

国家安全机关在反间谍工作中必须依靠人民的支持，动员、组织人民防范、制止间谍行为。

注解

本条第一款是关于公民维护国家安全的义务的规定。公民有维护国家安全的法定义务。除本条外，本法还在其他章节中从多个方面对公民在反间谍等维护国家安全工作中的义务与责任作了具体规定，如在第二章对公民的一些具体义务和责任作了专门规定，在第五章对公民违反义务的法律责任作了具体规定等。

本条第二款是关于一切国家机关和武装力量、各政党和各人民团体、企业事业组织和其他社会组织等各种"组织"防范、制止间谍行为，维护国家安全的义务的规定。本款中的"国家机关"包括中央和地方各级国家权力机关、监察机关、行政机关、审判机关、检察机关以及军事机关等。"武装力量"是指中国人民解放军、武装警察部队和民兵。"政党"包括中国共产党以及各民主党派。"人民团体"是指本着共同宗旨而依法成立的非营利性组织，既包括工会、共青团、妇联等人民团体，也包括各种学会、协会、研究会等团体。

本条第三款是关于国家安全机关在反间谍工作中必须依靠、动员和组织人民群众的规定。本款规定的国家安全机关在反间谍工作中"必须依靠人民的支持"，是指国家安全机关在反间谍工作中不能只靠自己的力量，而必须相信群众，依靠群众，获得人民的理解和支持，将专门机关的工作与人民群众的支持紧密结合起来。"动员、组织人民防范、制止间谍行为"，是指国家安全机关在防范、制止和惩治间谍行为，维护国家安全的工作中要始终注意发动群众，组织群众，让人民群众自觉地同间谍行为作斗争，从而有效、及时地防范、制止间谍行为。

实践中需要注意的是，为了充分依靠、动员和组织人民开展防范、制止间谍行为的工作，有关单位应当负起责任，加强对人民防范、制止间谍行为意识和能力的培训和提升，这样，才能充分依靠群众取得反间谍和维护国家安全工作的最大效果。有关机关、人民团体、企业事业组织和其他社会组织对本单位的人员进行维护国家安全教育，动员、组织本单位的人员防范、制止间谍行为的工作，应当接受国家安全机关的协调和指导。有关机关、人民团体、企业事业组织和其他社会组织不履行本法规定的安全防范义务，未按照要求整改或者未达到整改要求的，国家安全机关可以责令改正，未按照要求改正的，可以约谈相关负责人，必要时可以将约谈情况通报该单位的上级主管部门，推动该单位落实防范间谍行为和其他危害国家安全行为的责任。

应用

7. 防范、制止间谍行为，维护国家安全的义务主要包括哪些方面的义务

一切国家机关和武装力量、各政党和各人民团体、企业事业组织和其他社会组织，都有防范、制止间谍行为，维护国家安全的义务。"防范、制止间谍行为，维护国家安全的义务"主要是指以下方面的义务：（1）严格遵守本法规定，履行防范、制止间谍行为，维护国家安全的义务，要坚持依法履行职责，完善各项制度，不能凭借权力进行危害国家安全的活动。（2）要教育本组织成员遵守本法的规定，协助国家安全机关、公安机关做好防范、制止间谍行为的工作。（3）要积极协助执行反间谍任务的部门的工作，在国家安全机关、公安机关因执行反间谍工作需要帮助时，予以必要的支持。

配套

《宪法》第27、54条；《反间谍法实施细则》第15条

第八条 【支持协助和保密义务】任何公民和组织都应当依法支持、协助反间谍工作，保守所知悉的国家秘密和反间谍工作秘密。

注解

本条包含两层意思：

第一，任何公民和组织都应当依法支持、协助反间谍工作。开展反间谍工作和维护国家安全，不仅要靠国家安全机关等专门机关开展工作，更重要的是要依靠全社会的支持和协助。支持、协助的事项需要于法有据，即有法

律法规等的规定。国家安全机关等在执行反间谍工作任务中，应当按照法定职权、法定程序开展相关工作。对于国家安全机关工作人员依法执行职务的，个人和组织应当按照要求积极支持、协助相关工作。同时，任何个人和组织对国家安全机关及其工作人员超越职权、滥用职权和其他违法行为，都有权向上级国家安全机关或者监察机关、人民检察院等有关部门检举、控告。受理检举、控告的国家安全机关或者监察机关、人民检察院等有关部门应当及时查清事实，依法处理，并将处理结果及时告知检举人、控告人。对支持、协助国家安全机关工作或者依法检举、控告的个人和组织，任何个人和组织不得压制和打击报复。

第二，保守所知悉的国家秘密和反间谍工作秘密。有关公民、组织依法支持、协助国家安全机关工作人员执行反间谍工作的同时，还要自觉恪守有关的保密义务，做到对国家安全机关工作人员本人的情况，体貌特征，执行的是什么任务，执行任务的时间、场所，侦察的对象是谁等情况予以保密，在任何人询问时，都不能透露有关情况和信息。保守所知悉的国家秘密和反间谍工作秘密的义务主体是任何公民和组织，根据保守国家秘密法第三条的规定，包括所有的中国公民和一切国家机关、武装力量、政党、社会团体、企业事业单位。在境内的中国公民和组织及在境外的中国公民和组织，都应当遵守本条规定。本条所说的"保守所知悉的国家秘密"，是指每个公民和组织对于从各种渠道得知的任何国家秘密，都不得以任何方式扩散或传播，对秘密文件要妥善保管，不得遗失，严格依照保守国家秘密法的规定办事。涉及的"国家秘密"既包括公民和组织在履行反间谍工作职责中知悉的国家秘密，也包括公民和组织在协助国家安全机关工作等情况下知晓的国家秘密。需要对有关事项是否属于国家秘密进行鉴定以及需要对危害后果进行评估的，由国家保密部门或者省、自治区、直辖市保密部门按照程序在一定期限内进行鉴定和组织评估。本条中所说的"工作秘密"是指与反间谍工作有关的不能向外界公开的内部事项、工作、信息等情况。

应用

8. 公民和组织应如何依法支持、协助反间谍工作

"依法支持、协助反间谍工作"是指依照本法等法律规定，在国家安全机关的工作人员依法执行有关反间谍工作任务时，有关公民和组织应当依法

15

提供支持、帮助或者条件。根据本法等法律规定，这些支持、协助行为包括：在国家安全机关等依法执行反间谍工作任务时，有关部门和公民个人根据需要应当允许执法人员进入有关场所；在符合本法规定的程序的情况下，应当允许执法人员进入限制进入的有关地区、场所和单位；对于确需查验个人和组织的电子设备、设施及有关程序、工具，查阅、调取有关文件、数据、资料、物品的，应当依法配合。执法人员因反间谍工作的需要，使用交通工具、通信工具、场地和建筑物的，也应当供其优先使用。交通部门包括铁路、民航、水上航运、公共电汽车等部门，对于依法执行紧急反间谍任务的，根据需要，应当允许优先乘坐交通工具、优先通行。国家安全机关因反间谍工作需要，根据国家有关规定，可以提请海关、移民管理等检查机关对有关人员提供通关便利，对有关资料、器材等予以免检，有关检查机关应当依法予以协助。对于国家安全机关因反间谍工作需要采取技术侦察措施的，有关部门和公民个人也应当提供必要条件。有关组织应协助国家安全机关行使拘留和执行逮捕的职权；组织和公民应如实回答国家安全机关工作人员因反间谍工作调查询问的有关情况；对涉嫌间谍行为人员的相关财产信息进行查询，对涉嫌用于间谍行为的场所、设施或者财物依法查封、扣押、冻结时，有关单位应予以配合、协助等。除此之外，还包括提供其他有利于反间谍工作的各种条件和协助，只要符合法律规定的条件和程序，同时又具备提供支持、协助的条件，公民和组织就应当依法给予支持、协助。总之，在国家安全机关等依法执行反间谍工作任务时，特别是依照本法第三章依法行使相关职权时，公民和组织都应当依法提供支持、协助。

9. 公民和组织泄露有关国家秘密和反间谍工作秘密应承担何种法律责任

本条规定公民和组织有保守国家秘密和反间谍工作秘密的义务，违反本条规定，泄露有关国家秘密和反间谍工作秘密的，会出现两种法律后果：一是行政处罚；二是刑事处罚。根据本法第六十条的规定，泄露有关反间谍工作的国家秘密的，由国家安全机关予以警告或者处十日以下行政拘留，可以并处三万元以下罚款；构成犯罪的，依法追究刑事责任。这里所说的"构成犯罪的，依法追究刑事责任"，是指根据刑法第三百九十八条的规定，即"国家机关工作人员违反保守国家秘密法的规定，故意或者过失泄露国家秘密，情节严重的，处三年以下有期徒刑或者拘役；情节特别严重的，处三年以上七年以下有期徒刑。非国家机关工作人员犯前款罪的，依照前款的规定酌情处罚"。泄露反间谍工作秘密的，根据情况予以处分等处理，根据工作秘密的性质，对于鉴定后属于国家秘密的，依法承担相应法律责任。

配 套

《宪法》第53条；《保守国家秘密法》第2、3条；《刑法》第398条

第九条　【保护和表彰奖励】国家对支持、协助反间谍工作的个人和组织给予保护。

对举报间谍行为或者在反间谍工作中做出重大贡献的个人和组织，按照国家有关规定给予表彰和奖励。

注解

本条共分两款。第一款是关于国家对支持、协助反间谍工作的个人和组织给予保护的规定。这里所说的"个人和组织"是广义的，它包括各人民团体、企业事业组织、其他社会组织和公民个人。这里所说的"保护"，主要是指对支持、协助反间谍工作的组织和个人的人身安全、财产安全和其他合法权益加以保护，防止其遭受侵害，如对其个人信息采取保护措施，对其人身采取专门保护等。国家安全机关在工作中也要注意保护这些个人和组织的合法权益，不能随意侵害他们的合法权益。对于支持、协助反间谍工作的个人在刑事诉讼中担任证人的，还可以根据案件的情况和需要，适用刑事诉讼法中规定的保护措施，如不公开真实姓名、住址和工作单位等个人信息，采取不暴露外貌、真实声音等出庭作证措施，禁止特定的人员接触证人及其近亲属，对人身和住宅采取专门性保护措施等。

第二款是关于对举报间谍行为或者在反间谍工作中做出重大贡献的个人和组织给予表彰和奖励的规定。本条所说的举报间谍行为，是指对自己知悉的他人或者组织涉嫌间谍行为的线索、信息等向国家安全机关等报告的行为。对举报间谍行为的，按照国家有关规定给予表彰和奖励，但任何组织和个人都应当按照自己知悉的情况如实举报，不得编造虚假间谍行为或者弄虚作假进行举报。根据有关规定，举报人有下列情形之一的，依法予以处理；构成犯罪的，依法追究刑事责任：(1)借举报之名故意捏造事实诬告、陷害他人的；(2)弄虚作假骗取奖金的；(3)恶意举报或者以举报为名制造事端，干扰国家安全机关工作的；(4)泄露举报中知悉的国家秘密或者工作秘

密，造成不良后果或者影响的。举报人有上述情形之一，已经启动奖励程序的，应当终止奖励程序；已经作出奖励决定的，应当予以撤销；已经实施奖励的，应当予以追回。

举报人所在单位对举报事项应当依法及时处理，不得打击报复举报人。举报人所在单位有下列情形之一的，依法予以处理：（1）举报人向所在单位报告危害国家安全行为线索或者情况后，单位不及时向国家安全机关报告或者漏报、瞒报，造成不良后果或者影响的；（2）举报人向国家安全机关报告危害国家安全行为线索或者情况后，单位对举报人实施打击、报复的。

应用

10. 国家安全机关对哪些在反间谍安全防范工作中取得显著成绩或者做出重大贡献的单位和个人给予表彰和奖励

对反间谍安全防范工作中取得显著成绩或者做出重大贡献的单位和个人，符合下列条件之一的，国家安全机关可以按照国家有关规定，会同有关部门、单位给予表彰、奖励：（1）提供重要情况或者线索，为国家安全机关发现、破获间谍案件或者其他危害国家安全案件，或者为有关单位防范、消除涉及国家安全的重大风险隐患或者现实危害发挥重要作用的；（2）密切配合国家安全机关执行任务，表现突出的；（3）防范、制止间谍行为或者其他危害国家安全行为，表现突出的；（4）主动采取措施，及时消除本单位涉及国家安全的重大风险隐患或者现实危害，挽回重大损失的；（5）在反间谍安全防范工作中，有重大创新或者成效特别显著的；（6）在反间谍安全防范工作中做出其他重大贡献的。

11. 在哪些情形下，国家不予奖励或者不予重复奖励

对以下情形，根据有关规定，将不予奖励或者不予重复奖励：（1）国家安全机关工作人员或者其他具有法定职责的人员举报的，不予奖励；（2）无法验证举报人身份，或者无法与举报人取得联系的，不予奖励；（3）最终认定的违法事实与举报事项不一致的，不予奖励；（4）对同一举报人的同一举报事项，不予重复奖励，对同一举报人提起的两个或者两个以上有包含关系的举报事项，相同内容部分不予重复奖励；（5）经由举报线索调查发现新的危害国家安全行为或者违法主体的，不予重复奖励；（6）其他不符合法律法规规章规定的奖励情形。

12. 国家如何对举报间谍行为或者在反间谍工作中做出重大贡献的个人和组织予以奖励

国家对举报间谍行为或者在反间谍工作中做出重大贡献的个人和组织在精神和物质方面予以表彰和奖励。国家安全机关根据违法线索查证结果、违法行为危害程度、举报发挥作用的情况等，以及做出的重大贡献的具体情况，综合评估确定奖励等级，给予精神奖励或者物质奖励。给予精神奖励的，颁发奖励证书；给予物质奖励的，发放奖金。征得举报人及其所在单位同意后，可以由举报人所在单位对举报人实施奖励。

奖励的对象包括在积极协助反间谍工作中，做出重大贡献的个人和组织，也包括做出重大贡献的国家安全机关工作人员等。需要特别说明的是，即使是一时误入歧途，实施了间谍等违法犯罪行为，但及时悔过自新，并有重大立功表现，举报间谍行为或者对国家反间谍工作做出重大贡献的人，依法也应予以奖励。此外，本法第四十七条规定："对为反间谍工作做出贡献并需要安置的人员，国家给予妥善安置。公安、民政、财政、卫生健康、教育、人力资源和社会保障、退役军人事务、医疗保障、移民管理等有关部门以及国有企业事业单位应当协助国家安全机关做好安置工作。"该规定也是对为反间谍工作做出重要贡献予以表彰和奖励的一种方式和具体落实措施。

13. 两人及两人以上对危害国家安全行为进行举报的，如何进行奖励认定

两人及两人以上举报的，按照下列规则进行奖励认定：（1）同一事项由两个及两个以上举报人分别举报的，奖励最先举报人，举报次序以国家安全机关受理举报的登记时间为准，最先举报人以外的其他举报人可以酌情给予奖励；（2）两人及两人以上联名举报同一线索或者情况的，按同一举报奖励。

14. 以发放奖金方式对公民举报危害国家安全行为进行奖励的，具体标准是什么

以发放奖金方式进行奖励的，具体标准如下：（1）对防范、制止和惩治危害国家安全行为发挥一定作用、做出一定贡献的，给予人民币一万元以下奖励；（2）对防范、制止和惩治危害国家安全行为发挥重要作用、做出重要贡献的，给予人民币一万元至三万元奖励；（3）对防范、制止和惩治严重危害国家安全行为发挥重大作用、做出重大贡献的，给予人民币三万元至十万元奖励；（4）对防范、制止和惩治严重危害国家安全行为发挥特别重大作用、做出特别重大贡献的，给予人民币十万元以上奖励。

配套

《宪法》第52、54条;《刑事诉讼法》第62条;《国家安全法》第12、80条;《反恐怖主义法》第10条;《国家情报法》第9条;《反有组织犯罪法》第8条;《反间谍法实施细则》第16条;《反间谍安全防范工作规定》第20条;《公民举报危害国家安全行为奖励办法》

第十条 【违法必究】境外机构、组织、个人实施或者指使、资助他人实施的,或者境内机构、组织、个人与境外机构、组织、个人相勾结实施的危害中华人民共和国国家安全的间谍行为,都必须受到法律追究。

注解

本条对进行危害我国国家安全的间谍行为作了明确的禁止性规定,包括两个方面的内容:一是间谍行为的主体及其涉外特征,这实际上明确了本法的适用范围,即境外机构、组织、个人实施或者指使、资助他人实施的,或者境内机构、组织、个人与境外机构、组织、个人相勾结实施的危害中华人民共和国国家安全的间谍行为。这一点在本法第四条关于间谍行为的定义中也作了十分明确的规定。间谍行为必须具有境外势力参与的因素,这是间谍行为区别于其他危害国家安全行为的显著特征。二是本条明确规定了一切危害中华人民共和国国家安全的间谍行为,都必须受到法律追究。这是本法在总则中对间谍相关行为必须承担相应法律责任的总的要求,具体承担何种法律责任,要依据本法其他条文以及刑法等相关法律的相应规定来确定。本法第五章"法律责任"专章对违反本法要承担的法律责任作了相应规定。

配套

《宪法》第54条;《刑法》第110、111、113条

第十一条 【履职义务】国家安全机关及其工作人员在工作中,应当严格依法办事,不得超越职权、滥用职权,不得侵犯个人和组织的合法权益。

国家安全机关及其工作人员依法履行反间谍工作职责获取的

个人和组织的信息,只能用于反间谍工作。对属于国家秘密、工作秘密、商业秘密和个人隐私、个人信息的,应当保密。

注解

2023年修订反间谍法,对本条作了以下修改:一是将"组织和个人"修改为"个人和组织",统一本法中的表述顺序。二是在保密的内容中增加"工作秘密",与第八条修改相一致。三是在保密的内容中增加了"个人信息",保密的对象包括"个人隐私"和"个人信息"。

本条第一款是关于国家安全机关及其工作人员在工作中,应当严格依法办事,不得超越职权、滥用职权,不得侵犯个人和组织的合法权益的规定。国家安全机关执行工作任务,是为了维护整个国家的安全和利益,与组织和公民的利益是一致的。总体来看,国家安全利益高于组织的局部利益和公民的个人利益,但是,国家安全机关不能因此而不注意保护甚至侵犯组织和公民的合法权益。因此,一方面国家安全机关及其工作人员在执行工作任务时,应充分行使国家赋予的权力,坚决防范和制止间谍行为。另一方面国家安全机关及其工作人员又必须注意保护有关组织和公民的合法权益,如在反间谍工作中,优先使用或者依法征用国家机关、人民团体、企业事业组织和个人的交通工具、通信工具、场地和建筑物的,任务完成后应当及时归还或者恢复原状,并依照规定支付相应费用;造成损失的,应当补偿。对故意侵犯有关组织和公民的合法权益的行为,应当承担法律责任。

第二款是关于国家安全机关及其工作人员依法履行反间谍工作职责获取的个人和组织的信息,只能用于反间谍工作,对属于国家秘密、工作秘密、商业秘密和个人隐私、个人信息的,应当保密的规定。

"国家秘密"是指关系国家安全和利益,依照法定程序确定,在一定时间内只限一定范围的人员知悉的事项。"工作秘密"是指涉及相关重要工作,不宜为外部知晓的内部事项。"商业秘密"是指不为公众所知悉,能为权利人带来经济利益,具有实用性并经权利人采取保密措施的技术信息和经营信息。"个人隐私"是指个人生活中不愿公开或不愿为他人知悉的秘密。"个人信息"是指以电子或者其他方式记录的与已识别或者可识别的自然人有关的各种信息,不包括匿名化处理后的信息。

国家安全机关工作人员滥用职权、玩忽职守、徇私舞弊,或者有非法拘禁、刑讯逼供、暴力取证、违反规定泄露国家秘密、工作秘密、商业秘密和个人隐私、个人信息等行为的，依法予以处分，构成犯罪的，依法追究刑事责任。根据刑法相关规定，国家安全机关及其工作人员违反本条规定，可能涉嫌的犯罪包括：（1）刑法第三百九十七条规定的滥用职权罪、玩忽职守罪；（2）第三百九十八条规定的故意泄露国家秘密罪、过失泄露国家秘密罪；（3）第三百九十九条规定的徇私枉法罪；（4）第二百三十八条规定的非法拘禁罪；（5）第二百四十七条规定的刑讯逼供罪、暴力取证罪；（6）第二百五十三条之一规定的侵犯公民个人信息罪；（7）第二百一十九条规定的侵犯商业秘密罪等。

应用

15. 如何理解国家安全机关及其工作人员应严格依法办事

本条所说的"严格依法办事"，就是要严格依照我国宪法、刑法、刑事诉讼法、本法以及其他法律的有关规定办事，特别是按照本法规定的范围和程序、条件依法行使职权和办事，主要包括以下几个方面的内容：第一，国家安全机关及其工作人员对于间谍犯罪行为和本法规定的其他违法行为，必须采取防范和制止的措施，对于不属于违法犯罪的行为，不能行使侦查、拘留、预审和执行逮捕的权力。第二，对于间谍犯罪行为，行使侦查、拘留、预审和执行逮捕权力时，必须严格依照我国刑事诉讼法规定的程序办事。第三，在反间谍工作中行使权力，只能行使法律规定的权力，法律没有规定的，不得行使。在行使权力时，要严格履行规定的手续，凡是法律有限制性规定的，例如法律规定应当经过批准、出示相应证件的，都应当严格遵守。第四，国家安全机关工作人员在反间谍工作中，要严格履行职务，不得玩忽职守、徇私舞弊，不得刑讯逼供、非法拘禁，更不得窝藏、包庇违法犯罪分子。国家安全机关及其工作人员在行使职权时，必须严格遵守本章关于"调查处置"的规定，不能超越法律规定的职权范围，更不得滥用法律所赋予的各项职权。

16. 国家安全机关及其工作人员履行反间谍工作职责获取的个人和组织的信息，是否可以用于打击其他违法犯罪活动

实践中需要注意，为了保障反间谍工作，维护国家安全，本法规定了较多的赋予国家安全机关的专门措施和职权，国家安全机关工作人员在依法履行职责过程中不可避免地会接触到相关个人和组织的信息，这些信息只能用于反间谍工作，不能作为其他任何用途使用，包括为了打击其他违法犯罪，或者作为立案查处其他违法犯罪的证据。如在依照本法第二十五条、第二十六条规定查验、查阅、调取有关文件、资料、物品、设备等时获取的有关信息，只能用于反间谍工作，不能移送其他负责查处违法违纪行为的相关部门，也不能在相关部门间共享获取的信息，实践中应当严格依照本条规定，落实好相关信息只能用于反间谍工作的法律要求。

配套

《宪法》第37—40条；《刑事诉讼法》第54条；《保守国家秘密法》第2、3条；《刑法》第219、238、247、253条之一、397—399条

第二章 安全防范

第十二条 【安全防范的主体责任】 国家机关、人民团体、企业事业组织和其他社会组织承担本单位反间谍安全防范工作的主体责任，落实反间谍安全防范措施，对本单位的人员进行维护国家安全的教育，动员、组织本单位的人员防范、制止间谍行为。

地方各级人民政府、相关行业主管部门按照职责分工，管理本行政区域、本行业有关反间谍安全防范工作。

国家安全机关依法协调指导、监督检查反间谍安全防范工作。

注解

2023年修订反间谍法时，完善了本条第一款中关于反间谍安全防范主体的规定：一是将"机关、团体和其他组织"的反间谍安全防范主体修改为"国家机关、人民团体、企业事业组织和其他社会组织"，进一步明确了承担本单位反间谍安全防范工作的主体范围；二是增加"承担本单位反间谍安全防范工作的主体责任，落实反间谍安全防范措施"的规定，进一步明确主体责任需要落实反间谍安全防范措施。本条第二款和第三款为新增规定，明确了地方各级人民政府、相关行业主管部门的反间谍安全防范职责，以及国家

安全机关在反间谍安全防范工作中的协调和指导职责。

本条共分三款。第一款是关于有关单位的反间谍安全防范工作的主体责任的规定。本款包含以下几个方面的内容：第一，责任主体是国家机关、人民团体、企业事业组织和其他社会组织。这里的"国家机关"包括国家各级权力机关、行政机关、监察机关、司法机关以及军事机关等。"企业事业组织"是指国有企业、集体所有制企业、私营企业、股份制企业等不同经营形式的企业，以及属于事业单位性质的各种组织、机构。"其他社会组织"是指除国家机关、人民团体、企业事业组织以外的依法或者根据有关政策设立，有一定的组织机构和财产的各类组织、机构。第二，承担本单位反间谍安全防范工作的主体责任。反间谍安全防范工作应当在各级党委、人民政府领导下，加强国家安全人民防线建设，组织动员国家机关、人民团体、企业事业组织和其他社会组织和公民防范、制止间谍行为和其他危害国家安全等的行为，维护国家安全。具体主要有：一是落实反间谍安全防范措施。二是对本单位的人员进行维护国家安全的教育及动员、组织本单位的人员防范、制止间谍行为。

第二款是关于地方各级人民政府、相关行业主管部门的管理职责的规定。责任主体是地方各级人民政府、相关行业主管部门。国家安全法对地方各级人民政府、相关行业主管部门在职责范围内，管理本行政区域、本行业有关反间谍安全防范工作提出了原则性要求。

第三款是关于国家安全机关依法协调指导、监督检查反间谍安全防范工作的规定。机关、团体和其他组织对本单位的人员进行维护国家安全的教育及动员、组织本单位的人员防范、制止间谍行为的工作，应当接受国家安全机关的协调和指导。各级国家安全机关按照管理权限，依法对国家机关、人民团体、企业事业组织和其他社会组织开展反间谍安全防范工作进行业务指导和督促检查。

应用

17. 国家机关、社会团体、企业事业组织和其他社会组织应承担哪些反间谍安全防范主体责任

机关、团体、企业事业组织和其他社会组织应当落实反间谍安全防范主体责任，履行下列义务：（1）开展反间谍安全防范教育、培训，提高本单位人员的安全防范意识和应对能力；（2）加强本单位反间谍安全防范管理，落实有关安全防范措施；（3）及时向国家安全机关报告涉及间谍行为和其他危害国家安全行为的可疑情况；（4）为国家安全机关依法执行任务提供便利或者其他协助；（5）妥善应对和处置涉及本单位和本单位人员的反间谍安全防范突发情况；（6）其他应当履行的反间谍安全防范义务。

18. 行业主管部门应承担哪些反间谍安全防范监管责任

行业主管部门应当履行下列反间谍安全防范监督管理责任：（1）根据主管行业特点，明确本行业反间谍安全防范工作要求；（2）配合国家安全机关制定主管行业反间谍安全防范重点单位名录、开展反间谍安全防范工作；（3）指导、督促主管行业所属重点单位履行反间谍安全防范义务；（4）其他应当履行的反间谍安全防范行业管理责任。有关行业主管部门应当与国家安全机关建立健全反间谍安全防范协作机制，加强信息互通、情况会商、协同指导、联合督查，共同做好反间谍安全防范工作。

19. 国家安全机关在哪些情形下，可以对机关、团体、企业事业组织和其他社会组织开展反间谍安全防范检查

国家安全机关对有下列情形之一的，经设区的市级以上国家安全机关负责人批准，并出具法律文书，可以对机关、团体、企业事业组织和其他社会组织开展反间谍安全防范检查：（1）发现反间谍安全防范风险隐患；（2）接到反间谍安全防范问题线索举报；（3）依据有关单位的申请；（4）因其他反间谍安全防范工作需要。

20. 国家安全机关可以通过哪些方式对反间谍安全防范工作进行检查

国家安全机关可以通过下列方式对机关、团体、企业事业组织和其他社会组织的反间谍安全防范工作进行检查：（1）向有关单位和人员了解情况；（2）调阅有关资料；（3）听取有关工作说明；（4）进入有关单位、场所实地查看；（5）查验电子通信工具、器材等设备、设施；（6）反间谍技术防范检查和检测；（7）其他法律、法规、规章授权的检查方式。

21. 国家安全机关可以通过哪些方式对落实反间谍安全防范责任进行指导

国家安全机关可以通过下列方式，对机关、团体、企业事业组织和其他社会组织落实反间谍安全防范责任进行指导：（1）提供工作手册、指南等宣传教育材料；（2）印发书面指导意见；（3）举办工作培训；（4）召开工作会议；（5）提醒、劝告；（6）其他指导方式。

配套

《国家安全法》第15、39、40、78条;《保守国家秘密法》第6条;《预防未成年人犯罪法》第4条;《反间谍法实施细则》第15条;《反间谍安全防范工作规定》第2、4、5、7、8、11、21—27条

第十三条　【宣传教育责任】各级人民政府和有关部门应当组织开展反间谍安全防范宣传教育,将反间谍安全防范知识纳入教育、培训、普法宣传内容,增强全民反间谍安全防范意识和国家安全素养。

新闻、广播、电视、文化、互联网信息服务等单位,应当面向社会有针对性地开展反间谍宣传教育。

国家安全机关应当根据反间谍安全防范形势,指导有关单位开展反间谍宣传教育活动,提高防范意识和能力。

注解

本条是2023年修订反间谍法时新增的规定。

各级人民政府和有关部门是反间谍安全防范宣传教育的主要力量。各级人民政府是指国务院、省级人民政府直至乡级人民政府。有关部门是指具有反间谍安全防范宣传教育职责的部门和组织,包括宣传主管部门、国家安全机关、审判机关、检察机关、公安机关、司法行政机关,网信、电信、教育部门等。开展反间谍安全防范宣传教育的方式应立体多样化,各级人民政府和有关部门应采取多种形式进行宣传教育。

新闻、广播、电视、文化、互联网信息服务等单位作为宣传党和国家政策的重要媒介,面向社会公众有针对性地开展宣传教育是这些媒体单位的义务和责任。这些媒介往往受众广泛,传播速度快,其传播的内容有很强的影响力,反间谍安全防范宣传教育工作应利用好这一阵地。需要注意的是,借助多种公开的媒介进行反间谍宣传教育能够起到广泛的效果,但同时反间谍工作保密性要求高,在宣传教育过程中要特别注意保密的内容,包括不能公开的政策文件、案例涉及的敏感信息等。各级人民政府和有关部门对反间谍宣传教育的内容应进行严格审查,确保宣传教育与保密义务相互衔接协调。

应用

22. 国家安全机关应如何指导有关单位开展反间谍宣传教育活动，提高防范意识和能力

国家安全机关应当根据反间谍安全防范形势，指导有关单位开展反间谍宣传教育活动，提高防范意识和能力。国家机关的这种指导，应既有宏观政策的指导，也有具体内容的指导，实现监督和参与宣传教育活动相结合。如国家安全机关定期分析反间谍安全防范形势，开展风险评估，通报有关单位，向有关单位提出加强和改进反间谍安全防范工作的意见和建议；运用网络、媒体平台、国家安全教育基地（馆）等，开展反间谍安全防范宣传教育；会同教育主管部门，指导学校向全体师生开展反间谍安全防范教育，对参加出国（境）学习、交流的师生加强反间谍安全防范行前教育和回国（境）访谈；会同科技主管部门，指导各类科研机构向科研人员开展反间谍安全防范教育，对参加出国（境）学习、交流的科研人员加强反间谍安全防范行前教育和回国（境）访谈；会同有关部门，组织、动员居（村）民委员会结合本地实际配合开展群众性反间谍安全防范宣传教育；会同宣传主管部门，协调和指导广播、电视、报刊、互联网等媒体开展反间谍安全防范宣传活动，制作、刊登、播放反间谍安全防范公益广告、典型案例、宣传教育节目或者其他宣传品，提高公众反间谍安全防范意识。

配套

《国家安全法》第40、76条；《反恐怖主义法》第17条；《反有组织犯罪法》第10条；《反间谍安全防范工作规定》第12—17条

第十四条　【不得非法获取、持有国家秘密】任何个人和组织都不得非法获取、持有属于国家秘密的文件、数据、资料、物品。

注解

本条为2014年反间谍法第二十四条规定，2023年修订反间谍法时，对本条作了以下修改：一是，增加了"非法获取"的方式，将"非法持有"修改为"非法获取、持有"；二是，增加了"数据"的内容，删去了"其他"的表述方式，将"属于国家秘密的文件、资料和其他物品"修改为

"属于国家秘密的文件、数据、资料、物品"。

本条中的"任何个人"包括中国人、外国人、无国籍人以及国籍不明的人。任何"组织"是指一切按照一定的宗旨和系统建立起来的由多个人组成的国家机关、人民团体、企业事业组织等境内组织或境外组织。本条规定的国家秘密的对象范围，包括属于国家秘密的文件、数据、资料、物品。属于国家秘密的"文件"是指经过法定程序，被列为国家秘密并规定了密级的文件，这类文件的下发都标有一定的范围。属于国家秘密的"数据"是指任何以电子或者其他方式对信息的记录，数据和信息是载体与内容的关系，所有数据都能称为信息，但不是所有信息都属于数据，信息的范围大于数据。属于国家秘密的"资料"是指经过法定程序确定为国家秘密的情况统计、档案材料、研究结论等以及经法定程序确定为国家秘密事项的有关资料，这些资料是已确定为国家秘密事项的文字载体。需要注意的是，文件、资料既包括传统的纸质载体，也包括光介质、电磁介质等载体。属于国家秘密的"物品"主要是指除了文件、资料外，其他列入国家秘密的实物，如属于国家秘密的科研设备、产品或者军事武器等。本条中的非法获取国家秘密，是指通过非法手段，获得、取得国家秘密的行为。无论是采取非法手段秘密取得国家秘密的行为，还是通过各种途径和手段非法探知国家秘密的行为，或者是通过给予金钱或其他物质利益的方法非法得到国家秘密的行为等，都属于非法获取的手段方法。非法获取是具体行为的实施状态，也是非法行为所产生的结果状态。需要注意的是，这里所说的非法获取是指除本法第四条规定的间谍行为以外的行为，如果实施窃取、刺探、收买等非法获取行为，则属于本法第四条规定的间谍行为，应当按照间谍行为进行处理。

应用

23. 国家秘密具体包括哪些内容

"国家秘密"是指关系国家安全和利益，依照法定程序确定，在一定时间内只限一定范围的人员知悉的事项。内容上具体包括：（1）国家事务重大决策中的秘密事项；（2）国防建设和武装力量活动中的秘密事项；（3）外交和外事活动中的秘密事项以及对外承担保密义务的秘密事项；（4）国民经济和社会发展中的秘密事项；（5）科学技术中的秘密事项；（6）维护国家安全活动和追查刑事犯罪中的秘密事项；（7）经国家保密行政管理部门确定的其他秘密事项。政党的秘密事项中符合上述规定的，属于国家秘密。从保密程度上划分，国家秘密的密级分为绝密、机密、秘密三级。其中，绝密级国家秘密是最重要的国家秘密，泄露会使国家安全和利益遭受特别严重的损害；机密级国家秘密是重要的国家秘密，泄露会使国家安全和利益遭受严重的损害；秘密级国家秘密是一般的国家秘密，泄露会使国家安全和利益遭受损害。国家秘密及其密级的具体范围，由国家保密行政管理部门分别会同外交、公安、国家安全和其他中央有关机关规定。军事方面的国家秘密及其密级的具体范围，由中央军事委员会规定。

24. 哪些情形属于非法获取、持有属于国家秘密的文件、数据、资料、物品

非法持有属于国家秘密的文件、数据、资料、物品包括两种情况：一是不应知悉某项国家秘密的人员携带、存放属于该项国家秘密的文件、数据、资料、物品的。国家秘密的知悉范围，应当根据工作需要限定在最小范围。国家秘密的知悉范围能够限定到具体人员的，限定到具体人员；不能限定到具体人员的，限定到机关、单位，由机关、单位限定到具体人员。国家秘密的知悉范围以外的人员，因工作需要知悉国家秘密的，应当经过机关、单位负责人批准。上述规定人员以外的人员不应知悉国家秘密，擅自携带、存放属于国家秘密的文件、数据、资料、物品的，属于非法持有。二是可以知悉某项国家秘密的人员，未经办理手续，私自携带、留存属于该项国家秘密的文件、数据、资料、物品的。这种情况指具有某国家秘密知悉权限的人员，违反保密规定，擅自携带、私自复制、留存属于国家秘密的文件、数据、资料、物品。

配套

《刑法》第282条；《保守国家秘密法》第2、9—11、16、25、26条；《数据安全法》第3、32条；《反间谍法实施细则》第17条

第十五条 【不得非法生产、销售、持有、使用专用间谍器材】任何个人和组织都不得非法生产、销售、持有、使用间谍活动特殊需要的专用间谍器材。专用间谍器材由国务院国家安全主管部门依照国家有关规定确认。

> 注解

本条为2014年反间谍法第二十五条规定，2023年修订反间谍法时，增加了对"非法生产、销售"专用间谍器材的规定。

根据有关规定，专用间谍器材或者窃听、窃照专用器材的生产、销售都应当由有关主管部门批准。本条规定的非法生产、销售是指未经有关主管部门批准、许可，擅自生产、销售专用间谍器材或者窃听、窃照专用器材，或者虽经有关部门批准、许可生产、销售，但在实际生产、销售过程中违反有关主管部门关于数量、规格范围等的要求，生产、销售相关器材。非法持有主要是指非法保存、留藏专用间谍器材，即除依法从事反间谍、收缴专用间谍器材等工作的部门可以保存留有这些器材外，其他人保留这些器材都属于非法持有。非法使用包括两个方面的内容：一是依法不得使用这些器材的人使用这些器材，既包括非法持有人使用，也包括向他人借来使用；二是依法可以使用这些器材的人，违反法律和有关规定，在不该使用的场合、时间或者对不该使用的对象使用。

在本条的理解适用中，需注意以下几个方面的问题：第一，本条关于不得非法生产、销售、持有、使用专用间谍器材的规定，可以与本法第十四条不得非法获取、持有国家秘密的规定结合起来理解适用。因为有些专用间谍器材本身就属于国家秘密，行为人如果非法生产、销售专用间谍器材可能会构成泄露国家秘密的犯罪，这就需要根据刑法第二百八十三条非法生产、销售专用间谍器材、窃听、窃照专用器材罪和第三百九十八条故意泄露国家秘密罪、过失泄露国家秘密罪等规定，综合不同案件行为人的主观方面、客观方面的不同表现予以判断。第二，本条所规定的非法生产、销售、持有、使用专用间谍器材的行为往往不是不法分子的最终目的，其通常另有所图或存在其他关联犯罪。相应的办案单位在查处类似案件时应深挖细查，找出关联犯罪。如有的案件中的行为人非法生产、销售专用间谍器材的买方是境外的机构、组织或人员，在明知对方身份及意图的情况下仍然故意为其生产、销售涉及国家秘密的专用间谍器材，行为人则可能构成非法提供国家秘密或情报相关犯罪。第三，本条明确了国务院国家安全主管部门依法认定专用间谍器材，具体由国家安全部负责并依据反间谍法实施细则等相关规定作出最终认定。当前专用间谍器材的具体标准及相关认定程序的规定还需进一步完善，国家安全主管部门在认定过程中应严格依照现有规定适度把握，既不随意扩大认定范围也不放松认定要件。尤其是涉及企业正常生产经营时要严格谨慎认定，准确区分非法生产、销售专用间谍器材行为与企业产品创新中的过失行为，依据其主观目的等依法作出合理认定。

应用

25. 哪些器材属于专用间谍器材

本条规定的专用间谍器材是专门用于实施间谍活动的工具，具体是指进行间谍活动特殊需要的下列器材：（1）暗藏式窃听、窃照器材；（2）突发式收发报机、一次性密码本、密写工具；（3）用于获取情报的电子监听、截收器材；（4）其他专用间谍器材。专用间谍器材由国务院国家安全主管部门依照有关规定确认，具体由国家安全部负责。国家安全部认定专用间谍器材，应当依照国家有关规定进行。未经国家安全部依法确认，任何器材都不属于专用间谍器材。

26. 非法生产、销售、持有、使用专用间谍器材的，应承担何种法律责任

非法生产、销售、持有、使用专用间谍器材，尚不构成犯罪的，由国家安全机关予以警告或者处十日以下行政拘留。对于非法生产、销售专用间谍器材的，刑法第二百八十三条规定："非法生产、销售专用间谍器材或者窃听、窃照专用器材的，处三年以下有期徒刑、拘役或者管制，并处或者单处罚金；情节严重的，处三年以上七年以下有期徒刑，并处罚金。单位犯前款罪的，对单位判处罚金，并对其直接负责的主管人员和其他直接责任人员，依照前款的规定处罚。"对于非法持有、使用专用间谍器材的，刑法第二百八十四条规定："非法使用窃听、窃照专用器材，造成严重后果的，处二年以下有期徒刑、拘役或者管制。"

配套

《刑法》第283、284、398条；《反间谍法实施细则》第18条

第十六条 【举报间谍行为】任何公民和组织发现间谍行为，应当及时向国家安全机关举报；向公安机关等其他国家机关、组织举报的，相关国家机关、组织应当立即移送国家安全机关处理。

国家安全机关应当将受理举报的电话、信箱、网络平台等向社会公开，依法及时处理举报信息，并为举报人保密。

注解

本条第一款是关于公民和组织举报间谍行为的规定。本款规定主要包含以下几个方面的内容：第一，公民和组织发现间谍行为有举报的义务。任何公民和组织发现间谍行为应当及时向国家安全机关举报，对于向国家安全机关举报不方便或可能影响举报及时性的，也可以向公安机关等其他国家机关、组织举报。举报的形式是多样的，有关单位和个人可以亲自到有关部门举报，也可以通过信件、邮件、电话、网络平台等举报；可以口头提出，也可以书面提出；举报可以实名，也可以匿名。对于公民的口头举报，接受部门应当做好记录。第二，关于处理举报的单位。处理举报的单位主要有两类：一类是国家安全机关。根据本法第六条第一款的规定，国家安全机关是反间谍工作的主管机关。因此，公民和组织发现间谍行为时，首先应当及时向国家安全机关举报。另一类是公安机关等其他国家机关、组织。这是考虑到有的公民和组织对国家安全机关不了解，或者找不到国家安全机关，因此本款还规定，可以向公安机关或其他国家机关、组织举报，接受公民和组织举报的机关或组织，应当将案件立即移送国家安全机关处理。这里所说的"其他国家机关"是指除国家安全机关、公安机关以外的从事国家管理和行使国家权力的机关，包括国家权力机关、司法机关、行政机关。如各级人民代表大会，各级人民政府，各级人民法院、人民检察院、司法行政等部门。"组织"既包括自己所在的单位，也包括所在地的基层组织，如居民委员会、村民委员会等。

本条第二款是关于国家安全机关受理举报后的处理的规定。本款规定主要包含以下几个方面的内容：第一，国家安全机关丰富多样的举报渠道。根据本款规定，国家安全机关应当将受理举报的电话、信箱、网络平台等向社会公开。这里所说的受理举报的"电话"，是指国家安全机关向社会公开的举报间谍行为及相关线索的电话。实践中，国家安全机关公布的举报电话为"12339"。受理举报的"信箱"，是指国家安全机关向社会公开的接收举报间谍行为及相关线索信函的地址及网络电子邮箱地址。受理举报的"网络平台"，是指国家安全机关向社会公开的举报间谍行为及相关线索的平台网站等。实践中，国家安全机关公布的举报网站为"www.12339.gov.cn"。第二，国家安全机关依法处理举报信息与为举报人保密的义务。一是依法及时处理举报信息是国家安全机关的工作内容之一，也是其重要的工作职责。依法及时处理，就是要求国家安全机关严格依照法律相关规定及法律处理程序等进行审查、汇报、核实、移交、处置等，并且要在规定的处理期限内完成。不依法处理或怠于处理举报信息就可能构成违规甚至违法，问题严重的还可能构成职务犯罪。二是为举报人保守秘密，保护被举报人的人身财产安全，这是国家安全机关应有的职责。国家安全机关以及依法知情的其他组织和个人应当严格为举报人保密，未经举报人同意，不得以任何方式泄露举报人身份相关信息。因举报危害国家安全行为，举报人本人或者其近亲属的人身安全面临危险的，可以向国家安全机关请求予以保护。国家安全机关应当会同有关部门依法采取有效保护措施。国家安全机关认为有必要的，应当依职权及时、主动采取保护措施。

应用

27. 公民可以通过哪些方式向国家安全机关举报间谍行为

2022年国家安全部《公民举报危害国家安全行为奖励办法》对公民举报危害国家安全的行为的奖励条件、方式、标准、程序等作了明确规定，同样适用于间谍行为的举报。实践中，公民可以通过下列方式向国家安全机关举报：（1）拨打国家安全机关12339举报受理电话；（2）登录国家安全机关互联网举报受理平台网站 www.12339.gov.cn；（3）向国家安全机关投递信函；（4）到国家安全机关当面举报；（5）通过其他国家机关或者举报人所在单位向国家安全机关报告；（6）其他举报方式。

配套

《反间谍安全防范工作规定》第18、19条；《公民举报危害国家安全行为奖励办法》第4—6条

第十七条　【重点单位管理制度和职责】国家建立反间谍安全防范重点单位管理制度。

反间谍安全防范重点单位应当建立反间谍安全防范工作制度，履行反间谍安全防范工作要求，明确内设职能部门和人员承担反间谍安全防范职责。

应用

28. 如何确定反间谍安全防范重点单位

反间谍安全防范重点单位，一般包括重要国家机关、国防军工单位和其他重要涉密单位以及重要军事设施的管理单位等。实践中，国家安全机关可以根据有关单位的性质、所属行业、涉密等级、涉外程度以及是否发生过危害国家安全事件等因素确定反间谍安全防范重点单位。在确定重点单位及对重点单位的管理过程中，要做好保密工作，避免信息泄露以及对重点单位造成不利影响。

29. 反间谍安全防范重点单位应履行哪些义务

反间谍安全防范重点单位除应落实一般的反间谍安全防范主体责任外，还应当履行下列义务：（1）建立健全反间谍安全防范工作制度；（2）明确本单位相关机构和人员承担反间谍安全防范职责；（3）加强对涉密事项、场所、载体、数据、岗位和人员的日常安全防范管理，对涉密人员实行上岗前反间谍安全防范审查，与涉密人员签订安全防范承诺书；（4）组织涉密、涉外人员向本单位报告涉及国家安全事项，并做好数据信息动态管理；（5）做好涉外交流合作中的反间谍安全防范工作，制定并落实有关预案措施；（6）做好本单位出国（境）团组、人员和长期驻外人员的反间谍安全防范行前教育、境外管理和回国（境）访谈工作；（7）定期对涉密、涉外人员开展反间谍安全防范教育、培训；（8）按照反间谍技术安全防范标准，配备必要的设备、设施，落实有关技术安全防范措施；（9）定期对本单位反间谍安全防范工作进行自查，及时发现和消除安全隐患。

配套

《反间谍安全防范工作规定》第8—10条

第十八条　【重点单位人员的反间谍防范】反间谍安全防范重点单位应当加强对工作人员反间谍安全防范的教育和管理，对离岗离职人员脱密期内履行反间谍安全防范义务的情况进行监督检查。

注解

本条是2023年修订反间谍法时新增加的规定。

本条所说的反间谍安全防范重点单位"工作人员"包括在涉密岗位工作

的人员和不在涉密岗位工作的人员。在涉密岗位工作的人员，即涉密人员，按照涉密程度分为核心涉密人员、重要涉密人员和一般涉密人员。不在涉密岗位工作的人员，包括从事管理工作、业务工作、事务性工作的人员，也包括物资保障人员、保洁人员、外聘人员等。

关于涉密人员的认定，实行分类管理。任用、聘用涉密人员应当按照有关规定进行审查。涉密人员应当具有良好的政治素质和品行，具有胜任涉密岗位所要求的工作能力。涉密人员的合法权益受法律保护，同时，其在涉密岗位应当履行一定的职责和承担一定的责任。主要包括掌握并严格执行保密法律法规和具体规章制度，自觉接受继续教育和保密业务培训，依法保管和使用国家秘密载体及保密设施、设备，制止和纠正违反保密规定的行为，接受保密监督检查等。机关、单位应及时了解和掌握涉密人员思想状况和工作表现，对涉密人员遵守保密制度情况开展经常性检查，对涉密人员履行职责情况进行考核。涉密人员上岗应当经过保密教育培训，掌握保密知识技能，签订保密承诺书，严格遵守保密规章制度，不得以任何方式泄露国家秘密；涉密人员出境应当经有关部门批准，有关部门认为涉密人员出境将对国家安全造成危害或者对国家利益造成重大损失的，不得批准出境。

涉密人员离岗离职实行脱密期管理。"脱密期管理"，是指在一定期限内，从就业、出境等方面对离岗离职涉密人员采取限制措施。"离岗"，是指离开涉密工作岗位，仍在本机关、本单位工作的情形。"离职"，是指辞职、辞退、解聘、调离、退休等离开本机关、本单位的情形。脱密期管理要求主要包括：与原机关、单位签订保密承诺书，作出继续遵守保密义务、不泄露所知悉国家秘密的承诺；及时清退所持有和使用的国家秘密载体和涉密信息设备，并办理移交手续；未经审查批准，不得擅自出境，不得到境外驻华机构、组织或者外资企业工作；不得为境外组织人员或者外资企业提供劳务、咨询或者服务。涉密人员的脱密期应根据其接触、知悉国家秘密的密级、数量、时间等情况确定。一般情况下，核心涉密人员的脱密期为3年至5年，重要涉密人员的脱密期为2年至3年，一般涉密人员的脱密期为1年至2年。脱密期自机关、单位批准涉密人员离开涉密岗位之日起计算。对特殊的高知密度人员，可以依法设定超过上述期限的脱密期，甚至在就业、出境等方面予以终身限制。涉密人员离岗的，脱密期管理由本机关、本单位负责。涉密人员离开原涉密单位，调入国家机关和涉密单位的，脱密期管理由调入单位负责；属于其他情况的，由原涉密单位、保密行政管理部门或者公安机关负责。

[应用]

30. 反间谍安全防范重点单位在人员管理方面应落实哪些责任

反间谍安全防范重点单位落实反间谍安全防范主体责任外，还应当落实以下关于人员管理的责任，包括明确本单位相关机构和人员承担反间谍安全防范职责；加强对涉密事项、场所、载体、数据、岗位和人员的日常安全防范管理，对涉密人员实行上岗前反间谍安全防范审查，与涉密人员签订安全防范承诺书；组织涉密、涉外人员向本单位报告涉及国家安全事项，并做好数据信息动态管理；做好涉外交流合作中的反间谍安全防范工作，制定并落实有关预案措施；做好本单位出国（境）团组、人员和长期驻外人员的反间谍安全防范行前教育、境外管理和回国（境）访谈工作；定期对涉密、涉外人员开展反间谍安全防范教育、培训。

[配套]

《保守国家秘密法》第35—39条；《反间谍安全防范工作规定》第9、10条

第十九条 【重点单位物理防范】反间谍安全防范重点单位应当加强对涉密事项、场所、载体等的日常安全防范管理，采取隔离加固、封闭管理、设置警戒等反间谍物理防范措施。

[注解]

本条是2023年修订反间谍法时新增加的规定。

反间谍安全防范重点单位应当加强对涉密事项、场所、载体等的日常安全防范管理。本条是关于"物防"的规定。根据《反间谍安全防范工作规定》，反间谍安全防范重点单位除落实反间谍安全防范主体责任外，还应当落实以下物理防范责任，包括加强对涉密事项、场所、载体、数据、岗位和人员的日常安全防范管理。

关于涉密"事项"，机关、单位对所产生的国家秘密，应当按照保密事项范围的规定确定具体的保密期限；保密事项范围没有规定具体保密期限的，可以根据工作需要，在保守国家秘密法规定的保密期限内确定；不能确

定保密期限的,应当确定解密条件。关于涉密"载体",是指以文字、数据、符号、图形、图像、声音等方式记载涉密信息的纸介质、光介质、电磁介质等各类物品。国家秘密载体以及属于国家秘密的设备、产品的明显部位应当标注国家秘密标志。国家秘密标志应当标注密级和保密期限。国家秘密的密级和保密期限发生变更的,应当及时对原国家秘密标志作出变更。无法标注国家秘密标志的,确定该国家秘密的机关、单位应当书面通知知悉范围内的机关、单位和人员。

本条中的"隔离加固、封闭管理、设置警戒"都是通过实体,如隔离带、房屋外墙、警戒线等物理设施,从物理层面实现的硬隔离,达到外部人员无法进行物理性接触的反间谍安全防范的效果,与技术措施、人员管理措施并列,成为反间谍安全防范重点单位实现反间谍安全防范的重要举措。

配套

《反间谍安全防范工作规定》第9、10条

第二十条 【重点单位技术防范】反间谍安全防范重点单位应当按照反间谍技术防范的要求和标准,采取相应的技术措施和其他必要措施,加强对要害部门部位、网络设施、信息系统的反间谍技术防范。

注解

本条是2023年修订反间谍法时新增加的规定,包含以下几个方面的内容:

第一,反间谍安全防范重点单位应当按照反间谍技术防范要求和标准履行反间谍安全防范责任。本条是关于"技防"的规定。反间谍技术防范标准是指具体规定防范间谍行为的技术标准,如网络安全设置、工作流程要求等,具体内容由国家安全机关会同有关部门制定,目的是通过科学、统一、规范的标准提升实践中防范间谍行为的水平,避免各部门、各机关执行标准不一的问题。

第二,应当采取相应的技术措施和其他必要措施。反间谍技术防范措施是为防范间谍行为而采取的各种技术防范措施,如提升网络安全等级等。反间谍安全防范重点单位应加强本单位反间谍安全防范管理,按照反间谍技术安全防范标准,配备必要的设备、设施,落实有关技术安全防范措施。

第三,加强对要害部门部位、网络设施、信息系统的技术防范。具体包含以下几层意思:一是在技术防护措施配备方面,要按照国家保密标准强制配备保密技术防护设备,提高防护水平。对使用的信息设备,要进行保密技术检查检测,特别是进口设备和产品,应事先进行安全技术检查。禁止使用无绳电话和手机,未经批准不得带入有录音、录像、拍照、信息存储等功能的设备。二是在要害部门部位,机关、单位应当将涉及绝密级或者较多机密级、秘密级国家秘密的机构确定为保密要害部门,将集中制作、存放、保管国家秘密载体的专门场所确定为保密要害部位,按照国家保密规定和标准配备、使用必要的技术防护设施、设备。三是针对网络设施、信息系统,需要及时防范网络攻击和违法犯罪活动,采取技术保护措施和其他必要措施应对网络安全事件,保障反间谍安全防范重点单位网络设施及信息系统安全稳定运行,维护数据的完整性、保密性和可用性。

应用

31. 关键信息基础设施运营者在技术防范措施方面应履行哪些义务

关于关键信息基础设施运营者的技术防范措施要求,除履行加强本单位反间谍安全防范管理,落实有关安全防范措施,按照反间谍技术安全防范标准,配备必要的设备、设施,落实有关技术安全防范措施等义务外,还应当履行下列义务:(1)对本单位安全管理机构负责人和关键岗位人员进行反间谍安全防范审查;(2)定期对从业人员进行反间谍安全防范教育、培训;(3)采取反间谍技术安全防范措施,防范、制止境外网络攻击、网络入侵、网络窃密等间谍行为,保障网络和信息核心技术、关键基础设施和重要领域信息系统及数据的安全。

配套

《保守国家秘密法》第32、33条;《反间谍安全防范工作规定》第9、10条

第二十一条 【涉及国家安全事项建设项目许可】在重要国家机关、国防军工单位和其他重要涉密单位以及重要军事设施的周边安全控制区域内新建、改建、扩建建设项目的,由国家安全

机关实施涉及国家安全事项的建设项目许可。

县级以上地方各级人民政府编制国民经济和社会发展规划、国土空间规划等有关规划，应当充分考虑国家安全因素和划定的安全控制区域，征求国家安全机关的意见。

安全控制区域的划定应当统筹发展和安全，坚持科学合理、确有必要的原则，由国家安全机关会同发展改革、自然资源、住房城乡建设、保密、国防科技工业等部门以及军队有关部门共同划定，报省、自治区、直辖市人民政府批准并动态调整。

涉及国家安全事项的建设项目许可的具体实施办法，由国务院国家安全主管部门会同有关部门制定。

【注解】

本条是2023年修订反间谍法时新增加的规定，是关于涉及国家安全事项的建设项目许可及其配套规范和要求的规定。涉及国家安全事项的建设项目许可制度保护的对象和目标具有相应特点，即为"重要国家机关、国防军工单位和其他重要涉密单位以及重要军事设施"。不是所有的国家机关、国防军工单位和涉密单位以及军事设施的周边建设项目都需要进行涉及国家安全事项的建设项目许可，只有"重要"的被保护对象和目标周边安全控制区域内的建设项目才需要开展国家安全审查。关于哪些主体属于"重要"的被保护对象和目标，具体由国家安全机关会同有关部门、单位、被保护主体等研究确定。相关主体被确定为"重要"保护对象或目标的，意味着需要在其"周边安全控制区域内"开展建设项目的国家安全审查。这里的"周边"是指被保护对象和目标周围的一定范围。"安全控制区域"是指国家安全机关为了方便开展涉及国家安全事项的建设项目许可所划定的涵盖一定地理范围的区域。建设项目只有位于被保护对象和目标周边划定的"安全控制区域内"的，才涉及国家安全审查。被保护对象和目标"周边安全控制区域"以外的建设项目，一般认为危险性不大，不需要向国家安全机关申请涉及国家安全事项的建设项目许可。需要进行涉及国家安全事项的建设项目许可的建设项目类别主要为"新建、改建、扩建建设项目"。如果某一建设项目先于安全控制区域的划定，已经在本条规定的安全控制区域内，并且没有开展

"新建、改建、扩建"工程的，无须额外进行涉及国家安全事项的建设项目许可。同时，如果该建设项目是进行其他施工，不是以新建、改建、扩建为目的，例如是为了拆除现有建筑物而进行施工，不再开展任何新建、改建、扩建工程的，也无须进行涉及国家安全事项的建设项目许可。

国家安全机关是实施涉及国家安全事项的建设项目许可的主体。《法律、行政法规、国务院决定设定的行政许可事项清单（2023年版）》规定，"涉及国家安全事项的建设项目审批"，具体的实施机关是设区的市级国家安全机关。

应用

32. 安全控制区域内房屋、建筑物的租赁、转让、销售是否需要进行涉及国家安全事项的建设项目许可

实践中需要注意，安全控制区域内房屋、建筑物的租赁、转让、销售涉及国家安全审查问题的，不属于本条对建设项目的国家安全审查采取的行政许可范围。本条规定，只有被保护对象的周边安全控制区域内新建、改建、扩建的建设项目，才由国家安全机关实施涉及国家安全事项的建设项目许可。房屋、建筑物的租赁、转让、销售涉及国家安全审查问题的，可以通过外商投资法第三十五条规定的外商投资安全审查制度等予以解决。在本法施行后，一些地方开展的涉及房屋、建筑物的涉外租赁、转让、销售的国家安全审查已经纳入国家安全机关建设项目审批许可的，不应当适用本条规定继续以涉及国家安全事项的建设项目进行许可，需要对其继续开展国家安全审查的法律依据作相应调整。

配套

《国家安全法》第59条；《行政许可法》第7条

第二十二条　【技术防范的标准制定及检查检测】国家安全机关根据反间谍工作需要，可以会同有关部门制定反间谍技术防范标准，指导有关单位落实反间谍技术防范措施，对存在隐患的单位，经过严格的批准手续，可以进行反间谍技术防范检查和检测。

注解

本条规定包含以下几个方面的内容：第一，国家安全机关根据反间谍工作需要，可以会同有关部门制定反间谍技术防范标准。这是一般性规定，赋予了国家安全机关制定标准、指导落实的职权。"根据反间谍工作需要"要求国家安全机关制定反间谍技术防范标准、指导落实反间谍技术防范措施时，要从反间谍工作需要出发，不能泛化制定技术防范标准的范围。这里的"有关部门"主要是指一些行业主管部门，如保密、电信、邮政等部门。

第二，国家安全机关指导有关单位落实反间谍技术防范措施。这里所说的"反间谍技术防范措施"是指为防范间谍行为而采取的各种技术防范措施，如提升网络安全等级等。国家安全机关在开展反间谍技术防范检查检测中，为防止危害发生或者扩大，可以依法责令被检查对象采取技术屏蔽、隔离、拆除或者停止使用相关设备设施、网络、系统等整改措施，指导和督促有关措施的落实，并在检查检测记录中注明。国家安全机关可以根据反间谍安全防范检查情况，向被检查单位提出加强和改进反间谍安全防范工作的意见和建议，督促有关单位落实反间谍安全防范责任和义务。

第三，对存在隐患的单位，经过严格的批准手续，国家安全机关可以进行反间谍技术防范检查和检测，即在指导落实的基础上，针对存在隐患的单位，国家安全机关经批准可以进一步实施检查和检测。"存在隐患的单位"是指其相关设备、设施、有关防范间谍行为的措施等存在漏洞，有可能被利用实施窃密等间谍行为的单位。实践中，有的单位不重视反间谍技术防范工作，给间谍行为人留下可乘之机，一旦发生间谍窃密等行为，损失往往难以估量，因此法律赋予国家安全机关进行反间谍技术防范检查和检测的职权。"经过严格的批准手续"是指要进行反间谍技术防范检查和检测，需要按照国家有关规定履行相应的严格的审批程序，不能不经审批擅自实施。根据《反间谍安全防范工作规定》，经设区的市级以上国家安全机关负责人批准，国家安全机关可以对存在风险隐患的机关、团体、企业事业组织和其他社会组织的相关部位、场所和建筑物、内部设备设施、强弱电系统、计算机网络及信息系统、关键信息基础设施等开展反间谍技术防范检查检测，防范、发现和处置危害国家安全的情况。

应用

33. 国家安全机关可以采取哪些方式开展反间谍技术防范检查检测

国家安全机关可以采取下列方式开展反间谍技术防范检查检测：（1）进

入有关单位、场所,进行现场技术检查;(2)使用专用设备,对有关部位、场所、链路、网络进行技术检测;(3)对有关设备设施、网络、系统进行远程技术检测。

国家安全机关开展反间谍技术防范现场检查检测时,检查人员不得少于两人,并应当出示相应证件。国家安全机关开展远程技术检测,应当事先告知被检测对象检测时间、检测范围等事项。检查检测人员应当制作检查检测记录,如实记录检查检测情况。

配套

《反间谍安全防范工作规定》第23—27条

第三章 调查处置

第二十三条 【反间谍工作职权的范围】国家安全机关在反间谍工作中依法行使本法和有关法律规定的职权。

注解

本条是关于国家安全机关依法行使反间谍调查处置职权的总领性条款,主要包括以下两个方面的内容:

第一,国家安全机关在反间谍工作中依法行使本法规定的职权。本法规定的职权主要指第三章"调查处置"的相关职权,包括查验身份证明、问询有关情况、查看随带物品,查验电子设备、设施及有关程序、工具,查阅、调取有关文件、数据、资料、物品,传唤违法行为人,检查人身、物品、场所,查询相关财产信息,查封、扣押、冻结相关场所、设施或者财物,对相关人员限制出境和入境,对网络信息内容或者网络攻击等风险依法进行处置,对相关人员采取技术侦察和身份保护措施,对间谍犯罪行为立案侦查等。

第二,国家安全机关在反间谍工作中依法行使有关法律规定的职权。有关法律规定的职权是指除本法规定的职权外,其他法律所规定的国家安全机关相应的职权。这些职权既包括行政性职权,也包括办理刑事案件的职权。行政性职权除了本法规定的以外,还包括国家安全机关在履行反间谍工作职责时根据军事设施保护法、人民警察法、邮政法、出境入境管理法、保守国家秘密法、人民武装警察法、护照法、数据安全法等规定依法行使相应的职权。国家安全机关依法办理刑事案件的职权主要指刑事诉讼法、国家安全法等规定的侦查、拘留、预审、执行逮捕等。刑事诉讼法中对公安机关侦查、拘留、预审、执行逮捕的条件、程序、要求等都作了具体规定，国家安全机关行使侦查、拘留、预审和执行逮捕等职权必须严格依照刑事诉讼法等有关法律的规定，不得因承担任务的特殊性而违反法律规定的程序、超越法律规定的职权。国家安全机关在行使其他法律规定的职权时，也必须严格按照有关法律规定的职权范围、程序和要求办事。

第二十四条 【查验、问询、查看】国家安全机关工作人员依法执行反间谍工作任务时，依照规定出示工作证件，可以查验中国公民或者境外人员的身份证明，向有关个人和组织问询有关情况，对身份不明、有间谍行为嫌疑的人员，可以查看其随带物品。

注解

本条为2014年反间谍法第九条规定，2023年修订反间谍法时，对本条作了以下修改：一是将"依法执行任务时"修改为"依法执行反间谍工作任务时"。二是将"出示相应证件"修改为"出示工作证件"，进一步明确出示证件的范围。三是将"向有关组织和人员调查、询问有关情况"修改为"向有关个人和组织问询有关情况"，表述更精准。四是增加规定"对身份不明、有间谍行为嫌疑的人员，可以查看其随带物品"。

本条规定主要包含以下几个方面的内容：

第一，本条规定的"依法执行反间谍工作任务"是行使本条规定职权的前提条件。这一条件包括两层意思：一是要依法。依照的法律是广义的，既包括依照本法的规定，也包括依照其他法律中有关国家安全的规定。二是只有在执行反间谍工作任务时才能行使这些职权，如为监视和掌握间谍的活动情况而进行的调查工作，为防范、制止、惩治间谍行为而开展的各项具体工作等。

第二，国家安全机关行使本条规定的职权时，需要依照规定出示工作证件。"工作证件"是指国家安全机关工作人员根据其工作任务的不同，按照规定使用的有关证件，包括工作证、侦察证等。

第三，国家安全机关依法行使查验职权。在反间谍工作的实践中，查验身份证明是国家安全机关做好反间谍工作的实际需要，因此，本条规定国家安全机关工作人员有权查验中国公民或者境外人员的身份证明。应当注意的是，本条规定的是国家安全机关的工作人员有权"查验"身份证明，而不是扣留身份证明。身份证明包括居民身份证、军官证、士官证、士兵证、护照、有效签证、港澳居民往来内地通行证等可以证明身份的证件。

第四，国家安全机关依法行使问询的职权。本条规定，国家安全机关可以向有关个人和组织问询有关情况。国家安全机关向有关个人和组织问询有关情况，既包括一般性地了解情况，也包括国家安全机关根据刑事诉讼法的规定调查间谍犯罪时进行的专门性初查、线索筛查等工作。本条进一步明确了向有关个人和组织问询有关情况需要履行依照规定出示工作证件的程序，进一步严明了国家安全机关行使职权的要求，规范了国家安全机关工作人员的行为，防止权力滥用。

第五，国家安全机关依法行使查看随带物品的职权。此项职权是2023年修订反间谍法时新增加的内容。"身份不明"，是指国家安全机关在查验个人身份证明、问询相关情况时，其无法提供或有意隐瞒其真实姓名、住址信息等，导致国家安全机关对其身份信息无法确定。"有间谍行为嫌疑的人员"，是指可能存在间谍违法犯罪事实或者有线索表明间谍行为与之相关，国家安全机关需进一步初查核实相关行为的人员。不同于间谍犯罪案件中的调查、搜查，国家安全机关依据本条规定所查看的物品，仅限于该特定人员本身随带的物品，如需进一步调查和搜查，国家安全机关应履行相应的审批手续进行。

第六，任何个人和组织在国家安全机关查验身份证明、问询有关情况、查看随带物品时，都有义务积极配合，不得推诿拒绝。对于国家安全机关在行使本条规定的职权时未依法进行的，个人和组织可依法进行检举、控告以保障自己的合法权益。

应用

34. 本条规定的问询与治安管理处罚法、刑事诉讼法等中规定的询问有何区别

问询不同于治安管理处罚法、刑事诉讼法等中的询问：（1）二者在对象范围上不同，问询对象为不特定个人和组织，询问则面向相关行为人、被侵害人、受害人、相关证人等案件特定人员。（2）二者实施的时间节点不同，问询属于一般性的随机执法，不需要有案件发生或以立案为前提条件，询问则是有目的的调查、侦查行为，在案件发生后或立案后进行。（3）二者执法所需的相关程序不同，问询需要依法出示工作证件后进行，执法程序相对简单，询问在程序上要求的条件更多，如需送达制式文书，需两人出示工作证件后进行，需制作相关笔录、当事人签章等。（4）二者产生的法律后果不同，问询的结果一般是了解情况，不直接作为证据使用，询问则是要求个人和组织就案件相关问题进行陈述，其结果一般是直接作为证据使用。

配套

《反恐怖主义法》第51条；《反有组织犯罪法》第26条；《反间谍法实施细则》第11、12、14条

第二十五条 【电子设备查验】国家安全机关工作人员依法执行反间谍工作任务时，经设区的市级以上国家安全机关负责人批准，出示工作证件，可以查验有关个人和组织的电子设备、设施及有关程序、工具。查验中发现存在危害国家安全情形的，国家安全机关应当责令其采取措施立即整改。拒绝整改或者整改后仍存在危害国家安全隐患的，可以予以查封、扣押。

对依照前款规定查封、扣押的电子设备、设施及有关程序、工具，在危害国家安全的情形消除后，国家安全机关应当及时解除查封、扣押。

注解

本条为2014年反间谍法第十三条规定，2023年修订反间谍法时，对本条作了以下修改：一是将"国家安全机关"修改为"国家安全机关工作人员"。二是将"因反间谍工作需要"修改为"依法执行反间谍工作任务时"。三是增加程序性规定，明确行使本条规定的职权必须"经设区的市级以上国家安全机关负责人批准，出示工作证件"。四是将"查验有关组织和个人的电子通信工具、器材等设备、设施"修改为"查验有关个人和组织的电子设

备、设施及有关程序、工具",同时第二款也相应增加了"有关程序、工具"的内容。五是将"拒绝整改或者整改后仍不符合要求的"修改为"拒绝整改或者整改后仍存在危害国家安全隐患的"。

国家安全机关查验主要针对有关个人和组织的电子设备、设施及有关程序、工具。这里所说的"有关个人和组织"是广义的,"个人"包括中国公民和在中国境内的外国人、无国籍人等;"组织"既包括国内的机构、组织,也包括外国和境外地区在我国领域内设立的机构、组织,如中外合资企业、外资企业等。"电子设备、设施及有关程序、工具"是指由集成电路、电子管、晶体管等电子元件组成,应用电子技术、软件等发挥作用的设备、设施,其中包含应用的程序、软件工具等。这里的电子设备、设施主要指具有通信联络、信息传递等功能的电子设备、设施,例如复印机、打印机、传真机、计算机、固定或者移动电话机、智能手环等,也包括其他普通的电子设备、设施。

在本条的理解与适用中,需要注意以下两个方面的问题:

第一,本条中的查封、扣押是具有防范性的临时约束措施。国家安全机关行使该项职权的原因是:个人和组织对其存在危害国家安全情形的电子设备、设施及相关程序、工具拒绝进行整改或整改后仍存在危害国家安全隐患。该处的查封、扣押性质不同于诉讼程序中对涉案财物所采取的查封、扣押强制措施。这是国家安全机关为了填补可能危害国家安全的漏洞,在不得已的情况下所采取的临时约束措施,具有即时性和作为最后手段的意义。因此,本条第二款对应及时解除该查封、扣押作了明确规定。

第二,查验的对象包括电子设备、设施及有关程序、工具。实践中需要注意的是,国家安全机关执法过程中,既可以查验电子设备、设施等硬件本身所储存的内容等,也可以查验这些电子设备、设施中的程序信息、软件工具等相关内容,包括这些软件在互联网云盘等中间媒介储存、传递的信息等。

配套

《刑法》第285条;《行政强制法》第23条;《反有组织犯罪法》第39条

第二十六条 【**查阅、调取**】国家安全机关工作人员依法执行反间谍工作任务时,根据国家有关规定,经设区的市级以上国家安全机关负责人批准,可以查阅、调取有关的文件、数据、资料、物品，有关个人和组织应当予以配合。查阅、调取不得超出执行反间谍工作任务所需的范围和限度。

> **注 解**

本条为 2014 年反间谍法第十条规定，2023 年修订反间谍法时，对本条作了以下修改：一是增加"反间谍工作"规定，进一步明确国家安全机关工作人员是在依法执行反间谍工作任务时，行使本条规定的职权。二是将"经过批准"修改为"经设区的市级以上国家安全机关负责人批准"，进一步明确了行使查阅、调取文件、数据、资料、物品职权的审批层级。三是删去了"出示相应证件"的规定，主要是考虑到根据国家有关规定，已经涵盖出示相关证件的内容，没有必要再重复规定。四是进一步细化了查阅、调取的范围，将"档案、资料、物品"修改为"文件、数据、资料、物品"。五是增加"有关个人和组织应当予以配合"的义务规定。六是增加"查阅、调取不得超出执行反间谍工作任务所需的范围和限度"的限制性规定。

本条规定了以下四个方面的内容：

第一，明确国家安全机关行使查阅、调取职权的条件。这里的"依法执行反间谍工作任务"是行使本条规定职权的前提条件，包括两个方面的内容：一是要依法；二是必须在执行反间谍工作任务时才能行使这些职权，如果不是执行反间谍工作任务，国家安全机关就不能行使查阅、调取权力。

第二，在程序上，查阅、调取应当根据国家有关规定，经设区的市级以上国家安全机关负责人批准。这里所说的"根据国家有关规定"，是指法律、行政法规和规章，包括全国人民代表大会及其常务委员会制定的法律和决定，国务院制定的行政法规、规定的行政措施、发布的决定和命令，以及国务院所属的各部、各委员会根据法律和行政法规制定的规章，也包括国家安全机关依照反间谍法、刑事诉讼法、行政处罚法等法律、行政法规和国家安全机关制定的规章中关于查阅、调取有关的文件、数据、资料、物品的规定。相关的文件、数据、资料、物品，会涉及公民个人信息和公司、企业的经营状况、商业秘密等信息，查阅、调取应当经过办案机关批准。考虑到国家安全机关的机构设置和办理案件需要，查阅、调取应当经设区的市级以上国家安全机关负责人批准。国家安全机关工作人员在行使职权时要严格依照法律规定的条件和要求，尽量减少对有关单位、个人正常工作、生活的影响，保护个人和组织的合法权益。同时，国家安全机关等执法机关向网络服务提供者调取数据已成为侦查方式新常态，也要特别注意保护有关个人隐私和信息安全，保护有关组织的商业秘密等。

第三，国家安全机关有依法行使查阅、调取有关的文件、数据、资料、物品的权力，但不得超出执行任务所需的范围和限度。国家安全机关办理反间谍案件，需要行使查阅、调取职权时，应当从准确查清案件事实的工作需要出发，在所需的范围和限度内查阅、调取与案件事实相关的文件、数据、资料、物品，既要查阅、调取能够证明有危害国家安全行为的文件、数据、资料、物品，也要查阅、调取能够证明没有危害国家安全行为的文件、数据、资料、物品，以保证证据的完整性、客观性。同时，不能任意扩大查阅、调取的范围，不能查阅、调取与案件无关的文件、数据、资料、物品，真正做到依法开展反间谍工作，维护国家安全，这也是依法行政、建设法治国家的重要一环。

第四，查阅、调取有关的文件、数据、资料、物品时，有关个人和组织应当予以配合。这里的配合是指应当为国家安全机关调查有关情况、收集有关证据提供便利条件等，不能无故拒绝、故意阻碍国家安全机关依法查阅、调取。对于不履行配合义务的个人和组织，一般情况下，国家安全机关可以予以批评教育，应当予以处罚的，可根据本法第六十条和刑法相关规定予以处罚。

应用

35. 拒不配合国家安全机关调取数据的，应承担何种法律责任

拒不提供数据的法律责任，以数据安全法为处罚依据。数据是证据的重要组成部分。对拒不配合数据调取的，2023年修订后的反间谍法规定了单独的法律责任。反间谍法第五十九条规定，违反本法规定，拒不配合数据调取的，由国家安全机关依照数据安全法的有关规定予以处罚。数据安全法第三十五条规定了有关组织、个人的配合义务。公安机关、国家安全机关因依法维护国家安全或者侦查犯罪的需要调取数据，应当按照国家有关规定，经过严格的批准手续，依法进行，有关组织、个人应当予以配合。数据安全法第四十八条第一款规定，违反本法第三十五条规定，拒不配合数据调取的，由有关主管部门责令改正，给予警告，并处五万元以上五十万元以下罚款，对

直接负责的主管人员和其他直接责任人员处一万元以上十万元以下罚款。对于拒不配合调取数据的行为，国家安全机关可以依照上述规定作出处罚。

配套

《刑法》第277条；《个人信息保护法》第34条；《数据安全法》第35、38、48条；《反间谍法实施细则》第21、22条

第二十七条 【传唤】需要传唤违反本法的人员接受调查的，经国家安全机关办案部门负责人批准，使用传唤证传唤。对现场发现的违反本法的人员，国家安全机关工作人员依照规定出示工作证件，可以口头传唤，但应当在询问笔录中注明。传唤的原因和依据应当告知被传唤人。对无正当理由拒不接受传唤或者逃避传唤的人，可以强制传唤。

国家安全机关应当在被传唤人所在市、县内的指定地点或者其住所进行询问。

国家安全机关对被传唤人应当及时询问查证。询问查证的时间不得超过八小时；情况复杂，可能适用行政拘留或者涉嫌犯罪的，询问查证的时间不得超过二十四小时。国家安全机关应当为被传唤人提供必要的饮食和休息时间。严禁连续传唤。

除无法通知或者可能妨碍调查的情形以外，国家安全机关应当及时将传唤的原因通知被传唤人家属。在上述情形消失后，应当立即通知被传唤人家属。

注解

本条是2023年修订反间谍法时新增加的规定。

本条第一款是关于传唤、强制传唤违反本法的人员的规定。本款规定包含以下四个方面的内容：第一，传唤的条件。一是需要传唤违反本法的人员接受调查。二是必须经国家安全机关办案部门负责人批准。这里所说的"国家安全机关办案部门负责人"，是在国家安全机关中具体负责办理违反本法案件的部门的负责人。三是必须使用传唤证进行传唤。这里所说的"传唤证"是国家安全机关向被传唤人出示的正式书面传唤通知。第二，口头传唤

的要求。一是适用于现场发现的违反本法的人员。二是国家安全机关工作人员应当依照规定出示工作证件。三是口头传唤的,应当在询问笔录中注明。第三,应当向被传唤人说明被传唤的理由和依据。第四,强制传唤的条件。根据本款规定,对无正当理由拒不接受传唤或者逃避传唤的人,可以强制传唤。所谓强制传唤,是指国家安全机关对被传唤人使用强制方法,包括依照有关规定使用械具等强制方法将被传唤人带至国家安全机关或有关地点接受调查和询问。

第二款是关于询问地点的规定。询问被传唤人,可以在国家安全机关进行,但为了方便人民群众,有利于工作的顺利进行,办案人员也可以将被传唤人传唤到其所在市、县内的指定地点或者其住所进行询问。所在市、县内的指定地点,主要是指被询问人所在市、县的基层组织或者所在单位等;住所,是指被询问人在被询问时所居住的地方。这些地点的选择,以便于进行询问工作、方便人民群众为原则。需要注意的是,考虑到对被传唤人的影响,不宜在被传唤人所在的单位进行询问。一方面,传唤是为了更好地了解案件情况,在最终对行为作出认定之前,不宜过于扩大知悉范围,应尽量降低对被传唤人工作、生活的影响;另一方面,到被传唤人所在单位进行询问,一定程度上会影响单位的正常运营。因此,应当避免在被传唤人所在的单位进行询问的情况。

第三款是关于传唤询问查证时间的规定。本款规定包含以下几个方面的内容:第一,传唤后要及时询问查证。在传唤之前,国家安全机关应当确定需要通过询问查证的内容,准备需要询问的问题,查找相关材料,安排好询问人员,做好询问的准备,对被传唤人进行询问后,应当做好笔录。第二,询问查证的时间。具体包括两种情形:一是询问查证的时间一般不得超过八小时。二是情况复杂,可能适用行政拘留或者涉嫌犯罪的,询问查证的时间不得超过二十四小时。根据这一规定,延长传唤时间应当符合以下几项要求:(1)情况复杂。一般是指由于案件情况较为复杂,如违法行为人数量较多,涉及面较广,取证较为困难,或者由于一些特殊原因,导致国家安全机关在八小时之内无法结束询问的情况。(2)可能适用行政拘留或者涉嫌犯罪。也就是说,被传唤人可能实施间谍行为,或者其他违反本法的行为,根据本法的有关规定,可能需要作出行政拘留处罚决定,或者根据行为性质、危害程度等,被传唤人可能涉嫌犯罪的,才能延长传唤持续的时间。(3)询问查证的时间不得超过二十四小时。根据本款规定，在被传唤人到达指定地点后或者在其住所询问，询问查证时间最长可以持续到二十四小时，也就是说，不能超过二十四小时，而不是在询问八小时之后，再延长二十四小时。如果在询问八小时之后，发现需要延长的情况，国家安全机关最多可以再继续询问十六小时。需要注意的是，国家安全机关对于情况复杂，存在需要延长询问查证时间的，也应当根据案件的具体情况，延长必要的询问查证时间，如有的可能只需要延长几个小时即可，而不是每次都延长至二十四小时。第三，为被传唤人提供必要的饮食和休息时间。第四，严禁连续传唤。不能以连续传唤的方式限制行为人的人身自由。对于情况复杂，在二十四小时内仍不能询问清楚的，应当严格依照法律规定结束询问查证，以后可以再到违法行为人的住所进行询问，或再次依法对其进行传唤询问，但不能以连续传唤的方式长时间限制行为人的人身自由。传唤时间超过二十四小时或者采用多次传唤等方法变相延长询问时间都是违法行为。

第四款是关于通知被传唤人家属的规定。国家安全机关在传唤后应当及时将传唤的原因通知被传唤人的家属。这里的家属，不局限于其近亲属。通知其家属，可以是在向其送达传唤书时当场通知，也可以是在被传唤人到达指定地点后马上通知。通知的方式，可以采用书面形式，也可以通过电话形式。通知应当采用合理的、及时的方式，使其家属能尽快知道情况。由于传唤的时间较短，一般不宜通过邮寄方式或者委托他人通知的方式。存在无法通知或者可能妨碍调查的情形的，可以不通知，但在上述情形消失后，应当立即通知被传唤人家属。

在本条的理解适用中，需要注意以下几个方面的问题：

第一，传唤时间的计算。被传唤人到达指定地点后，国家安全机关应当在传唤证上记载其到达的时间，并在这一刻开始计算传唤持续的时间。在询问过程中，国家安全机关也可以为被传唤人留出适当的时间，为其提供必要的饮食和休息时间，满足其基本的生活需求，不应采用限制这些生活需求的方式对被传唤人进行变相拘禁。

第二，发现犯罪行为的，应当转入刑事诉讼程序。国家安全机关在传唤过程中，发现行为人可能涉嫌犯罪的，应当依法转入刑事诉讼程序，如提请批准逮捕等，以保证程序的合法性、正当性。

第三，及时将传唤的原因通知违法行为人的家属是原则规定。只有在本条第四款规定的例外情形消失后，国家安全机关才能根据工作需要和实际情况进行通知。在保障行为人的权利的同时，将查办案件对社会秩序造成的影响降低至最低限度。

配套

《刑事诉讼法》第119条；《治安管理处罚法》第82、83条

第二十八条　【检查】国家安全机关调查间谍行为，经设区的市级以上国家安全机关负责人批准，可以依法对涉嫌间谍行为的人身、物品、场所进行检查。

检查女性身体的，应当由女性工作人员进行。

注解

本条共分两款。第一款是关于依法对涉嫌间谍行为的人身、物品、场所进行检查的规定。根据本款规定，国家安全机关调查间谍行为，可以依法对涉嫌间谍行为的人身、物品、场所进行检查。为了保证检查的顺利进行，应当做好必要的准备工作，比如现场保护、证据保存、取样、人员通知、技术准备等。本款对检查的范围、批准程序等作出了规定，具体包括以下几个方面的内容：第一，检查的具体范围。涉嫌间谍行为的"人身"，包括涉嫌间谍行为的行为人的身体，对其进行规定是为了确定行为人的某些身体特征，也是为了查找能够证明行为人违法或者不违法的证据、材料等。"物品"，是指涉嫌实施间谍行为的工具及现场遗留物，包括行为人所拥有的照相器材、用于绘制地图的纸笔等或者其他涉嫌实施间谍行为所留下的痕迹。"场所"，是指涉嫌间谍行为发生的现场及可能留有相关痕迹、物品等证据的地方。检查不能突破必要的范围，对与涉嫌间谍行为无关的人身、物品和场所不能进行检查。因此，在进行检查之前，为了保证检查工作的顺利进行，检查人员应当熟悉已有的案件材料，明确检查的人身、物品、场所范围，严格按照法律的规定进行检查。第二，进行检查是国家安全机关的职权。可以进行检查，是指国家安全机关根据行为人涉嫌实施间谍行为的情况和调查处理的需要，认为进行检查对查明案件情况和行为人有关行为，正确处理案件有必要的，有权决定进行检查。违法行为人以及与检查有关的人员有义务配合国家安全机关的检查。对于拒绝检查的人员，国家安全机关可以根据本法规定处

罚；情节严重的，根据刑法的相关规定定罪处罚。第三，在程序上，进行检查应当经设区的市级以上国家安全机关负责人批准。人身、物品和场所往往涉及公民基本的权利，比如，财产权、隐私权、名誉权等，国家安全机关在检查时应当遵循相应的程序，防止对公民的这些合法权益造成非法侵害，履行相应的审批手续，规范办案程序。

第二款是对女性身体进行检查的特殊规定。根据本款规定，检查女性身体的，应当由女性工作人员进行。女性工作人员，是指女性国家安全机关工作人员以及其他可以接受国家安全机关委托或者指定进行检查的女性工作人员，比如女医师等。另外，在有见证人的情况下，见证人也应当是女性，男性以及与检查无关的人员不得在场。

配套

《刑事诉讼法》第132条

第二十九条　【查询】国家安全机关调查间谍行为，经设区的市级以上国家安全机关负责人批准，可以查询涉嫌间谍行为人员的相关财产信息。

注解

本条是2023年修订反间谍法时新增加的内容，是关于国家安全机关可以查询涉嫌间谍行为嫌疑人员相关财产信息的规定。根据本条规定，国家安全机关查询的对象是涉嫌间谍行为人员的相关财产信息。这里包含两层意思：一是查询的对象必须是涉嫌间谍行为人员。本条规定的"涉嫌间谍行为人员"，是指国家安全机关在线索核查阶段所确定的怀疑对象，不同于立案后的犯罪嫌疑人。二是查询的必须是相关财产信息。国家安全机关享有查询涉嫌间谍行为人员的相关财产信息的权力。查询财产信息是国家安全机关核查犯罪线索，全面掌握嫌疑人员的财产信息的调查方法。查询是线索核查基本的调查方法，其性质上不同于查封、扣押、冻结等财产处置措施，也不得划转、转账或者以其他方式变相扣押。实践中，国家安全机关查询的涉嫌间谍行为人员的相关财产信息主要包括：（1）金融资产。国家安全机关工作人员可以利用人民银行和资金查控平台等查清涉案人员在各大商业银行的资金及关联的理财账户情况，支付宝、微信等电子支付账户及关联的理财账户情况，以及股票、债券、保单、票据、基金份额等有价证券账户及对应资金账户情况。（2）房屋等不动产。结合涉嫌间谍行为人员的居住地、主要活动地、单位所在地等信息，通过不动产登记和交易中心进行查询，查清涉嫌间谍行为人员名下或虽登记在他人名下但可能属于涉嫌间谍行为人员实际拥有、实际控制、出资购买的土地、住宅、商铺、工业厂房等不同类型不动产的情况。（3）车辆等特殊动产。通过查询车辆登记、车辆卡口信息、保单记录、维修记录、违章处理等信息，结合外围调查，查清涉案人员名下或虽登记在他人名下但可能属于涉案人员实际拥有、实际控制、出资购买的汽车、船舶、航空器等高价值特殊动产情况。（4）股份期权。通过调阅工商登记、股东决议、纳税记录、交易流水、合同等信息，查明涉案人员在公司、企业、厂矿等经济实体中持股情况，或虽登记在他人名下但可能属于重点对象实际拥有的股份情况。上述四类资产是主要的查询内容，但不限于上述资产，国家安全机关工作人员应根据调查间谍行为的需要进行查询。查询的主要目的是调查清楚涉嫌间谍行为人员的财产状况，调查了解清楚其是否接受资金支持及其资金来源和流向，以便对涉嫌间谍行为人员是否存在间谍行为进行综合判定。国家安全机关工作人员通过分析涉嫌间谍行为人员的资金来源、资金流向、登记时间、实际使用等因素，综合判断资产性质和用途，可以为下一步采取查封、扣押和冻结等强制措施提供条件。

国家安全机关要求银行业金融机构协助查询的，应当由两名以上办案人员持有效的本人工作证或人民警察证和加盖县级以上国家安全机关公章的协助查询财产法律文书，到银行业金融机构现场办理。无法现场办理完毕的，可以由提出协助要求的国家安全机关指派至少一名办案人员持有效的本人工作证或人民警察证和单位介绍信到银行业金融机构取回反馈结果。银行业金融机构协助国家安全机关查询的信息仅限于涉案财产信息，包括：被查询单位或者个人开户销户信息、存款余额、交易日期、交易金额、交易方式、交易对手账户及身份等信息，电子银行信息，网银登录日志等信息，POS机（刷卡机）商户、自动机具相关信息等。

在本条的理解适用中，需要注意以下两个方面的问题：一是查询的财产信息包括合法财产和非法财产，应当全面查询涉嫌间谍行为人的财产信息，收集可以证明涉嫌间谍行为人有罪、无罪、罪轻、罪重的财产信息。查询的嫌疑人员必须是涉嫌间谍行为人，与间谍行为无关人员的相关财产信息不得查询。二是本条规定了查询相关财产信息的权力，与查封、扣押、冻结等对财产的保全措施不同。实践中，应当正确运用查询权力，不得超越范围进行查询，也不得超越调查处置权限，查封、扣押、冻结涉嫌间谍行为人员的相关财产。如果经过调查，确认行为人有间谍行为，需要查封、扣押、冻结涉嫌间谍行为人员相关财产的，可以依据本法第三十条及时对行为人的财产采取相关的强制措施；对涉嫌间谍犯罪的，应当依照刑事诉讼法的规定立案侦查。

应用

36. 银行业金融机构接到国家安全机关协助查询的需求后，应在多长时间内办理完毕

银行业金融机构接到国家安全机关协助查询需求后，应当及时办理。能够现场办理完毕的，应当现场办理并反馈。如无法现场办理完毕，对于查询单位或者个人开户销户信息、存款余额信息的，原则上应当在三个工作日以内反馈；对于查询单位或者个人交易日期、交易方式、交易对手账户及身份等信息，电子银行信息、网银登录日志等信息，POS机商户、自动机具相关信息的，原则上应当在十个工作日以内反馈。对涉案账户较多，国家安全机关办理集中查询的，银行业金融机构总部或有关省、自治区、直辖市、计划单列市分行应当在上述规定的时限内反馈。因技术条件、不可抗力等客观原因，银行业金融机构无法在规定时限内反馈的，应当向国家安全机关说明原因，并采取有效措施尽快反馈。

配套

《银行业金融机构协助人民检察院公安机关国家安全机关查询冻结工作规定》第3、8、11、14、15、24条

第三十条 【查封、扣押、冻结】 国家安全机关调查间谍行为，经设区的市级以上国家安全机关负责人批准，可以对涉嫌用于间谍行为的场所、设施或者财物依法查封、扣押、冻结；不得查封、扣押、冻结与被调查的间谍行为无关的场所、设施或者财物。

注解

本条为2014年反间谍法第十五条规定，2023年修订反间谍法时，对本条作了以下修改：一是明确查封、扣押、冻结适用的条件是国家安全机关调

查间谍行为;二是将查封、扣押、冻结的对象由"用于间谍行为的工具和其他财物,以及用于资助间谍行为的资金、场所、物资"调整完善为"涉嫌用于间谍行为的场所、设施或者财物";三是增加规定"不得查封、扣押、冻结与被调查的间谍行为无关的场所、设施或者财物"。

本条是关于国家安全机关可以对涉嫌用于间谍行为的场所、设施或者财物依法查封、扣押、冻结的规定。本条所说的"场所、设施或者财物",既包括本人直接用于间谍行为的场所、设施或者财物,也包括虽非本人直接用于间谍行为,但被其用于为间谍行为提供支持、帮助的场所、设施或者财物,如为实施间谍行为人员提供房屋、交通工具、通信器材、资金等。实践中,实施间谍行为人员违法所得的财物、违禁品等也属于涉嫌用于间谍行为的场所、设施或者财物。

国家安全机关采取查封、扣押、冻结措施时,本法有规定的依照本法的规定执行,本法没有规定的,应当依照行政强制法的规定执行。此外,有关部门对查封、扣押、冻结的具体执行程序进一步作了规定,如2014年中国银监会、最高人民检察院、公安部、国家安全部联合印发《银行业金融机构协助人民检察院公安机关国家安全机关查询冻结工作规定》,对银行业金融机构、非银行金融机构协助冻结财产的配合义务和国家安全机关查询、冻结财产的规范执法作出具体规定。

国家安全机关在查封、扣押、冻结涉案财物时,要严格依照本法和有关法律规定的程序执行,开具清单要具体、完整、规范,列明被查封、扣押、冻结的涉案财物的情况,只能查封、扣押、冻结涉嫌用于间谍行为的场所、设施或者财物,对与被调查的间谍行为无关的场所、设施或者财物,不得查封、扣押、冻结。

应 用

37. 国家安全机关对于查封、扣押、冻结的财物,应当如何处理

国家安全机关对查封、扣押、冻结的财物,应当妥善保管,并按照下列情形分别处理:(1)涉嫌犯罪的,依照刑事诉讼法等有关法律的规定处理;(2)尚不构成犯罪,有违法事实的,对依法应当没收的予以没收,依法应当销毁的予以销毁;(3)没有违法事实的,或者与案件无关的,应当解除查封、扣押、冻结,并及时返还相关财物;造成损失的,应当依法予以赔偿。

> 配套

《刑事诉讼法》第141、142、144、145条；《行政强制法》第9、22—33条；《银行业金融机构协助人民检察院公安机关国家安全机关查询冻结工作规定》

第三十一条 【执法规范】国家安全机关工作人员在反间谍工作中采取查阅、调取、传唤、检查、查询、查封、扣押、冻结等措施，应当由二人以上进行，依照有关规定出示工作证件及相关法律文书，并由相关人员在有关笔录等书面材料上签名、盖章。

国家安全机关工作人员进行检查、查封、扣押等重要取证工作，应当对全过程进行录音录像，留存备查。

> 注解

本条是2023年修订反间谍法时新增加的规定。

本条第一款规定中的"相关人员"，不仅包括办案人员，还包括被调查处置的对象。对于查封、扣押和冻结等措施，有见证人在场的，见证人也应当在相关材料上签名、盖章。

本条第二款是关于重要取证工作要进行全过程录音录像的规定。根据本款规定，录音录像必须符合以下两个要求：一是必须是全过程进行。这里所说的"全过程"一般是指国家安全机关工作人员在进行检查、查封、扣押等重要取证工作时，从进入相关场所开始到结束离开相关场所的整个过程。也就是说，必须保持录音录像在整个过程中完整、不间断地记录整个检查、查封、扣押等取证过程，不可作剪接、删改。二是必须留存备查。事后查阅录音录像的，查阅记录应全程留痕，保证录音录像资料的安全。同时，所有因案件需要接触、查阅录音录像的人员，必须对录音录像内容严格保密。

> 配套

《刑事诉讼法》第123条；《公安机关现场执法视音频记录工作规定》

第三十二条 【配合调查工作】在国家安全机关调查了解有关间谍行为的情况、收集有关证据时，有关个人和组织应当如实提供，不得拒绝。

注解

　　本条规定包含以下两个方面的内容：第一，有关个人和组织配合调查的条件，即在国家安全机关调查了解有关间谍行为的情况、收集有关证据的时候。本条所说的"调查了解有关间谍行为的情况"，主要是指调查了解本法第四条规定的间谍行为及其有关情况。这种调查既包括立案前的一般调查，也包括立案后的调查询问。调查的方式和地点由国家安全机关根据实际情况确定，但必须注意保守秘密。"收集有关证据"，是指国家安全机关工作人员根据本法有关规定调查间谍活动，如调查、了解有关间谍行为的情况，有关涉嫌间谍活动人员的情况，以及收取与间谍行为有关的证据等。"有关证据"，是指能够证明实施间谍行为的各种证据，既包括涉嫌间谍行为的证据，也包括证明不具有间谍行为的证据。

　　第二，明确有关个人和组织应当如实提供，不得拒绝。本条所说的"有关个人和组织"，主要是指了解间谍行为的有关情况或与间谍行为有关联的个人和组织，如间谍行为嫌疑人的同事和所在的单位等。"如实提供"，是对个人和组织为国家安全机关提供有关间谍行为的情况和证据时的法定要求，主要是指在国家安全机关调查了解有关间谍行为的情况和收集有关证据时，有关个人和组织应当把所知悉和掌握的有关事实、材料，实事求是、毫不保留地提供给国家安全机关。如实提供，既包括如实提供证人证言，也包括如实提供物证、书证、视听资料等证据。"不得拒绝"，是对个人和其他组织作证义务的具体要求。主要包含以下两层意思：一是个人和有关组织应当积极、主动、自觉地向国家安全机关反映有关间谍行为的情况和提供有关证据。二是国家安全机关在了解有关间谍行为的情况、收集有关证据时，了解情况的个人和有关组织应当如实提供，不得拒绝。首先是必须提供，其次是必须依照事实的本来面貌提供。

应用

38. 在国家机关调查了解有关间谍行为的情况、收集有关证据时，拒绝作证的，应承担何种法律责任

　　对于拒绝作证的，会出现两种法律后果：一是行政处罚；二是刑事处罚。根据本法第六十条的规定，明知他人有间谍犯罪行为，在国家安全机关向其调查有关情况、收集有关证据时，拒绝提供，构成犯罪的，依法追究刑事责任；尚不构成犯罪的，由国家安全机关予以警告或者处十日以下行政拘留，可以并处三万元以下罚款。这里所说的"构成犯罪的，依法追究刑事责任"是指根据刑法第三百一十一条拒绝提供间谍犯罪、恐怖主义犯罪、极端主义犯罪证据罪的规定，明知他人有间谍犯罪行为，在国家安全机关向其调查有关情况、收集有关证据时，拒绝提供，情节严重的，处三年以下有期徒刑、拘役或者管制。根据刑法第三百零五条关于伪证罪的规定，在刑事诉讼中，证人、鉴定人、记录人、翻译人对与案件有重要关系的情节，故意作虚假证明、鉴定、记录、翻译，意图陷害他人或者隐匿罪证的，处三年以下有期徒刑或者拘役；情节严重的，处三年以上七年以下有期徒刑。根据刑法第三百一十条关于窝藏、包庇罪的规定，明知是犯罪的人而为其提供隐藏处所、财物，帮助其逃匿或者作假证明包庇的，处三年以下有期徒刑、拘役或者管制；情节严重的，处三年以上十年以下有期徒刑。对与间谍行为有重要关系的情节，知情者不如实提供，故意作虚假证明，意图陷害他人或者隐匿罪证的，或者作假证明包庇间谍犯罪分子的，应当依照刑法的上述规定追究刑事责任。

配套

《刑法》第 305、310、311 条；《刑事诉讼法》第 62 条；《反间谍法实施细则》第 22 条

第三十三条　【不准出境】对出境后可能对国家安全造成危害，或者对国家利益造成重大损失的中国公民，国务院国家安全主管部门可以决定其在一定期限内不准出境，并通知移民管理机构。

对涉嫌间谍行为人员，省级以上国家安全机关可以通知移民管理机构不准其出境。

注解

本条是 2023 年修订反间谍法时新增加的规定，是关于特定中国公民以及涉嫌间谍行为人员不准出境的规定。在本条的理解适用中，需要注意以下两个方面的问题：

第一，根据本条第一款的规定，国务院国家安全主管部门对特定中国公民采取限制出境措施时，要严格掌握，不能随意扩大不准出境的人员范围，

不能随意延长不准出境的期限。对于限制出境的中国公民，有关部门应当建立相应机制，对于超出不准出境期限，不需要继续采取限制出境措施的，应当及时解除限制出境措施。特定中国公民被采取限制出境措施，当事人不服的，可以依法申请行政复议，对复议决定不服的可以提起行政诉讼。根据本法第六十八条规定，当事人对依照本法作出的行政处罚决定、行政强制措施决定、行政许可决定不服的，可以自收到决定书之日起六十日内，依法申请复议；对复议决定不服的，可以自收到复议决定书之日起十五日内，依法向人民法院提起诉讼。这样，一方面当事人有权申请复议和提起诉讼，如果因认定事实不清或者适用法律不当，使当事人被限制出境时，可以得到及时的纠正，维护当事人的合法权益；另一方面也体现了限制出境决定的严肃性和权威性，督促有关部门依法履行职责，对决定机关也是一种监督和制约。

第二，对涉嫌间谍行为人员，本条第二款仅对国家安全机关依法采取限制出境措施作了衔接性规定，对人民法院、人民检察院等其他办案机关采取限制措施未作规定。这主要是考虑到在办理间谍案件过程中，国家安全机关往往属于第一道程序，需要及时采取限制出境措施。对于国家安全机关未采取限制出境措施的，在审查起诉、审判阶段，人民法院、人民检察院可依照出境入境管理法第十二条、第二十八条的规定决定限制出境。是否有必要采取具体的限制出境措施，可由有关机关根据出境入境管理法的规定具体决定。

此外，要准确理解"出境"，本条中的"境"指的是"国境"和"边境"。现实生活中，大陆居民往返于港、澳、台地区，以及香港同胞、澳门同胞往返于内地和台湾同胞往返于大陆之间，都是按照出入境进行管理。因此，本条中的"出境"，包括由中国内地前往其他国家或地区，由中国内地前往香港特别行政区、澳门特别行政区，以及由中国大陆前往台湾地区。

配套

《保守国家秘密法》第37条；《出境入境管理法》第12、28条；《反恐怖主义法》第39条；《反有组织犯罪法》第21条；《反间谍法实施细则》第24条

第三十四条 【不准入境】对入境后可能进行危害中华人民共和国国家安全活动的境外人员，国务院国家安全主管部门可以通知移民管理机构不准其入境。

> 注解

本条是 2023 年修订反间谍法时新增加的内容,是关于特定境外人员不准入境的规定。在本条的理解适用中,需要注意以下几个方面的问题:

第一,本条是对特定境外人员入境的管控措施。出境入境管理法对入境管控措施有更为全面的规定,实践中具体适用时,应根据实际情况,做好相应衔接。同时需要指出,本条是针对特定境外人员入境的管控措施,因此除了由移民管理机构依照本条不准其入境外,不排除依法对相关人员采取其他措施。

第二,对依法采取出入境管控措施的境外人员,如果国务院国家安全主管部门经过调查等,已排除具体境外人员进行危害中华人民共和国国家安全活动的可能的,应当及时取消对相关人员的出入境限制。

> 配套

《反恐怖主义法》第 39 条;《反有组织犯罪法》第 21 条;《出境入境管理法》第 21、25 条;《反间谍法实施细则》第 9 条

第三十五条 【与移民管理机构的衔接】对国家安全机关通知不准出境或者不准入境的人员,移民管理机构应当按照国家有关规定执行;不准出境、入境情形消失的,国家安全机关应当及时撤销不准出境、入境决定,并通知移民管理机构。

> 注解

本条是 2023 年修订反间谍法时新增加的规定,是关于不准出境或者入境的执行、撤销的规定。

对国家安全机关通知不准出境或者不准入境的人员,移民管理机构应当按照国家有关规定执行。为了使移民管理机构及时知晓哪些人员属于不准出境、入境的人员,国家安全机关有必要按照规定将人员名单及时通知移民管理机构,以利于其做好边控工作,防止由于信息传递不及时造成不准入境的人员入境,不准出境的人员出境。

我国现行相关法律法规已经对决定机关及时通知移民管理机构作了规定,如出境入境管理法第六十五条规定:"对依法决定不准出境或者不准入境的人员,决定机关应当按照规定及时通知出入境边防检查机关;不准出

境、入境情形消失的，决定机关应当及时撤销不准出境、入境决定，并通知出入境边防检查机关。"《最高人民法院、最高人民检察院、公安部、国家安全部关于依法限制外国人和中国公民出境问题的若干规定》中规定，国家安全机关认定的犯罪嫌疑人或有其他违反法律的行为尚未处理并需要追究法律责任的，其限制出境的决定需经省、自治区、直辖市公安厅、局或国家安全厅、局批准；国家安全机关等对某些不准出境的外国人和中国公民，需在边防检查站阻止出境的，应填写《口岸阻止人员出境通知书》，在本省、自治区、直辖市口岸阻止出境的，应向本省、自治区、直辖市公安厅、局交控。在紧急情况下，如确有必要，也可先向边防检查站交控，然后补办交控手续。国家安全机关在限制外国人和中国公民出境时，可以分别采取以下办法：（1）向当事人口头通知或书面通知，在其案件（或问题）了结之前，不得离境；（2）根据案件性质及当事人的具体情况，分别采取监视居住或取保候审的办法，或令其提供财产担保或交付一定数量保证金后准予出境；（3）扣留当事人护照或其他有效出入境证件。但应在执照或其他出入境证件有效期内处理了结，同时发给本人扣留证件的证明。

实践中需要注意，需要限制已入境的外国人出境或者限制中国公民出境的，必须严格依照法律规定执行。凡能尽早处理的，不要等到外国人或中国公民临出境时处理；凡可以通过其他方式处理的，不要采取扣留证件的办法限制出境；凡能在内地处理的，不要到出境口岸处理，要把确需在口岸阻止出境的人员控制在极少数。

配套

《出境入境管理法》第65条；《最高人民法院、最高人民检察院、公安部、国家安全部关于依法限制外国人和中国公民出境问题的若干规定》

第三十六条 【对网络信息内容和安全风险的处置】国家安全机关发现涉及间谍行为的网络信息内容或者网络攻击等风险，应当依照《中华人民共和国网络安全法》规定的职责分工，及时通报有关部门，由其依法处置或者责令电信业务经营者、互联网服务提供者及时采取修复漏洞、加固网络防护、停止传输、消除程序和内容、暂停相关服务、下架相关应用、关闭相关网站等措

施，保存相关记录。情况紧急，不立即采取措施将对国家安全造成严重危害的，由国家安全机关责令有关单位修复漏洞、停止相关传输、暂停相关服务，并通报有关部门。

经采取相关措施，上述信息内容或者风险已经消除的，国家安全机关和有关部门应当及时作出恢复相关传输和服务的决定。

注解

本条是2023年修订反间谍法时新增加的规定，是关于涉及间谍行为的网络信息内容或者网络攻击等风险的处置方法，以及有关情形消除后及时恢复相关传输和服务的规定。

国家安全机关发现涉及间谍行为的网络信息内容或者网络攻击等风险，应当依照网络安全法规定的职责分工及时通报有关部门，有关部门应当依法处置或者责令电信业务经营者、互联网服务提供者采取相关措施。这里的"涉及间谍行为的网络信息内容"，主要是指涉及本法第四条规定的间谍行为，通过网络传播的信息内容，包括涉及国家秘密、情报以及其他关系国家安全和利益的文件、数据、资料、物品等的信息，间谍组织及其代理人发布的招收间谍分子的信息等。这里的"网络攻击等风险"，主要是指境外间谍情报机构、敌对势力等，实施针对我国家机关、涉密单位或者关键信息基础设施等的网络攻击、侵入、干扰、控制、破坏等风险。这里规定的"有关部门"，主要是网信、电信等相关部门。电信业务经营者、互联网服务提供者对有关部门依照本条规定采取的处置措施，应当予以配合，按照要求采取相应的处置措施，不得拒绝、阻碍；应当及时采取相应措施，及时查明影响范围，分析、确定事件原因，防止网络间谍行为危害的扩大、蔓延，努力将造成的损失降至最低。为了做好针对网络间谍行为的应对处置工作，电信业务经营者、互联网服务提供者应当按照网络安全等级保护制度的要求，采取安全技术防范措施，制定内部安全管理制度和操作规程，确定网络安全负责人，落实网络安全保护责任。

在实践中需要注意，针对涉及间谍行为的网络信息内容或者网络攻击等风险的处置措施应当尽可能精准适用，严格控制停止传输、消除程序和内容、暂停相关服务、下架相关应用、关闭相关网站等措施适用的范围，不能超出反间谍工作需要的限度，影响正常的社会经济生活，影响企业的正常经营活动。

为使本条的规定得到落实，本法在法律责任一章中规定了不履行本条规定义务应当承担的法律责任。根据本法第五十六的规定："国家机关、人民团体、企业事业组织和其他社会组织未按照本法规定履行反间谍安全防范义务的，国家安全机关可以责令改正；未按照要求改正的，国家安全机关可以约谈相关负责人，必要时可以将约谈情况通报该单位上级主管部门；产生危害后果或者不良影响的，国家安全机关可以予以警告、通报批评；情节严重的，对负有责任的领导人员和直接责任人员，由有关部门依法予以处分。"此外，其他相关法律也有关于电信业务经营者、互联网服务提供者不履行法律规定义务的处罚规定，如网络安全法第六十九条规定："网络运营者违反本法规定，有下列行为之一的，由有关主管部门责令改正；拒不改正或者情节严重的，处五万元以上五十万元以下罚款，对直接负责的主管人员和其他直接责任人员，处一万元以上十万元以下罚款：（一）不按照有关部门的要求对法律、行政法规禁止发布或者传输的信息，采取停止传输、消除等处置措施的……（三）拒不向公安机关、国家安全机关提供技术支持和协助的。"我国刑法亦对电信业务经营者、互联网服务提供者不履行法律规定的义务，构成犯罪的情形规定了刑事责任。

配套

《网络安全法》第8、21、47、50、69条；《反间谍安全防范工作规定》第23条；《电信条例》第56、57、61条；《互联网信息服务管理办法》第14—16、20条

第三十七条　【技术侦察和身份保护】 国家安全机关因反间谍工作需要，根据国家有关规定，经过严格的批准手续，可以采取技术侦察措施和身份保护措施。

注解

本条为2014年反间谍法第十二条规定，2023年修订反间谍法时，对本条作了以下修改：一是将"因侦察间谍行为的需要"修改为"因反间谍工作需要"，与其他条文的相关表述保持一致；二是增加规定了"身份保护措施"。

技术侦察措施通常包括电子侦听、电子监听、电子监控、秘密拍照或者秘密录音录像、秘密获取某些物证、电子通讯定位、邮件检查等专门技术手段。针对不同的对象和其他不同的情况，国家安全机关可以采取不同的技术侦察手段。技术侦察措施必须是在反间谍工作需要时才能使用，范围仅针对间谍行为，包括与间谍行为有关的人、活动的场所、使用的通讯、交通工具以及间谍行为发生地等，对与间谍行为无关的人、场所、通信、交通工具等不能使用这一措施。批准采取技术侦察措施时应从严把握，在接到要求采取技术侦察措施的申请报告后，要认真审查，严格把关。首先要审查是否属于本条规定的可以采取技术侦察措施的案件范围；其次也是更为重要的，要审查采取技术侦察措施对案件查处是否是必需的。

配套

《宪法》第35、39、40条；《刑事诉讼法》第150—154条；《人民警察法》第16条；《反有组织犯罪法》第31条；《反恐怖主义法》第45条；《国家情报法》第15条

第三十八条　【国家秘密、情报的鉴定和评估】 对违反本法规定，涉嫌犯罪，需要对有关事项是否属于国家秘密或者情报进行鉴定以及需要对危害后果进行评估的，由国家保密部门或者省、自治区、直辖市保密部门按照程序在一定期限内进行鉴定和组织评估。

注解

本条是2023年修订反间谍法时新增加的规定，是关于对有关事项是否属于国家秘密或者情报的鉴定，以及对危害后果进行评估的规定。

对拟鉴定为国家秘密的事项，保密行政管理部门可以根据工作需要，组织有关机关、单位或者专家对其泄露后已经或者可能造成的危害进行评估。保密行政管理部门应当在受理国家秘密鉴定申请后三十日内作出鉴定结论并出具国家秘密鉴定书。因鉴定事项疑难、复杂等不能按期出具国家秘密鉴定书的，经保密行政管理部门负责人批准，可以适当延长工作时限，延长时限最长不超过三十日。

应用

39. 对已定密事项是否属于国家秘密或者属于何种密级有不同意见的,应如何进行认定

对已定密事项是否属于国家秘密或者属于何种密级有不同意见的,可以向原定密机关、单位提出异议,由原定密机关、单位作出决定。机关、单位对原定密机关、单位未予处理或者对作出的决定仍有异议的,按照下列规定办理:(1)确定为绝密级的事项和中央国家机关确定的机密级、秘密级的事项,报国家保密行政管理部门确定。(2)其他机关、单位确定的机密级、秘密级的事项,报省、自治区、直辖市保密行政管理部门确定;对省、自治区、直辖市保密行政管理部门作出的决定有异议的,可以报国家保密行政管理部门确定。在原定密机关、单位或者保密行政管理部门作出决定前,对有关事项应当按照主张密级中的最高密级采取相应的保密措施。鉴定事项产生单位属于军队或者鉴定事项涉嫌属于军事秘密的,由军队相关军级以上单位保密工作机构进行国家秘密鉴定或者协助提出鉴定意见。

配套

《刑法》第110、111、398条;《保守国家秘密法》第2、9、10、20条;《保守国家秘密法实施条例》第19、20条;《国家秘密鉴定工作规定》第19、23、37条;《最高人民法院关于审理为境外窃取、刺探、收买、非法提供国家秘密、情报案件具体应用法律若干问题的解释》;《最高人民法院、国家保密局关于执行〈关于审理为境外窃取、刺探、收买、非法提供国家秘密、情报案件具体应用法律若干问题的解释〉有关问题的通知》;《人民法院、保密行政管理部门办理侵犯国家秘密案件若干问题的规定》第3条

第三十九条 【立案侦查】国家安全机关经调查,发现间谍行为涉嫌犯罪的,应当依照《中华人民共和国刑事诉讼法》的规定立案侦查。

注解

本条是2023年修订反间谍法时新增加的规定。

间谍行为严重危害国家安全,构成犯罪的,应当严格根据刑法有关规定追究刑事责任。我国刑法第一百一十条规定的间谍罪,第一百一十一条规定

的为境外窃取、刺探、收买、非法提供国家秘密、情报罪，以及刑法第三百九十八条规定的故意泄露国家秘密罪和过失泄露国家秘密罪，都是涉间谍行为的罪名。为准确适用法律，有关司法解释对犯罪行为的立案标准、案件的量刑作出了规定。如《最高人民法院关于审理为境外窃取、刺探、收买、非法提供国家秘密、情报案件具体应用法律若干问题的解释》对为境外窃取、刺探、收买、非法提供国家秘密、情报刑事案件的量刑标准作出了规定，《最高人民检察院关于渎职侵权犯罪案件立案标准的规定》对故意泄露国家秘密罪和过失泄露国家秘密罪的立案标准作了明确规定等。国家安全机关经调查，对于间谍行为是否涉嫌犯罪，可以根据司法解释作出判断。对于涉嫌犯罪，符合立案条件的案件，应当依法予以立案侦查。

配套

《刑法》第110、111、398条；《刑事诉讼法》第4、109、113条；《反恐怖主义法》第54条；《反有组织犯罪法》第28条

第四章　保障与监督

第四十条　【履行职责受法律保护】 国家安全机关工作人员依法履行职责，受法律保护。

注解

本条规定包含三层意思：第一，国家安全机关工作人员依法履行国家安全工作职责时，不受任何法律追究。国家安全机关工作人员在履行职责时，只要是严格执行法律，无论何时，也无论情况发生什么变化，都不应当受到法律追究。对于应当追究责任的情形，公务员法、公职人员政务处分法都作了明确规定，可以按照法律的规定具体执行。不能因为被侦查的犯罪嫌疑人，经侦查没有查明犯罪事实或者查明没有犯罪事实，而追究侦查人员的责任。第二，国家安全机关工作人员依法履行职责，其人身安全受到法律保护。对抗拒、阻挠国家安全机关工作人员依法履行职责，或者对依法履行职责的国家安全机关工作人员进行阻碍、威胁和打击报复的，应当依法追究相应的法律责任。第三，国家安全机关工作人员必须根据所担任的职务在职责

范围内开展活动。法律保护的是国家安全机关的工作人员依法履行职责的情况。"依法履行职责"是指依照本法、刑事诉讼法以及其他法律的有关规定履行职责。本法第二章安全防范、第三章调查处置、第四章保障与监督规定了国家安全机关工作人员的具体职责和职权，国家安全机关应当在法律规定的职责范围内开展活动。刑事诉讼法第四条规定，国家安全机关依照法律规定，办理危害国家安全的刑事案件，行使与公安机关相同的职权。此外，"依法履行职责"是指全部与履行反间谍职责任务相关的行为和活动，不能仅理解为是工作八小时内开展的活动。

第四十一条　【重点领域协助调查】国家安全机关依法调查间谍行为，邮政、快递等物流运营单位和电信业务经营者、互联网服务提供者应当提供必要的支持和协助。

注解

本条是2023年修订反间谍法时新增加的规定。

物流运营单位是概括的类概念，包括邮政企业、快递公司等。根据邮政法第八十四条，邮政企业是指中国邮政集团公司及其提供邮政服务的全资企业、控股企业。"电信业务经营者"是指取得相关经营许可证、在中华人民共和国境内从事利用有线、无线的电磁系统或者光电系统，传送、发射或者接收语音、文字、数据、图像以及其他任何形式信息的活动，或者从事与前述活动有关的活动的主体。《最高人民法院、最高人民检察院关于办理非法利用信息网络、帮助信息网络犯罪活动等刑事案件适用法律若干问题的解释》对如何认定网络服务提供者作了规定："提供下列服务的单位和个人，应当认定为刑法第二百八十六条之一第一款规定的'网络服务提供者'：（一）网络接入、域名注册解析等信息网络接入、计算、存储、传输服务；（二）信息发布、搜索引擎、即时通讯、网络支付、网络预约、网络购物、网络游戏、网络直播、网站建设、安全防护、广告推广、应用商店等信息网络应用服务；（三）利用信息网络提供的电子政务、通信、能源、交通、水利、金融、教育、医疗等公共服务。"对于本条中"互联网服务提供者"的认定，可以参考这一规定。

邮政、快递等物流运营单位和电信业务经营者、互联网服务提供者应当为国家安全机关依法调查间谍行为提供必要的支持和协助。需注意，邮政、快递等物流运营单位和电信业务经营者、互联网服务提供者提供支持和协助的前提是国家安全机关调查间谍行为是依法进行的，且提供的支持和协助是"必要的"。国家安全机关调查间谍活动，应当注重保障个人和组织的合法权益，要求有关单位提供支持和协助的，应当遵循必要性的原则。在依靠自身的专门工作就能获取信息，自己解决问题的情况下，就没有必要要求邮政、快递等物流运营单位和电信业务经营者、互联网服务提供者提供支持和协助。

国家安全机关依法调查间谍行为，邮政、快递等物流运营单位和电信业务经营者、互联网服务提供者未按照规定提供必要的支持和协助的，由国家安全机关责令改正，予以警告或者通报批评；拒不改正或者情节严重的，由有关主管部门依照相关法律法规予以处罚。

实践中还需注意，间谍活动具有极强的隐蔽性，因此，对于反间谍工作中属于国家秘密的事项必须严格保密。邮政、快递等物流运营单位和电信业务经营者、互联网服务提供者在为国家安全机关提供支持和协助的过程中，接触到反间谍工作秘密和国家秘密的，应当注意保密，不得向他人透露。

配套

《宪法》第40条；《刑法》第398条；《刑事诉讼法》第二章；《反恐怖主义法》第18—20条；《反有组织犯罪法》第16条；《邮政法》第3、36条；《网络安全法》第28、47条；《电信条例》第60条

第四十二条 【通行便利】国家安全机关工作人员因执行紧急任务需要，经出示工作证件，享有优先乘坐公共交通工具、优先通行等通行便利。

注解

本条规定的"执行紧急任务"是行使优先权的前提条件。这里所说的"紧急任务"是指时间特别紧急，按照正常的方式、途径、程序有可能贻误反间谍工作的情况，如紧急赶赴现场，传递紧急重要情报，追捕、跟踪嫌疑人等。是否紧急，应根据任务的具体情况进行判定。"工作证件"是指国家安全机关工作人员根据其工作任务的不同，按照规定使用的有关证件，主要

是指人民警察证、侦察证等。考虑到国家安全机关的工作人员在执行不同任务时所需出示的证件可能有所不同，因此，本条仅规定出示工作证件，而没有明确出示工作证件的具体类型。至于在执行任务时，具体应使用何种证件，应符合有关法律、行政法规和国家安全机关的规定。

"优先乘坐公共交通工具"包括优先购票或者不购票出示证件即可优先乘坐的情况。其中，公共交通工具主要是指从事旅客运输的公共汽车、出租车、地铁、火车、船只、飞机等各种公共交通工具。优先乘坐并非免费乘坐，事后仍应按照有关规定予以补票或者予以相应的补偿。"优先通行"是指碰到公路上发生交通事故造成交通中断，或车辆拥挤导致交通堵塞，或者按照交通规则的规定不能通行，如遇到红灯，或者由于某项事件或活动而禁止通行等情况时，国家安全机关工作人员经出示工作证件，有关人员应允许其优先通过。

配套

《道路交通安全法》第53条；《反间谍法实施细则》第14条

第四十三条　【进入有关场所单位的规定】国家安全机关工作人员依法执行任务时，依照规定出示工作证件，可以进入有关场所、单位；根据国家有关规定，经过批准，出示工作证件，可以进入限制进入的有关地区、场所、单位。

注解

本条规定的国家安全机关工作人员的职权共有两项。一是进入有关场所、单位。间谍人员进行间谍活动，如接头、联络、交换情报、藏匿等需要在一定的场所或单位中进行。国家安全机关在进行反间谍工作时，不仅需要到有关场所、单位调查取证，有时还会因跟踪、监视犯罪嫌疑人而需要进入有关场所、单位。普通的公共场所，如宾馆、餐厅、电影院、游乐场等，国家安全机关的工作人员以普通消费者的身份也可以进入，但在需要进入的场所不对普通公众开放，或处于非营业时间等情况下，就需要有关场所、单位的管理人员配合和支持。因此，本条赋予国家安全机关的工作人员按照规定出示相应证件后，可以进入有关场所、单位的职权，为国家安全机关执行反间谍任务提供了保障。

二是进入限制进入的有关地区、场所、单位。出于维护国家安全和工作秩序的需要，有一些地区、场所、单位不得随意进入，如边境管理区、边境禁区、海防工作区、海上禁区等边防区域；军事禁区、军事基地、军工企业等与国防有关的军事设施和军事单位；重要的科研机构、金融机构、造币企业、核电站、金库、弹药库、麻醉药品库、油库等与国计民生和社会稳定、国家利益和公共安全关系重大的单位；国家档案管理机构、机场隔离区、港口出入境检查通道等其他依照国家有关部门的规定限制进入的场所、单位。本条赋予国家安全机关工作人员根据国家有关规定，在经过批准的情况下进入的职权，以便国家安全机关更好地开展工作，与间谍行为作斗争。

配套

《国家情报法》第16条；《反间谍法实施细则》第14条

第四十四条 【使用、征用】国家安全机关因反间谍工作需要，根据国家有关规定，可以优先使用或者依法征用国家机关、人民团体、企业事业组织和其他社会组织以及个人的交通工具、通信工具、场地和建筑物等，必要时可以设置相关工作场所和设施设备，任务完成后应当及时归还或者恢复原状，并依照规定支付相应费用；造成损失的，应当给予补偿。

注解

本条包含以下几个方面的内容：第一，本条规定的"优先使用"是指相关国家机关、人民团体、企业事业组织和其他社会组织以及个人，在国家安全机关因反间谍工作需要提出要求时，应当优先保障其使用相关交通工具、通信工具、场地和建筑物等。第二，本条规定的"依法征用"是指国家安全机关为了反间谍工作的需要，依法征调使用国家机关、人民团体、企业事业组织和其他社会组织以及个人的财产，用后归还或恢复原状并给予补偿的制度。依法征用具有强制性，无须财产所有人、管理人的同意。第三，本条规定的"必要时可以设置相关工作场所和设施设备"是指为了反间谍工作的需要，在征用的场地或者建筑物设置工作所需的相应场所、设施和设备，从而保障反间谍相关工作的有效进行。第四，国家安全机关依法使用或者依法征用国家机关、人民团体、企业事业组织和其他社会组织以及个人财产，在任务完成后，应当及时恢复原状，并依照规定支付相应费用；造成损失的，应当依法给予补偿。

配套

《宪法》第13条；《民法典》第245条；《国家情报法》第17条；《海警法》第54条；《国防法》第51条；《人民武装警察法》第25条；《反恐怖主义法》第78条

第四十五条 【通关便利和免检】国家安全机关因反间谍工作需要，根据国家有关规定，可以提请海关、移民管理等检查机关对有关人员提供通关便利，对有关资料、器材等予以免检。有关检查机关应当依法予以协助。

注解

本条是关于国家安全机关因反间谍工作的需要，可以提请海关、移民管理等检查机关提供相关协助的规定，包含以下几个方面的内容：

第一，本条规定的检查机关是广义的，既包括海关、移民管理检查机关，也包括其他依法设置的检查机关。例如在军事禁区设置的检查机关，在海上由海事管理机构设置的检查机关，在机场由民用航空主管部门设置的检查机关，在一些要害部位设置的检查机关等。

第二，本条规定的"对有关人员提供通关便利，对有关资料、器材等予以免检"是指因反间谍工作需要，国家安全机关为了保障反间谍工作的顺利进行，提请有关检查机关对人员提供通关便利和对资料、器材等予以免检。提供通关便利、免检包括：一是对护照证件的免检。国家安全机关因反间谍工作需要，根据国家有关规定，可以提请海关、移民管理等检查机关对国家安全机关中执行反间谍任务的相关人员、协助国家安全机关工作的有必要免检的人员以及有间谍行为嫌疑但因工作需要暂不宜对其进行检查的人员等的护照、签证等出入境证件提供通关便利。二是行李物品的免检。国家安全机关因反间谍工作需要，根据国家有关规定，可以提请海关、移民管理等检查机关对出入境人员携带的物品提供免检。提供免检便利的对象可以是各种形式的与反间谍工作有关的资料，既包括文字资料、图片资料、声像资料、数字统计资料和实物资料等，也包括执行反间谍工作任务所需要的不宜公开检查的各种工具、材料,如专用照相机、录像机、录音机、电台、窃听监听装置、伪装装置,以及与之有关的零件、元器件、辅助材料等。对于与反间谍工作无关的或者虽然与反间谍工作有关,但不是必须实行免检的物品,如非专用的普通汽车、普通家用电器等,不能要求免检。

第三,本条规定"有关检查机关应当依法予以协助",这里使用的是"应当"而不是"可以",也就是说,有关检查机关在接到国家安全机关提出的对有关人员提供通关便利和对资料、器材予以免检的请求后,对确属反间谍工作需要,且符合国家有关规定的请求,都应尽力在职权范围内予以协助,不能利用职权进行阻碍或刁难。

配 套

《国家情报法》第18条;《出境入境管理法》第6、11条

第四十六条 【保护、营救、补偿】国家安全机关工作人员因执行任务,或者个人因协助执行反间谍工作任务,本人或者其近亲属的人身安全受到威胁时,国家安全机关应当会同有关部门依法采取必要措施,予以保护、营救。

个人因支持、协助反间谍工作,本人或者其近亲属的人身安全面临危险的,可以向国家安全机关请求予以保护。国家安全机关应当会同有关部门依法采取保护措施。

个人和组织因支持、协助反间谍工作导致财产损失的,根据国家有关规定给予补偿。

注 解

本条第一款是关于对执行反间谍任务或者协助执行反间谍工作任务的有关人员予以保护的规定。本款中的"受到威胁",是指国家安全机关工作人员因执行任务,或个人因协助执行反间谍工作任务,本人及其近亲属的人身安全可能面临比较迫切的现实危险的情形,而不是想象的威胁。是否属于"受到威胁",需要结合不同人员的具体情况等综合考虑。实践中比较典型的危险是可能遭受打击报复的情况。可能构成对国家安全机关工

作人员、公民个人及其近亲属实施打击报复的情形有：（1）扬言或者准备、策划对国家安全机关工作人员、个人及其近亲属实施打击报复的；（2）曾经对国家安全机关工作人员、个人及其近亲属实施打击、要挟、迫害等行为的；（3）采取其他方式滋扰国家安全机关工作人员、个人及其近亲属的正常生活、工作的；（4）其他可能对国家安全机关工作人员、个人及其近亲属实施打击报复的情形。国家安全机关可以会同有关部门主动决定采取保护措施，也可以应上述人员提出的请求采取保护措施。

第二款是关于对支持、协助反间谍工作的有关人员予以保护的规定。因支持、协助反间谍工作，本人或者其近亲属的人身安全面临危险的，可以申请采取相应的保护措施。关于"近亲属"的范围，根据刑事诉讼法第一百零八条的规定，主要是指夫、妻、父、母、子、女、同胞兄弟姊妹。

第三款是关于个人和组织因支持、协助反间谍工作导致财产损失的，根据国家有关规定给予补偿的规定。

应用

40. 对于因支持、协助反间谍工作面临危险的，具体可采取哪些保护措施

具体可采取的保护措施包括下列一项或者多项：（1）不公开真实姓名、住所和工作单位等个人信息。（2）采取不露外貌、真实声音等出庭作证措施。（3）禁止特定的人接触被保护人员。（4）对人身和住宅采取专门性保护措施。该措施包括派警力保护相关人员人身和住宅的安全。（5）变更被保护人员的身份或姓名，重新安排住所和工作单位。（6）其他必要的保护措施。采取保护措施的执行主体为国家安全机关及有关部门，包括公安机关、人民检察院、人民法院等。执行中需要结合被保护人的具体情况和需要采取的具体保护措施确定执行主体。

配套

《国家安全法》第80条；《国家情报法》第23、25条；《海警法》第54条；《国防法》第51条；《人民武装警察法》第25条；《反恐怖主义法》第78条；《刑事诉讼法》第63、64条；《反间谍安全防范工作规定》第19条

第四十七条 【安置】对为反间谍工作做出贡献并需要安置的人员，国家给予妥善安置。

公安、民政、财政、卫生健康、教育、人力资源和社会保障、退役军人事务、医疗保障、移民管理等有关部门以及国有企业事业单位应当协助国家安全机关做好安置工作。

应用

41. 如何理解本条规定中的"为反间谍工作做出贡献"

本条规定的"为反间谍工作做出贡献"是指在反间谍工作中，具有以下情况的：（1）提供重要情况或者线索，为国家安全机关发现、破获间谍案件或者其他危害国家安全案件，或者为有关单位防范、消除涉及国家安全的重大风险隐患或者现实危害发挥重要作用的；（2）密切配合国家安全机关执行任务，表现突出的；（3）防范、制止间谍行为或者其他危害国家安全行为，表现突出的；（4）主动采取措施，及时消除本单位涉及国家安全的重大风险隐患或者现实危害，挽回重大损失的；（5）在反间谍工作中，有重大创新或者成效特别显著的；（6）在反间谍工作中做出其他重大贡献的。事实上，公民和组织在协助反间谍方面可以做很多事情：一是发现间谍行为，及时向国家安全机关报告；二是机关、团体和其他组织对本单位的人员进行维护国家安全的教育，动员、组织本单位人员防范、制止间谍行为；三是积极为反间谍工作提供便利或者其他协助；四是在国家安全机关调查了解有关间谍行为的情况、收集有关证据时如实提供；五是保守所知悉的有关反间谍工作的国家秘密等。

第四十八条　【抚恤优待】对因开展反间谍工作或者支持、协助反间谍工作导致伤残或者牺牲、死亡的人员，根据国家有关规定给予相应的抚恤优待。

注解

本条是2023年修订反间谍法时新增加的规定。

本条规定的"抚恤优待"，抚恤是指国家、有关组织和社会对为相关反间谍工作做出特殊贡献的人员（主要包括因公伤残人员、因公牺牲及病故人员的家属等）进行抚慰和褒奖，并给予一定标准的经济补偿或补助；优待是指国家、有关组织和社会从政治和物质上对为相关反间谍工作做出特殊贡献的人员或职业群体给予特殊待遇。本条规定的"给予相应的抚恤优待"的人员，包括两类：一是履行反间谍工作职责的人员，指在反间谍工作中承担一定职责的单位和部门的人员；二是协助、配合有关部门开展反间谍工作的相关人员，指本身并没有反间谍工作职责，而积极为反间谍工作提供帮助的人员。

在实践中需注意，因履行反间谍工作职责或者协助、配合有关部门开展反间谍工作导致死亡的人员依法被评定为烈士的，应当依照《烈士褒扬条例》的规定对其本人予以褒扬，对其遗属给予抚恤优待。国家机关工作人员因战因公致伤残的，按照《伤残抚恤管理办法》的有关规定予以评残和抚恤。其评残条件、伤残性质的认定、伤残等级评定标准、伤残抚恤金标准等参照《军人抚恤优待条例》《军人残疾等级评定标准》等有关规定办理。

配套

《人民警察法》第34条；《人民武装警察法》第38条；《国家情报法》第25条；《国家安全法》第81条；《军人保险法》第7、8条；《军人抚恤优待条例》第2、13、16、18、23、27、34、38—40条；《烈士褒扬条例》第11—22条；《工伤保险条例》第15条；《关于加强见义勇为人员权益保护的意见》

第四十九条 【鼓励科技创新】国家鼓励反间谍领域科技创新，发挥科技在反间谍工作中的作用。

第五十条 【专业队伍建设】国家安全机关应当加强反间谍专业力量人才队伍建设和专业训练，提升反间谍工作能力。

对国家安全机关工作人员应当有计划地进行政治、理论和业务培训。培训应当坚持理论联系实际、按需施教、讲求实效，提高专业能力。

第五十一条 【内部监督和安全审查】国家安全机关应当严格执行内部监督和安全审查制度，对其工作人员遵守法律和纪律等情况进行监督，并依法采取必要措施，定期或者不定期进行安全审查。

应用

42. 国家安全机关内部监督和安全审查制度包含哪些内容

本条是2023年修订反间谍法时新增加的规定，是关于国家安全机关内部监督和安全审查制度的规定,主要包含以下几个方面的内容:第一,关于反间谍工作中实施内部监督和安全审查的主体。本条明确,国家安全机关是反间谍工作中实施内部监督和安全审查的主体,负责对其工作人员遵守法律和纪律等情况进行监督,定期或者不定期进行安全审查。第二,内部监督和安全审查的内容。在反间谍工作中,对国家安全机关工作人员要进行内部监督和安全审查。这里的"监督""审查",主要包括督促、检查、调查、考核及评估等方式。这里的"内部监督和安全审查",主要是指国家安全机关依据相关规定和程序,对其工作人员的政治素质、任职条件、岗位责任、"八小时以外"活动等进行监督和审查。政治素质方面,应当政治立场坚定,坚决执行党的路线、方针、政策,认真落实各项规章制度;品行方面,应当忠诚可靠,作风正派,责任心强;工作能力方面,应当掌握业务知识、技能和基本法律知识。对于党员领导干部,应对其持有普通护照和因私出国情况,配偶、子女及其配偶从业情况,被留置或者被追究刑事责任情况,国(境)内外房产情况等个人事项予以监督。国家安全机关设立内部监督部门定期进行检查和通报,并通过内部技术手段、制度建立和相关程序等,保障对其工作人员的内部监督和安全审查。此外,还可以通过国家安全机关监督举报平台,通过外部线索落实安全审查制度。

第五十二条 【检举、控告】任何个人和组织对国家安全机关及其工作人员超越职权、滥用职权和其他违法行为,都有权向上级国家安全机关或者监察机关、人民检察院等有关部门检举、控告。受理检举、控告的国家安全机关或者监察机关、人民检察院等有关部门应当及时查清事实,依法处理,并将处理结果及时告知检举人、控告人。

对支持、协助国家安全机关工作或者依法检举、控告的个人和组织,任何个人和组织不得压制和打击报复。

注解

本条第一款规定的"任何个人和组织"包括一切中国、外国的公民,无国籍人和组织,既包括守法的个人和组织,也包括因违法受到追查的当事人。"超越职权",是指行使了法律、法规没有赋予的职权。"滥用职权"主要是指在行使法律规定的职权时,不正确行使或不按照规定的程序、要求行使,如将反间谍工作中的职权用于他处,包括以权谋私和进行其他违法犯罪活动。"其他违法行为"是指国家安全机关及其工作人员在反间谍工作中的其他违反法律规定,侵害公民、组织利益的行为,如刑讯逼供、采取不正当的强制措施、在执行任务中不出示国家安全机关证件或者其他相应证件等。"上级国家安全机关"主要是指有超越职权、滥用职权和其他违法行为的国家安全机关及其工作人员的上一级国家安全机关,如有必要,当事人也可以向更高一级的国家安全机关检举、控告。本款对国家安全机关或者有关部门对公民、组织的检举、控告的处理程序及结果作出了明确规定。受理检举、控告的国家安全机关或者监察机关和人民检察院等有关部门对个人和组织针对国家安全机关及其工作人员在反间谍工作中的违法行为进行的检举、控告,在及时查清事实的基础上,应当及时将处理结果告知检举人、控告人。具体而言,包括以下三个方面的内容:一是在处理时限上,要及时查清事实,依法处理,不得久拖不办,不得推诿、不受理或者受而不理。对检举、控告的事件要进行必要的调查,查清事实。二是在责任主体上,明确为"受理检举、控告的国家安全机关或者监察机关、人民检察院等有关部门"。三是在结果要求上,有关处理结果应当及时告知检举人、控告人。

第二款是关于对支持、协助国家安全机关工作或者依法检举、控告的个人和组织不得压制和打击报复的规定。"压制"是指采取各种方式不让个人、组织检举、控告。"打击报复"是指在个人、组织检举、控告后,采取暴力、侮辱、诽谤、开除、经济处分、剥夺经济权利和利益等各种方式打击报复检举人、控告人。

实践中需要注意的是,检举权、控告权是宪法赋予的权利,为了保障这一基本权利的行使,我国刑法第二百五十四条规定,国家机关工作人员滥用职权、假公济私,对控告人、申诉人、批评人、举报人实行报复陷害的,处二年以下有期徒刑或者拘役;情节严重的,处二年以上七年以下有期徒刑。违反上述规定,对检举人、控告人实行打击报复的国家机关工作人员,构成犯罪的,应当依法追究刑事责任。刑事诉讼法第十九条第二款规定,人民检察院在对诉讼活动实行法律监督中发现的司法工作人员利用职权实施的非法拘禁、刑讯逼供、非法搜查等侵犯公民权利、损害司法公正的犯罪,可以由人民检察院立案侦查。对于公安机关管辖的国家机关工作人员利用职权实施的重大犯罪案件，需要由人民检察院直接受理的时候，经省级以上人民检察院决定，可以由人民检察院立案侦查。

配套

《宪法》第41条；《刑法》第254条；《刑事诉讼法》第19条

第五章　法 律 责 任

第五十三条　【追究间谍犯罪的刑事责任】实施间谍行为，构成犯罪的，依法追究刑事责任。

应用

43. 实施间谍行为可能构成哪些犯罪

根据本法对于间谍行为的定义和实践情况，实施间谍行为可能构成的犯罪主要包括：（1）间谍罪。刑法第一百一十条规定："有下列间谍行为之一，危害国家安全的，处十年以上有期徒刑或者无期徒刑；情节较轻的，处三年以上十年以下有期徒刑：（一）参加间谍组织或者接受间谍组织及其代理人的任务的；（二）为敌人指示轰击目标的。"对于参加间谍组织或者接受间谍组织及其代理人的任务，以及为敌人指示攻击目标的间谍行为应当依照该条规定的间谍罪追究刑事责任。（2）为境外窃取、刺探、收买、非法提供国家秘密、情报罪。刑法第一百一十一条规定："为境外的机构、组织、人员窃取、刺探、收买、非法提供国家秘密或者情报的，处五年以上十年以下有期徒刑；情节特别严重的，处十年以上有期徒刑或者无期徒刑；情节较轻的，处五年以下有期徒刑、拘役、管制或者剥夺政治权利。"对于为境外窃取、刺探、收买或者非法提供国家秘密或者情报的间谍行为，应当依照该条规定追究刑事责任。（3）武装叛乱、暴乱罪。刑法第一百零四条规定了武装叛乱、暴乱罪："组织、策划、实施武装叛乱或者武装暴乱的，对首要分子或者罪行重大的，处无期徒刑或者十年以上有期徒刑；对积极参加的，处三年以上十年以下有期徒刑；对其他参加的，处三年以下有期徒刑、拘役、管制或者剥夺政治权利。策动、胁迫、勾引、收买国家机关工作人员、武装部队人员、人民警察、民兵进行武装叛乱或者武装暴乱的，依照前款的规定从重处罚。"对于策动、引诱、胁迫、收买国家工作人员武装叛乱、暴乱的，应当以第一百零四条规定定罪处罚。（4）投敌叛变罪。刑法第一百零八条规定："投敌叛变的，处三年以上十年以下有期徒刑；情节严重或者带领武装部队人员、人民警察、民兵投敌叛变的，处十年以上有期徒刑或者无期徒刑。"（5）叛逃罪。刑法第一百零九条规定："国家机关工作人员在履行公务期间，擅离岗位，叛逃境外或者在境外叛逃的，处五年以下有期徒刑、拘役、管制或者剥夺政治权利；情节严重的，处五年以上十年以下有期徒刑。掌握国家秘密的国家工作人员叛逃境外或者在境外叛逃的，依照前款的规定从重处罚。"（6）为境外窃取、刺探、收买、非法提供商业秘密罪。刑法第二百一十九条之一规定："为境外的机构、组织、人员窃取、刺探、收买、非法提供商业秘密的，处五年以下有期徒刑，并处或者单处罚金；情节严重的，处五年以上有期徒刑，并处罚金。"（7）故意泄露军事秘密罪、过失泄露军事秘密罪。刑法第四百三十二条规定："违反保守国家秘密法规，故意或者过失泄露军事秘密，情节严重的，处五年以下有期徒刑或者拘役；情节特别严重的，处五年以上十年以下有期徒刑。战时犯前款罪的，处五年以上十年以下有期徒刑；情节特别严重的，处十年以上有期徒刑或者无期徒刑。"此外，对于间谍组织及其代理人实施或者指使、资助他人实施，或者境内外机构、组织、个人与其相勾结实施的危害中华人民共和国国家安全活动的间谍行为，还涉嫌刑法分则规定的其他一些罪名，例如刑法第一百零三条规定的分裂国家罪、煽动分裂国家罪，刑法第一百零五条规定的颠覆国家政权罪、煽动颠覆国家政权罪等。

配套

《刑法》第 103—105、108—111、219 条之一、432 条；《反恐怖主义法》第 79 条；《反有组织犯罪法》第 66 条；《反间谍法实施细则》第 19 条

第五十四条 【间谍行为和帮助行为的行政处罚】个人实施间谍行为，尚不构成犯罪的，由国家安全机关予以警告或者处十五日以下行政拘留，单处或者并处五万元以下罚款，违法所得在五万元以上的，单处或者并处违法所得一倍以上五倍以下罚款，并可以由有关部门依法予以处分。

明知他人实施间谍行为，为其提供信息、资金、物资、劳务、技术、场所等支持、协助，或者窝藏、包庇，尚不构成犯罪的，依照前款的规定处罚。

单位有前两款行为的，由国家安全机关予以警告，单处或者并处五十万元以下罚款，违法所得在五十万元以上的，单处或者并处违法所得一倍以上五倍以下罚款，并对直接负责的主管人员和其他直接责任人员，依照第一款的规定处罚。

国家安全机关根据相关单位、人员违法情节和后果，可以建议有关主管部门依法责令停止从事相关业务、提供相关服务或者责令停产停业、吊销有关证照、撤销登记。有关主管部门应当将作出行政处理的情况及时反馈国家安全机关。

注解

本条第一款规定中的"依法予以处分"，主要是一种纪律处分，如果行为人不是国家机关工作人员，对其处分包括单位内部规定的处分和党内纪律处分。如果违反本条规定的单位的直接负责的主管人员和其他直接责任人员是中共党员的，除了给予内部工作纪律处分之外，还要根据《中国共产党纪律处分条例》的规定，由党组织给予党内纪律处分，包括警告、严重警告、撤销党内职务、留党察看、开除党籍五种。此外，如果行为人是公职人员的，还需要依照公职人员政务处分法等有关法律法规给予政务处分。

本条第二款是关于个人明知他人实施间谍行为为其提供帮助，尚不构成犯罪的行政处罚规定。构成本款情形应当符合以下条件：（1）行为人明知他人在实施间谍行为。如果行为人对此不明知而提供了支持、协助的，不能认定为本款规定的情形。（2）行为人为间谍犯罪活动提供了信息、资金、物资、劳务、技术、场所等支持、协助，或者窝藏、包庇。如向他人提供犯罪活动的资金支持，提供他人的账号、身份证明文件，提供互联网影音视频的接收、下载、加密技术，提供活动场所、训练基地等。

在本条的理解与适用中，需要注意以下几个方面的问题：

第一，本条规定的警告、行政拘留、罚款既可以单独适用，也可以按照"警告和罚款""行政拘留和罚款"等方式同时适用。国家安全机关应根据行政处罚法等法律法规，依法妥善行使行政处罚权，防止出现执法不严、滥用权力、以权谋私的现象。

第二，关于罚款，行政处罚法第二十九条规定："对当事人的同一个违法行为，不得给予两次以上罚款的行政处罚。同一个违法行为违反多个法律规范应当给予罚款处罚的，按照罚款数额高的规定处罚。"

第三，有关单位和个人对依照本法作出的行政处罚决定不服的，可以依法申请行政复议或者提起行政诉讼。但复议和诉讼期间，除行政复议法、行政诉讼法规定的例外情况外，处罚等决定一般不停止执行。此外，根据行政诉讼法的规定，对属于人民法院受案范围的行政案件，公民、法人或者其他组织可以先向行政机关申请复议，对复议决定不服的，再向人民法院提起诉讼，也可以直接向人民法院提起诉讼。但有关单位和个人不能就同一事实同时提出行政复议和行政诉讼。

配套

《刑法》第110条；《行政处罚法》第9条；《反恐怖主义法》第80、93条；《反有组织犯罪法》第69条；《反间谍法实施细则》第19条

第五十五条 【宽大政策】实施间谍行为，有自首或者立功表现的，可以从轻、减轻或者免除处罚；有重大立功表现的，给予奖励。

在境外受胁迫或者受诱骗参加间谍组织、敌对组织，从事危害中华人民共和国国家安全的活动，及时向中华人民共和国驻外机构如实说明情况，或者入境后直接或者通过所在单位及时向国家安全机关如实说明情况，并有悔改表现的，可以不予追究。

注解

本条共分两款。第一款是关于实施间谍行为有自首、立功表现可以从宽处罚、给予奖励的规定。本款规定的自首与刑法第六十七条规定的自首在认定上是一致的，即犯罪后自动投案，如实供述自己的罪行外。自动投案，是指犯罪分子犯罪以后，犯罪事实未被司法机关发现以前，或者犯罪事实虽被发现，但不知何人所为，或者犯罪事实和犯罪分子均被发现，但是尚未受到司法机关的传唤、讯问或者尚未采取强制措施之前，主动、直

接到司法机关或者所在单位、基层组织等投案，接受审查和追诉的。如实供述自己的罪行，是指犯罪嫌疑人自动投案后，如实交代自己的主要犯罪事实，共同犯罪案件中的犯罪嫌疑人，除如实供述自己的罪行，还应当供述所知的同案犯，主犯则应当供述所知其他同案犯的共同犯罪事实，才能认定为自首。实践中，有的被告人自首后，对自己行为的性质进行辩解，这种情况不影响自首的成立。立功表现的含义与刑法第六十八条规定的立功也是一致的，指犯罪分子有揭发他人犯罪行为，查证属实的，或者提供重要线索，从而得以侦破其他案件等立功表现的。根据本款规定，对于有上述自首或者立功表现的，可以从轻、减轻或者免除处罚。至于到底是从轻、减轻还是免除处罚，需要结合犯罪情况以及自首、立功的具体情节予以确定。对于极少数间谍犯罪行为严重，需要严厉处罚的，也可以不从宽处罚。本款还规定"有重大立功表现的，给予奖励"，这是针对间谍工作的特殊性所作出的专门规定。为了反间谍工作的需要，鼓励间谍犯罪分子弃暗投明，改恶从善，为我所用，积极进行重大立功，本条中规定对于有重大立功表现的，在可以从轻、减轻或者免除处罚的同时，还要对立功者给予精神或者物质上的奖励。这里的"给予奖励"是应当给予奖励，而不是可以给予奖励，也可以不给予奖励。至于由哪一级国家机关予以奖励，如何奖励，法律没有具体规定，可由国家安全工作的主管机关根据本条规定和立功的具体情节和实际情况确定。

第二款是关于在境外受胁迫或诱骗参加间谍组织、敌对组织，从事危害我国国家安全的活动，及时说明情况，并有悔改表现，可以不予追究的规定。根据本款规定，符合以下条件的，可以不予追究：第一，行为人在境外参加间谍组织、敌对组织，实施危害我国国家安全的活动，是因为受到敌对势力或有关人员的胁迫或者诱骗。这里的"间谍组织"，是指对我国实施间谍活动的境外间谍机关，以及其他间谍组织。"敌对组织"，是指各种敌视中华人民共和国人民民主专政政权和社会主义制度，危害我国国家安全的组织。关于"敌对组织""间谍组织"的范围，根据有关规定，由国家安全部或者公安部依据有关规定确认。需要特别注意的是，这里的"危害中华人民共和国国家安全的活动"，既包括本法规定的"间谍行为"，也包括间谍行为以外的其他危害国家安全的活动。第二，行为人实施危害我国国家安全的行为后，及时向中华人民共和国驻外机构如实说明情况，或者入境后直接或者通过所在单位及时向国家安全机关如实说明情况。这里强调行为人要"及时"且"如实"说明情况,"及时"是指行为人参加间谍组织、敌对组织,从事危害中华人民共和国国家安全的活动,尚未被发觉,或者虽然被发觉,但尚未受到讯问或者采取强制措施。"如实说明情况"是指说明的情况应当全面、真实,不得刻意隐瞒、歪曲,或者提供虚假信息。内容上应包括在境外参加间谍组织、敌对组织的情况;所从事的危害中华人民共和国国家安全活动的情况;与他人共同实施的,还需要说明知悉的同案犯的情况。从本条规定来看,行为人说明情况有两条途径:其一,在境外向我国驻外机构说明情况;其二,入境后直接或者通过所在单位及时向国家安全机关如实说明情况。第三,行为人除及时、如实向有关机关说明情况外,还应有悔改表现。所谓悔改表现,包括行为人对自己实施的行为真诚悔悟的态度,也包括以积极的行动,消除、减轻自己行为造成的危害和不良影响。如配合国家安全机关或者其他有关机关进行调查取证、开展工作等。根据本条规定,行为人同时具备上述三个条件的,才可以不予追究。实践中具体是否追究,需要结合个案的情况,如行为人参加间谍组织、敌对组织的具体原因与情况,行为人所实施的危害国家安全行为的实际危害情况,行为人的悔改表现等具体情况综合考虑。

应用

44. 哪些情形属于本条规定中的有"立功表现"

具体而言,下列情形属于本条规定中的"立功表现":(1)揭发、检举危害国家安全的其他犯罪分子,情况属实的;(2)提供重要线索、证据,使危害国家安全的行为得以发现和制止的;(3)协助国家安全机关、司法机关捕获其他危害国家安全的犯罪分子的;(4)对协助国家安全机关维护国家安全有重要作用的其他行为。"重大立功表现",是指在上述所列立功表现的范围内对国家安全工作有特别重要作用的。

配套

《刑法》第68、102—113条;《全国人民代表大会常务委员会关于〈中华人民共和国刑法〉第三十条的解释》;《反间谍法实施细则》第5、20条

第五十六条 【违反安全防范主体责任的处罚】国家机关、人民团体、企业事业组织和其他社会组织未按照本法规定履行反间谍安全防范义务的，国家安全机关可以责令改正；未按照要求改正的，国家安全机关可以约谈相关负责人，必要时可以将约谈情况通报该单位上级主管部门；产生危害后果或者不良影响的，国家安全机关可以予以警告、通报批评；情节严重的，对负有责任的领导人员和直接责任人员，由有关部门依法予以处分。

第五十七条 【违反建设项目许可的处罚】违反本法第二十一条规定新建、改建、扩建建设项目的，由国家安全机关责令改正，予以警告；拒不改正或者情节严重的，责令停止建设或者使用、暂扣或者吊销许可证件，或者建议有关主管部门依法予以处理。

> [注解]

　　本条处罚的是"违反本法第二十一条规定新建、改建、扩建建设项目"的行为。本法第二十一条对建设项目的位置作出了限定，需要"在重要国家机关、国防军工单位和其他重要涉密单位以及重要军事设施的周边安全控制区域内"，因此，不是所有的国家机关、国防军工单位和涉密单位以及军事设施周边的建设项目都需要进行国家安全事项的建设项目许可。对于不需要行政许可的，不属于违反本法第二十一条规定。违反本法第二十一条规定新建、改建、扩建建设项目的，包括没有根据法律规定申请办理涉及国家安全事项的建设项目许可进行新建、改建、扩建的，申请材料不齐备等情形，或者经审核后认为存在危害国家安全隐患等情形的。

　　另外，根据行政处罚法第六十三条的规定，对拟作出吊销许可证件行政处罚决定的，应当告知当事人有要求听证的权利，当事人要求听证的，行政机关应当组织听证。实践中，吊销许可证件是较为严重的一种行政处罚方式，在根据本条规定，拟作出吊销许可证件的处罚时，要根据行政处罚法的有关规定组织听证，保障当事人的合法权益。

应用

45. 如何认定本条规定中的"拒不改正或者情节严重"

本条规定的"拒不改正或者情节严重"要结合具体情况判断。实践中，新建、改建、扩建的项目往往工程量大、周期长，整改需要一定时间、人力和设备等，对于因客观原因导致整改不彻底的，不能认为是拒不改正，但如果故意拖延不整改，以小部分整改敷衍应付，或者严重危害国家安全、造成重大损失等，则可以认定为"拒不改正或者情节严重"。

配套

《国家安全法》第59条；《城乡规划法》第64—66条；《建筑法》第64、84条；《行政许可法》第7条；《行政处罚法》第63条

第五十八条 【重点领域违反协助调查要求的处罚】违反本法第四十一条规定的，由国家安全机关责令改正，予以警告或者通报批评；拒不改正或者情节严重的，由有关主管部门依照相关法律法规予以处罚。

注解

根据本法第四十一条的规定，国家安全机关依法调查间谍行为，物流运营单位和电信业务经营者、互联网服务提供者应当提供"必要"的支持和协助。实践中，国家安全机关在调查间谍行为时，要求相关企业提供支持和帮助要综合考虑调查需要、企业的实际情况、协助能力、信息保护等，严格遵守调查程序，不能将超范围调查时企业的合理抗辩认为是不予支持配合。

配套

《反恐怖主义法》第18、20、84、85条；《反有组织犯罪法》第72条；《邮政法》第36、75、78、84条；《电信条例》第2、7、8条；《快递暂行条例》第38条；《网络安全法》第47、48、68、69条；《互联网信息服务管理办法》第2、3条；《最高人民法院、最高人民检察院关于办理非法利用信息网络、帮助信息网络犯罪活动等刑事案件适用法律若干问题的解释》第1条

第五十九条　【拒不配合数据调取的处罚】违反本法规定，拒不配合数据调取的，由国家安全机关依照《中华人民共和国数据安全法》的有关规定予以处罚。

>注解

数据是指任何以电子或者其他方式对信息的记录。本条中的"违反本法规定"主要是指违反本法第二十六条的规定，第二十六条对于有关个人和组织具有协助配合国家安全机关查阅、调取有关数据的义务作出了规定。国家安全机关查阅、调取有关的文件、数据、资料、物品时，有关个人和组织应当予以配合。这里的配合是指应当为国家安全机关调查有关情况、收集有关证据提供便利条件等，不能无故拒绝、故意阻碍国家安全机关依法查阅、调取。"拒不配合"主要是指有义务并且有能力提供有关数据而不予提供的情况。在表现形式上可以是被动的不予提供，或者是给数据调取制造技术或者人为障碍等。实践中要注意将"拒不提供"与客观上无法提供的情况相区分。当前数据调取措施主要针对网络信息业者，在调取数据的过程中，要切实考虑网络信息业者的协助能力、管理规范程度等。如有些企业因数据留存管理不规范，没有留存有关数据，或者因技术等原因无法调取数据等情况，不宜简单认为是"拒不配合"数据调取。同时，要做好数据调取和信息保护的平衡。本法对于调取数据规定了严格的程序，同时规定国家安全机关及其工作人员依法履行反间谍工作职责获取的个人和组织的信息，只能用于反间谍工作。在数据调取过程中，也要对调取数据的范围作出严格限制，不能将对超出必要范围的调取数据的合理拒绝认为是"拒不配合"。

>配套

《数据安全法》第3、35、48条

第六十条　【妨碍执法的处罚】违反本法规定，有下列行为之一，构成犯罪的，依法追究刑事责任；尚不构成犯罪的，由国家安全机关予以警告或者处十日以下行政拘留，可以并处三万元以下罚款：

（一）泄露有关反间谍工作的国家秘密；

（二）明知他人有间谍犯罪行为，在国家安全机关向其调查有关情况、收集有关证据时，拒绝提供；

（三）故意阻碍国家安全机关依法执行任务；

（四）隐藏、转移、变卖、损毁国家安全机关依法查封、扣押、冻结的财物；

（五）明知是间谍行为的涉案财物而窝藏、转移、收购、代为销售或者以其他方法掩饰、隐瞒；

（六）对依法支持、协助国家安全机关工作的个人和组织进行打击报复。

注解

本条是关于妨碍国家安全机关反间谍执法情形的处罚规定，包括六个方面：

（1）泄露有关反间谍工作的国家秘密。根据本条规定，泄露有关反间谍工作的国家秘密，无论故意或者过失，都应追究法律责任。关于泄露有关反间谍工作的国家秘密的法律责任，需要区分情节轻重，分别追究刑事责任，或者予以行政处罚。关于追究刑事责任，刑法第三百九十八条规定了泄露国家秘密罪，根据该规定，故意或者过失泄露国家秘密，情节严重的，处三年以下有期徒刑或者拘役；情节特别严重的，处三年以上七年以下有期徒刑。实践中对情节是否严重的掌握，主要应从行为人所泄露的有关反间谍工作的国家秘密事项的重要程度，因泄露该国家秘密给国家安全机关反间谍工作带来的实际危害考虑；此外，还应当考虑行为人泄露该国家秘密在主观上是出于故意还是过失。

（2）明知他人有间谍犯罪行为，在国家安全机关向其调查有关情况、收集有关证据时，拒绝提供。构成本项行为，需要符合以下条件：一是行为人在主观上要"明知他人有间谍犯罪行为"。"明知"是指行为人主观上明确地知道，既包括知道他人实施间谍犯罪行为的全部情况，也包括知道部分情况。二是明知的内容是他人实施"间谍犯罪行为"的情况。对于具有本项规定情形构成犯罪的，可以适用刑法第二百七十七条妨害公务罪，即对于以暴力、威胁方法阻碍国家机关工作人员依法执行职务的，处三年以下有期徒刑、拘役、管制或者罚金；故意阻碍国家安全机关、公安机关依法执行国家安全工作任务，未使用暴力、威胁方法，造成严重后果的，依照前述规定处罚。如果涉及间谍犯罪的，还可以适用刑法第三百一十一条拒绝提供间谍犯罪、恐怖主义犯罪、极端主义犯罪证据罪的规定，处三年以下有期徒刑、拘役或者管制。

(3) 故意阻碍国家安全机关依法执行任务。本项只对"故意阻碍"作出规定。"故意阻碍"要求行为人明知国家安全机关依法执行任务，而实施各种致使执行任务无法顺利进行的行为，行为人主观上对具体任务的内容等不要求有明确的认知，是否最终起到阻碍的结果并不影响对行为人的处罚。对于符合本项情形构成犯罪的，可以适用刑法第二百七十七条妨害公务罪追究刑事责任。

(4) 隐藏、转移、变卖、损毁国家安全机关依法查封、扣押、冻结的财物。对于符合本项情形构成犯罪的，可以适用刑法第三百一十条窝藏、包庇罪追究刑事责任，处三年以下有期徒刑、拘役或者管制；情节严重的，处三年以上十年以下有期徒刑。也可以适用刑法第三百一十二条掩饰、隐瞒犯罪所得、犯罪所得收益罪，处三年以下有期徒刑、拘役或者管制，并处或者单处罚金；情节严重的，处三年以上七年以下有期徒刑，并处罚金。对于非法处置查封、扣押、冻结财产的，可以适用刑法第三百一十四条，构成非法处置查封、扣押、冻结的财产罪，情节严重的，处三年以下有期徒刑、拘役或者罚金。

(5) 明知是间谍行为的涉案财物而窝藏、转移、收购、代为销售或者以其他方法掩饰、隐瞒。"明知"不要求明确知道，包括推定为应当知道的情况。对于"明知"应当结合被告人的认知能力，接触他人犯罪所得及其收益的情况，以及被告人的供述等主、客观因素进行认定。对于符合本项情形构成犯罪的，可以适用刑法第三百一十条窝藏、包庇罪追究刑事责任，处三年以下有期徒刑、拘役或者管制；情节严重的，处三年以上十年以下有期徒刑。也可以适用刑法第三百一十二条掩饰、隐瞒犯罪所得、犯罪所得收益罪，处三年以下有期徒刑、拘役或者管制，并处或者单处罚金；情节严重的，处三年以上七年以下有期徒刑，并处罚金。

(6) 对依法支持、协助国家安全机关工作的个人和组织进行打击报复。对于符合本项情形构成犯罪的，可以适用刑法第三百零八条打击报复证人罪，处三年以下有期徒刑或者拘役；情节严重的，处三年以上七年以下有期徒刑。也可以适用刑法第二百三十四条故意伤害罪，处三年以下有期徒刑、拘役或者管制；致人重伤的，处三年以上十年以下有期徒刑；致人死亡或者以特别残忍手段致人重伤造成严重残疾的，处十年以上有期徒刑、无期徒刑或者死刑。

配 套

《宪法》第54条；《刑法》第111、234、277、310—312、314、398条；《治安管理处罚法》第42、60条；《反间谍法实施细则》第21—23条

第六十一条　【违反国家秘密和专用间谍器材管理规定的处罚】非法获取、持有属于国家秘密的文件、数据、资料、物品，以及非法生产、销售、持有、使用专用间谍器材，尚不构成犯罪的，由国家安全机关予以警告或者处十日以下行政拘留。

注解

本条包括对两类行为的处罚规定，即非法获取、持有属于国家秘密的文件、数据、资料、物品，以及非法生产、销售、持有、使用专用间谍器材。

上述两种行为，尚不构成犯罪的，由国家安全机关予以警告或者处十日以下行政拘留。行为人实施上述行为，构成犯罪的，可以依照刑法第二百八十二条非法获取国家秘密罪、非法持有国家绝密、机密文件、资料、物品罪以及刑法第二百八十三条非法生产、销售专用间谍器材、窃听、窃照专用器材罪追究刑事责任。

实践中需要注意的是，根据刑法第二百八十二条第二款的规定，非法持有属于国家绝密、机密的文件、资料或者其他物品，拒不说明来源与用途的，处三年以下有期徒刑、拘役或者管制。因此，本条规定的非法持有属于国家秘密的文件、数据、资料、物品的行为并非都可以构成犯罪。一是密级的范围上，要达到国家绝密、机密级才可能构成犯罪。二是持有同时还要拒不说明来源与用途。"拒不说明来源与用途"，是指在有关机关责令其说明非法持有的属于国家绝密、机密的文件、资料和其他物品的来源和用途时，行为人拒绝回答或者作虚假回答。对于符合上述规定的行为，国家安全机关应当按照刑事诉讼法的规定立案侦查，侦查终结后依法移送人民检察院审查起诉。实践中，在认定非法持有属于国家绝密、机密的文件、资料或者其他物

品犯罪，行为人拒不说明国家绝密、机密的文件、资料或者其他物品来源时，司法机关应当认真调查其来源与用途，行为人如果具有间谍身份，或者为境外机构、组织、人员非法提供国家秘密，或者以窃取、刺探、收买方法非法获取国家秘密等犯罪行为的，应当依各该罪定罪处罚，从而防止由于行为人拒不说明来源与用途而放纵罪犯。同时，司法机关在处理此类犯罪时也应当慎重，需要认真听取行为人的说明和辩解，对于确实不知情的，不能以该罪论处。

配套

《刑法》第282、283条；《保守国家秘密法》第2、9—11条；《反间谍法实施细则》第17、18条

第六十二条 【查封、扣押、冻结财物的处理】国家安全机关对依照本法查封、扣押、冻结的财物，应当妥善保管，并按照下列情形分别处理：

（一）涉嫌犯罪的，依照《中华人民共和国刑事诉讼法》等有关法律的规定处理；

（二）尚不构成犯罪，有违法事实的，对依法应当没收的予以没收，依法应当销毁的予以销毁；

（三）没有违法事实的，或者与案件无关的，应当解除查封、扣押、冻结，并及时返还相关财物；造成损失的，应当依法予以赔偿。

注解

在本条的理解适用中，需要注意以下几个方面的问题：第一，对查封、扣押、冻结的犯罪嫌疑人的财物，任何单位和个人不得挪用或者自行处理。对查封、扣押、冻结的财物及其孳息，既不能挪作公用，如使用扣押的汽车办案等，也不能挪作私用，更不能自行处理。第二，对违禁品或者不宜长期保存的物品，应当依照国家有关规定办理。对于国家禁止持有、经营、流通的违禁品，如枪支弹药、易燃易爆物品、毒品、淫秽物品等，应当依照国家有关规定予以销毁或做相应处理；对于易腐烂变质及其他不宜长期保存的物

品，应当依照国家有关规定予以变卖处理。第三，对作为证据使用的实物应当随案移送，对不宜移送的，应当由查封、扣押、冻结的机关查点清楚，对原物进行拍照，开列清单，并将清单、照片或者其他证明文件随案移送。

第六十三条 【涉案财物的处置】涉案财物符合下列情形之一的，应当依法予以追缴、没收，或者采取措施消除隐患：

（一）违法所得的财物及其孳息、收益，供实施间谍行为所用的本人财物；

（二）非法获取、持有的属于国家秘密的文件、数据、资料、物品；

（三）非法生产、销售、持有、使用的专用间谍器材。

注解

实践中，对本条的适用需注意以下两个方面的问题：

第一，本条关于涉案财物一般处理的规定，应注意与刑法等相关法律的规定配合运用。其中对违法所得的财物及其孳息、收益的处理，实践中应首先确定违法所得，在此基础上对其产生的孳息、收益进行处理，而不能在违法所得不确定的情况下，对其孳息、收益进行处理。

第二，涉案财物如果不是行为人本人的，而是借用或者擅自使用的他人财物，财物所有人事前不知是供实施间谍行为使用的，应当予以返还。但是，对司法机关作为证据扣押的，需要等到案件审理结束后再返还给财物所有人。如果通过照片、录像资料能够使原物充分发挥证据作用的，也可以将原物返还财物所有人，只保存照片、录像资料。

配套

《保守国家秘密法》第2、17条；《刑法》第64条；《行政处罚法》第28条；《反间谍法实施细则》第18条

第六十四条 【对非法利益的特殊措施】行为人及其近亲属或者其他相关人员，因行为人实施间谍行为从间谍组织及其代理人获取的所有利益，由国家安全机关依法采取追缴、没收等措施。

应用

46. 如何理解本条规定中的因实施间谍行为获取的"所有利益"

本条中的"所有利益",是指间谍违法犯罪分子因实施间谍违法犯罪活动,而获得的全部利益,既包括间谍违法犯罪行为人所得利益,也包括其近亲属或者其他相关人员因为行为人实施间谍行为而获得利益;既包括因间谍违法犯罪直接所得的利益,也包括间接所得利益,如间谍组织及其代理人提供的所谓"补偿款""慰问金"等利益;既包括物质性利益及其孳息、收益,也包括非物质性利益,如间谍组织及其代理人提供的留学机会、旅游服务等利益;既包括已经实际所得的利益,也包括尚未获得的远期利益。只要是间谍行为人及其近亲属或者其他相关人员因行为人实施间谍行为从间谍组织及其代理人处获取的利益,就属于本条规定的应当予以追缴、没收的范围。

配套

《刑法》第53、64条;《反有组织犯罪法》第46条;《反间谍法实施细则》第4、6条

第六十五条 【罚没财物的管理】国家安全机关依法收缴的罚款以及没收的财物,一律上缴国库。

第六十六条 【限期出境和驱逐出境】境外人员违反本法的,国务院国家安全主管部门可以决定限期出境,并决定其不准入境的期限。未在规定期限内离境的,可以遣送出境。

对违反本法的境外人员,国务院国家安全主管部门决定驱逐出境的,自被驱逐出境之日起十年内不准入境,国务院国家安全主管部门的处罚决定为最终决定。

注解

本条规定对违反本法的境外人员,"可以"限期出境或者驱逐出境,而不是"应当"限期出境或者驱逐出境。在执行中有以下几种情况:一是对违反本法的境外人员,国务院国家安全主管部门可以单独处以限期出境或者驱逐出境的处罚;二是对违反本法的境外人员,构成犯罪,人民法院在追究其

刑事责任的同时没有附加适用或者独立适用驱逐出境的，国家安全机关还可以根据本条的规定决定限期出境或者驱逐出境；三是对境外人员违反本法规定，已经受到刑事处罚或者行政处罚，没有必要再处以强制出境处罚的，也可以不限期出境或者驱逐出境。

应用

47. 被遣送出境的外国人可以被遣送至哪些国家或者地区

被遣送出境的外国人可以被遣送至下列国家或者地区：（1）国籍国；（2）入境前的居住国或者地区；（3）出生地国或者地区；（4）入境前的出境口岸的所属国或者地区；（5）其他允许被遣送出境的外国人入境的国家或者地区。

配套

《宪法》第32条；《刑法》第35条；《出境入境管理法》第62、81条；《反间谍法实施细则》第24条；《外国人入境出境管理条例》第33条

第六十七条 【行政处罚当事人的权利】国家安全机关作出行政处罚决定之前，应当告知当事人拟作出的行政处罚内容及事实、理由、依据，以及当事人依法享有的陈述、申辩、要求听证等权利，并依照《中华人民共和国行政处罚法》的有关规定实施。

第六十八条 【申请行政复议和提起行政诉讼】当事人对行政处罚决定、行政强制措施决定、行政许可决定不服的，可以自收到决定书之日起六十日内，依法申请复议；对复议决定不服的，可以自收到复议决定书之日起十五日内，依法向人民法院提起诉讼。

第六十九条 【渎职的法律责任】国家安全机关工作人员滥用职权、玩忽职守、徇私舞弊，或者有非法拘禁、刑讯逼供、暴力取证、违反规定泄露国家秘密、工作秘密、商业秘密和个人隐私、个人信息等行为，依法予以处分，构成犯罪的，依法追究刑事责任。

注解

根据刑法规定，国家安全机关工作人员实施本条明确列举的违法行为，可能构成以下犯罪：第二百一十九条侵犯商业秘密罪，第二百三十二条故意杀人罪，第二百三十四条故意伤害罪，第二百三十八条非法拘禁罪，第二百四十七条刑讯逼供罪、暴力取证罪，第二百五十三条之一侵犯公民个人信息罪，第三百九十七条滥用职权罪、玩忽职守罪，第三百九十八条故意泄露国家秘密罪、过失泄露国家秘密罪，第三百九十九条徇私枉法罪等。

实践中需要注意的是，处分和刑事责任属于不同类型的法律责任，在性质、内容等方面均不一样，二者不是二选一的关系。一般来说，追究刑事责任的门槛较高，国家安全机关工作人员实施本条规定的违法行为，既有可能构成有关犯罪，也有可能因为情节较轻或者没有造成刑法要求的后果等从而不构成犯罪，无论是否构成犯罪，都应当依法给予处分。

配套

《刑法》第13、32—34、219、232、234、238、247、253条之一、397—399条；《公务员法》第61、62条；《公职人员政务处分法》第2、7条

第六章 附 则

第七十条 【间谍行为以外的危害国家安全行为的法律适用】 国家安全机关依照法律、行政法规和国家有关规定，履行防范、制止和惩治间谍行为以外的危害国家安全行为的职责，适用本法的有关规定。

公安机关在依法履行职责过程中发现、惩治危害国家安全的行为，适用本法的有关规定。

注解

国家安全机关是反间谍工作的主管机关，承担防范、制止和惩治间谍行为的职责。公安机关在承担国家政治安全保卫职责时，发现相关危害国家安

全的行为更适宜由国家安全机关管辖的,应当根据本法的有关规定,与国家安全机关做好联系沟通,将相关涉案证据、线索等移交国家安全机关继续办理。但是实践中,不排除根据案件发生的特殊地理位置、涉案情节、协调机制等因素,由公安机关办理更为合适的,公安机关需要适用本法的有关规定,履行维护国家安全的职责。

应 用

48. 哪些行为属于本条第一款规定的间谍行为以外的危害国家安全行为

下列行为属于本条所称"间谍行为以外的危害国家安全行为":(1)组织、策划、实施分裂国家、破坏国家统一、颠覆国家政权、推翻社会主义制度的;(2)组织、策划、实施危害国家安全的恐怖活动的;(3)捏造、歪曲事实,发表、散布危害国家安全的文字或者信息,或者制作、传播、出版危害国家安全的音像制品或者其他出版物的;(4)利用设立社会团体或者企业事业组织,进行危害国家安全活动的;(5)利用宗教进行危害国家安全活动的;(6)组织、利用邪教进行危害国家安全活动的;(7)制造民族纠纷,煽动民族分裂,危害国家安全的;(8)境外个人违反有关规定,不听劝阻,擅自会见境内有危害国家安全行为或者有危害国家安全行为重大嫌疑的人员的。

第七十一条 【施行日期】本法自 2023 年 7 月 1 日起施行。

配 套 法 规

中华人民共和国反间谍法实施细则[①]

(2017年11月22日中华人民共和国国务院令第692号公布 自公布之日起施行)

第一章 总 则

第一条 根据《中华人民共和国反间谍法》(以下简称《反间谍法》),制定本实施细则。

第二条 国家安全机关负责本细则的实施。

公安、保密行政管理等其他有关部门和军队有关部门按照职责分工,密切配合,加强协调,依法做好有关工作。

第三条 《反间谍法》所称"境外机构、组织"包括境外机构、组织在中华人民共和国境内设立的分支(代表)机构和分支组织;所称"境外个人"包括居住在中华人民共和国境内不具有中华人民共和国国籍的人。

第四条 《反间谍法》所称"间谍组织代理人",是指受间谍组织或者其成员的指使、委托、资助,进行或者授意、指使他人进行危害中华人民共和国国家安全活动的人。

[①] 本实施细则根据2014年十二届全国人大常委会第十一次会议通过的《中华人民共和国反间谍法》制定。2023年4月26日十四届全国人大常委会第二次会议对反间谍法做了修订。——编者注

间谍组织和间谍组织代理人由国务院国家安全主管部门确认。

第五条 《反间谍法》所称"敌对组织",是指敌视中华人民共和国人民民主专政的政权和社会主义制度,危害国家安全的组织。

敌对组织由国务院国家安全主管部门或者国务院公安部门确认。

第六条 《反间谍法》所称"资助"实施危害中华人民共和国国家安全的间谍行为,是指境内外机构、组织、个人的下列行为:

(一)向实施间谍行为的组织、个人提供经费、场所和物资的;

(二)向组织、个人提供用于实施间谍行为的经费、场所和物资的。

第七条 《反间谍法》所称"勾结"实施危害中华人民共和国国家安全的间谍行为,是指境内外组织、个人的下列行为:

(一)与境外机构、组织、个人共同策划或者进行危害国家安全的间谍活动的;

(二)接受境外机构、组织、个人的资助或者指使,进行危害国家安全的间谍活动的;

(三)与境外机构、组织、个人建立联系,取得支持、帮助,进行危害国家安全的间谍活动的。

第八条 下列行为属于《反间谍法》第三十九条所称"间谍行为以外的其他危害国家安全行为":

(一)组织、策划、实施分裂国家、破坏国家统一,颠覆国家政权、推翻社会主义制度的;

(二)组织、策划、实施危害国家安全的恐怖活动的;

(三)捏造、歪曲事实,发表、散布危害国家安全的文字或者信息,或者制作、传播、出版危害国家安全的音像制品或者其他出版物的;

(四)利用设立社会团体或者企业事业组织,进行危害国家安全活动的;

(五)利用宗教进行危害国家安全活动的;

(六)组织、利用邪教进行危害国家安全活动的;

（七）制造民族纠纷，煽动民族分裂，危害国家安全的；

（八）境外个人违反有关规定，不听劝阻，擅自会见境内有危害国家安全行为或者有危害国家安全行为重大嫌疑的人员的。

第二章　国家安全机关在反间谍工作中的职权

第九条　境外个人被认为入境后可能进行危害中华人民共和国国家安全活动的，国务院国家安全主管部门可以决定其在一定时期内不得入境。

第十条　对背叛祖国、危害国家安全的犯罪嫌疑人，依据《反间谍法》第八条的规定，国家安全机关可以通缉、追捕。

第十一条　国家安全机关依法执行反间谍工作任务时，有权向有关组织和人员调查询问有关情况。

第十二条　国家安全机关工作人员依法执行反间谍工作任务时，对发现身份不明、有危害国家安全行为的嫌疑人员，可以检查其随带物品。

第十三条　国家安全机关执行反间谍工作紧急任务的车辆，可以配置特别通行标志和警灯、警报器。

第十四条　国家安全机关工作人员依法执行反间谍工作任务的行为，不受其他组织和个人的非法干涉。

国家安全机关工作人员依法执行反间谍工作任务时，应当出示国家安全部侦察证或者其他相应证件。

国家安全机关及其工作人员在工作中，应当严格依法办事，不得超越职权、滥用职权，不得侵犯组织和个人的合法权益。

第三章　公民和组织维护国家安全的义务和权利

第十五条　机关、团体和其他组织对本单位的人员进行维护国家安全的教育，动员、组织本单位的人员防范、制止间谍行为的工作，应当接受国家安全机关的协调和指导。

机关、团体和其他组织不履行《反间谍法》和本细则规定的安全防范义务，未按照要求整改或者未达到整改要求的，国家安全机关可以约谈相关负责人，将约谈情况通报该单位上级主管部门，推动落实防范间谍行为和其他危害国家安全行为的责任。

第十六条 下列情形属于《反间谍法》第七条所称"重大贡献"：

（一）为国家安全机关提供重要线索，发现、破获严重危害国家安全的犯罪案件的；

（二）为国家安全机关提供重要情况，防范、制止严重危害国家安全的行为发生的；

（三）密切配合国家安全机关执行国家安全工作任务，表现突出的；

（四）为维护国家安全，与危害国家安全的犯罪分子进行斗争，表现突出的；

（五）在教育、动员、组织本单位的人员防范、制止危害国家安全行为的工作中，成绩显著的。

第十七条 《反间谍法》第二十四条所称"非法持有属于国家秘密的文件、资料和其他物品"是指：

（一）不应知悉某项国家秘密的人员携带、存放属于该项国家秘密的文件、资料和其他物品的；

（二）可以知悉某项国家秘密的人员，未经办理手续，私自携带、留存属于该项国家秘密的文件、资料和其他物品的。

第十八条 《反间谍法》第二十五条所称"专用间谍器材"，是指进行间谍活动特殊需要的下列器材：

（一）暗藏式窃听、窃照器材；

（二）突发式收发报机、一次性密码本、密写工具；

（三）用于获取情报的电子监听、截收器材；

（四）其他专用间谍器材。

专用间谍器材的确认，由国务院国家安全主管部门负责。

第四章 法律责任

第十九条 实施危害国家安全的行为，由有关部门依法予以处分，国家安全机关也可以予以警告；构成犯罪的，依法追究刑事责任。

第二十条 下列情形属于《反间谍法》第二十七条所称"立功表现"：

（一）揭发、检举危害国家安全的其他犯罪分子，情况属实的；

（二）提供重要线索、证据，使危害国家安全的行为得以发现和制止的；

（三）协助国家安全机关、司法机关捕获其他危害国家安全的犯罪分子的；

（四）对协助国家安全机关维护国家安全有重要作用的其他行为。

"重大立功表现"，是指在前款所列立功表现的范围内对国家安全工作有特别重要作用的。

第二十一条 有证据证明知道他人有间谍行为，或者经国家安全机关明确告知他人有危害国家安全的犯罪行为，在国家安全机关向其调查有关情况、收集有关证据时，拒绝提供的，依照《反间谍法》第二十九条的规定处理。

第二十二条 国家安全机关依法执行反间谍工作任务时，公民和组织依法有义务提供便利条件或者其他协助，拒不提供或者拒不协助，构成故意阻碍国家安全机关依法执行反间谍工作任务的，依照《反间谍法》第三十条的规定处罚。

第二十三条 故意阻碍国家安全机关依法执行反间谍工作任务，

造成国家安全机关工作人员人身伤害或者财物损失的，应当依法承担赔偿责任，并由司法机关或者国家安全机关依照《反间谍法》第三十条的规定予以处罚。

第二十四条 对涉嫌间谍行为的人员，国家安全机关可以决定其在一定期限内不得出境。对违反《反间谍法》的境外个人，国务院国家安全主管部门可以决定限期离境或者驱逐出境，并决定其不得入境的期限。被驱逐出境的境外个人，自被驱逐出境之日起10年内不得入境。

第五章 附 则

第二十五条 国家安全机关、公安机关依照法律、行政法规和国家有关规定，履行防范、制止和惩治间谍行为以外的其他危害国家安全行为的职责，适用本细则的有关规定。

第二十六条 本细则自公布之日起施行。1994年6月4日国务院发布的《中华人民共和国国家安全法实施细则》同时废止。

中华人民共和国国家安全法

（2015年7月1日第十二届全国人民代表大会常务委员会第十五次会议通过 2015年7月1日中华人民共和国主席令第29号公布 自公布之日起施行）

第一章 总 则

第一条 为了维护国家安全，保卫人民民主专政的政权和中国特色社会主义制度，保护人民的根本利益，保障改革开放和社会主义现代化建设的顺利进行，实现中华民族伟大复兴，根据宪法，制定本法。

第二条 国家安全是指国家政权、主权、统一和领土完整、人民福祉、经济社会可持续发展和国家其他重大利益相对处于没有危险和不受内外威胁的状态，以及保障持续安全状态的能力。

第三条 国家安全工作应当坚持总体国家安全观，以人民安全为宗旨，以政治安全为根本，以经济安全为基础，以军事、文化、社会安全为保障，以促进国际安全为依托，维护各领域国家安全，构建国家安全体系，走中国特色国家安全道路。

第四条 坚持中国共产党对国家安全工作的领导，建立集中统一、高效权威的国家安全领导体制。

第五条 中央国家安全领导机构负责国家安全工作的决策和议事协调，研究制定、指导实施国家安全战略和有关重大方针政策，统筹协调国家安全重大事项和重要工作，推动国家安全法治建设。

第六条 国家制定并不断完善国家安全战略，全面评估国际、国内安全形势，明确国家安全战略的指导方针、中长期目标、重点领域的国家安全政策、工作任务和措施。

第七条 维护国家安全，应当遵守宪法和法律，坚持社会主义法治原则，尊重和保障人权，依法保护公民的权利和自由。

第八条 维护国家安全，应当与经济社会发展相协调。

国家安全工作应当统筹内部安全和外部安全、国土安全和国民安全、传统安全和非传统安全、自身安全和共同安全。

第九条 维护国家安全，应当坚持预防为主、标本兼治，专门工作与群众路线相结合，充分发挥专门机关和其他有关机关维护国家安全的职能作用，广泛动员公民和组织，防范、制止和依法惩治危害国家安全的行为。

第十条 维护国家安全，应当坚持互信、互利、平等、协作，积极同外国政府和国际组织开展安全交流合作，履行国际安全义务，促进共同安全，维护世界和平。

第十一条 中华人民共和国公民、一切国家机关和武装力量、各政党和各人民团体、企业事业组织和其他社会组织，都有维护国家安全的责任和义务。

中国的主权和领土完整不容侵犯和分割。维护国家主权、统一和领土完整是包括港澳同胞和台湾同胞在内的全中国人民的共同义务。

第十二条 国家对在维护国家安全工作中作出突出贡献的个人和组织给予表彰和奖励。

第十三条 国家机关工作人员在国家安全工作和涉及国家安全活动中，滥用职权、玩忽职守、徇私舞弊的，依法追究法律责任。

任何个人和组织违反本法和有关法律，不履行维护国家安全义务或者从事危害国家安全活动的，依法追究法律责任。

第十四条 每年4月15日为全民国家安全教育日。

第二章 维护国家安全的任务

第十五条 国家坚持中国共产党的领导，维护中国特色社会主义制度，发展社会主义民主政治，健全社会主义法治，强化权力运行制约和监督机制，保障人民当家作主的各项权利。

国家防范、制止和依法惩治任何叛国、分裂国家、煽动叛乱、颠覆或者煽动颠覆人民民主专政政权的行为；防范、制止和依法惩治窃取、泄露国家秘密等危害国家安全的行为；防范、制止和依法惩治境外势力的渗透、破坏、颠覆、分裂活动。

第十六条 国家维护和发展最广大人民的根本利益，保卫人民安全，创造良好生存发展条件和安定工作生活环境，保障公民的生命财产安全和其他合法权益。

第十七条 国家加强边防、海防和空防建设，采取一切必要的防卫和管控措施，保卫领陆、内水、领海和领空安全，维护国家领土主权和海洋权益。

第十八条　国家加强武装力量革命化、现代化、正规化建设，建设与保卫国家安全和发展利益需要相适应的武装力量；实施积极防御军事战略方针，防备和抵御侵略，制止武装颠覆和分裂；开展国际军事安全合作，实施联合国维和、国际救援、海上护航和维护国家海外利益的军事行动，维护国家主权、安全、领土完整、发展利益和世界和平。

第十九条　国家维护国家基本经济制度和社会主义市场经济秩序，健全预防和化解经济安全风险的制度机制，保障关系国民经济命脉的重要行业和关键领域、重点产业、重大基础设施和重大建设项目以及其他重大经济利益安全。

第二十条　国家健全金融宏观审慎管理和金融风险防范、处置机制，加强金融基础设施和基础能力建设，防范和化解系统性、区域性金融风险，防范和抵御外部金融风险的冲击。

第二十一条　国家合理利用和保护资源能源，有效管控战略资源能源的开发，加强战略资源能源储备，完善资源能源运输战略通道建设和安全保护措施，加强国际资源能源合作，全面提升应急保障能力，保障经济社会发展所需的资源能源持续、可靠和有效供给。

第二十二条　国家健全粮食安全保障体系，保护和提高粮食综合生产能力，完善粮食储备制度、流通体系和市场调控机制，健全粮食安全预警制度，保障粮食供给和质量安全。

第二十三条　国家坚持社会主义先进文化前进方向，继承和弘扬中华民族优秀传统文化，培育和践行社会主义核心价值观，防范和抵制不良文化的影响，掌握意识形态领域主导权，增强文化整体实力和竞争力。

第二十四条　国家加强自主创新能力建设，加快发展自主可控的战略高新技术和重要领域核心关键技术，加强知识产权的运用、保护和科技保密能力建设，保障重大技术和工程的安全。

第二十五条　国家建设网络与信息安全保障体系，提升网络与信息安全保护能力，加强网络和信息技术的创新研究和开发应用，实现网络和信息核心技术、关键基础设施和重要领域信息系统及数据的安全可控；加强网络管理，防范、制止和依法惩治网络攻击、网络入侵、网络窃密、散布违法有害信息等网络违法犯罪行为，维护国家网络空间主权、安全和发展利益。

第二十六条　国家坚持和完善民族区域自治制度，巩固和发展平等团结互助和谐的社会主义民族关系。坚持各民族一律平等，加强民族交往、交流、交融，防范、制止和依法惩治民族分裂活动，维护国家统一、民族团结和社会和谐，实现各民族共同团结奋斗、共同繁荣发展。

第二十七条　国家依法保护公民宗教信仰自由和正常宗教活动，坚持宗教独立自主自办的原则，防范、制止和依法惩治利用宗教名义进行危害国家安全的违法犯罪活动，反对境外势力干涉境内宗教事务，维护正常宗教活动秩序。

国家依法取缔邪教组织，防范、制止和依法惩治邪教违法犯罪活动。

第二十八条　国家反对一切形式的恐怖主义和极端主义，加强防范和处置恐怖主义的能力建设，依法开展情报、调查、防范、处置以及资金监管等工作，依法取缔恐怖活动组织和严厉惩治暴力恐怖活动。

第二十九条　国家健全有效预防和化解社会矛盾的体制机制，健全公共安全体系，积极预防、减少和化解社会矛盾，妥善处置公共卫生、社会安全等影响国家安全和社会稳定的突发事件，促进社会和谐，维护公共安全和社会安定。

第三十条　国家完善生态环境保护制度体系，加大生态建设和环境保护力度，划定生态保护红线，强化生态风险的预警和防控，妥善处置突发环境事件，保障人民赖以生存发展的大气、水、土壤等自然环境和条件不受威胁和破坏，促进人与自然和谐发展。

第三十一条　国家坚持和平利用核能和核技术，加强国际合作，防止核扩散，完善防扩散机制，加强对核设施、核材料、核活动和核废料处置的安全管理、监管和保护,加强核事故应急体系和应急能力建设,防止、控制和消除核事故对公民生命健康和生态环境的危害,不断增强有效应对和防范核威胁、核攻击的能力。

第三十二条 国家坚持和平探索和利用外层空间、国际海底区域和极地,增强安全进出、科学考察、开发利用的能力,加强国际合作,维护我国在外层空间、国际海底区域和极地的活动、资产和其他利益的安全。

第三十三条 国家依法采取必要措施,保护海外中国公民、组织和机构的安全和正当权益,保护国家的海外利益不受威胁和侵害。

第三十四条 国家根据经济社会发展和国家发展利益的需要,不断完善维护国家安全的任务。

第三章 维护国家安全的职责

第三十五条 全国人民代表大会依照宪法规定,决定战争和和平的问题,行使宪法规定的涉及国家安全的其他职权。

全国人民代表大会常务委员会依照宪法规定,决定战争状态的宣布,决定全国总动员或者局部动员,决定全国或者个别省、自治区、直辖市进入紧急状态,行使宪法规定的和全国人民代表大会授予的涉及国家安全的其他职权。

第三十六条 中华人民共和国主席根据全国人民代表大会的决定和全国人民代表大会常务委员会的决定,宣布进入紧急状态,宣布战争状态,发布动员令,行使宪法规定的涉及国家安全的其他职权。

第三十七条 国务院根据宪法和法律,制定涉及国家安全的行政法规,规定有关行政措施,发布有关决定和命令;实施国家安全法律法规和政策;依照法律规定决定省、自治区、直辖市的范围内部分地区进入紧急状态;行使宪法法律规定的和全国人民代表大会及其常务委员会授予的涉及国家安全的其他职权。

第三十八条 中央军事委员会领导全国武装力量，决定军事战略和武装力量的作战方针，统一指挥维护国家安全的军事行动，制定涉及国家安全的军事法规，发布有关决定和命令。

第三十九条 中央国家机关各部门按照职责分工，贯彻执行国家安全方针政策和法律法规，管理指导本系统、本领域国家安全工作。

第四十条 地方各级人民代表大会和县级以上地方各级人民代表大会常务委员会在本行政区域内，保证国家安全法律法规的遵守和执行。

地方各级人民政府依照法律法规规定管理本行政区域内的国家安全工作。

香港特别行政区、澳门特别行政区应当履行维护国家安全的责任。

第四十一条 人民法院依照法律规定行使审判权，人民检察院依照法律规定行使检察权，惩治危害国家安全的犯罪。

第四十二条 国家安全机关、公安机关依法搜集涉及国家安全的情报信息，在国家安全工作中依法行使侦查、拘留、预审和执行逮捕以及法律规定的其他职权。

有关军事机关在国家安全工作中依法行使相关职权。

第四十三条 国家机关及其工作人员在履行职责时，应当贯彻维护国家安全的原则。

国家机关及其工作人员在国家安全工作和涉及国家安全活动中，应当严格依法履行职责，不得超越职权、滥用职权，不得侵犯个人和组织的合法权益。

第四章　国家安全制度

第一节　一般规定

第四十四条 中央国家安全领导机构实行统分结合、协调高效的国家安全制度与工作机制。

第四十五条 国家建立国家安全重点领域工作协调机制，统筹协调中央有关职能部门推进相关工作。

第四十六条 国家建立国家安全工作督促检查和责任追究机制，确保国家安全战略和重大部署贯彻落实。

第四十七条 各部门、各地区应当采取有效措施，贯彻实施国家安全战略。

第四十八条 国家根据维护国家安全工作需要，建立跨部门会商工作机制，就维护国家安全工作的重大事项进行会商研判，提出意见和建议。

第四十九条 国家建立中央与地方之间、部门之间、军地之间以及地区之间关于国家安全的协同联动机制。

第五十条 国家建立国家安全决策咨询机制，组织专家和有关方面开展对国家安全形势的分析研判，推进国家安全的科学决策。

第二节 情报信息

第五十一条 国家健全统一归口、反应灵敏、准确高效、运转顺畅的情报信息收集、研判和使用制度，建立情报信息工作协调机制，实现情报信息的及时收集、准确研判、有效使用和共享。

第五十二条 国家安全机关、公安机关、有关军事机关根据职责分工，依法搜集涉及国家安全的情报信息。

国家机关各部门在履行职责过程中，对于获取的涉及国家安全的有关信息应当及时上报。

第五十三条 开展情报信息工作，应当充分运用现代科学技术手段，加强对情报信息的鉴别、筛选、综合和研判分析。

第五十四条 情报信息的报送应当及时、准确、客观，不得迟报、漏报、瞒报和谎报。

第三节　风险预防、评估和预警

第五十五条　国家制定完善应对各领域国家安全风险预案。

第五十六条　国家建立国家安全风险评估机制，定期开展各领域国家安全风险调查评估。

有关部门应当定期向中央国家安全领导机构提交国家安全风险评估报告。

第五十七条　国家健全国家安全风险监测预警制度，根据国家安全风险程度，及时发布相应风险预警。

第五十八条　对可能即将发生或者已经发生的危害国家安全的事件，县级以上地方人民政府及其有关主管部门应当立即按照规定向上一级人民政府及其有关主管部门报告，必要时可以越级上报。

第四节　审查监管

第五十九条　国家建立国家安全审查和监管的制度和机制，对影响或者可能影响国家安全的外商投资、特定物项和关键技术、网络信息技术产品和服务、涉及国家安全事项的建设项目，以及其他重大事项和活动，进行国家安全审查，有效预防和化解国家安全风险。

第六十条　中央国家机关各部门依照法律、行政法规行使国家安全审查职责，依法作出国家安全审查决定或者提出安全审查意见并监督执行。

第六十一条　省、自治区、直辖市依法负责本行政区域内有关国家安全审查和监管工作。

第五节　危机管控

第六十二条　国家建立统一领导、协同联动、有序高效的国家安全危机管控制度。

第六十三条 发生危及国家安全的重大事件,中央有关部门和有关地方根据中央国家安全领导机构的统一部署,依法启动应急预案,采取管控处置措施。

第六十四条 发生危及国家安全的特别重大事件,需要进入紧急状态、战争状态或者进行全国总动员、局部动员的,由全国人民代表大会、全国人民代表大会常务委员会或者国务院依照宪法和有关法律规定的权限和程序决定。

第六十五条 国家决定进入紧急状态、战争状态或者实施国防动员后,履行国家安全危机管控职责的有关机关依照法律规定或者全国人民代表大会常务委员会规定,有权采取限制公民和组织权利、增加公民和组织义务的特别措施。

第六十六条 履行国家安全危机管控职责的有关机关依法采取处置国家安全危机的管控措施,应当与国家安全危机可能造成的危害的性质、程度和范围相适应;有多种措施可供选择的,应当选择有利于最大程度保护公民、组织权益的措施。

第六十七条 国家健全国家安全危机的信息报告和发布机制。

国家安全危机事件发生后,履行国家安全危机管控职责的有关机关,应当按照规定准确、及时报告,并依法将有关国家安全危机事件发生、发展、管控处置及善后情况统一向社会发布。

第六十八条 国家安全威胁和危害得到控制或者消除后,应当及时解除管控处置措施,做好善后工作。

第五章 国家安全保障

第六十九条 国家健全国家安全保障体系,增强维护国家安全的能力。

第七十条 国家健全国家安全法律制度体系,推动国家安全法治建设。

111

第七十一条 国家加大对国家安全各项建设的投入，保障国家安全工作所需经费和装备。

第七十二条 承担国家安全战略物资储备任务的单位，应当按照国家有关规定和标准对国家安全物资进行收储、保管和维护，定期调整更换，保证储备物资的使用效能和安全。

第七十三条 鼓励国家安全领域科技创新，发挥科技在维护国家安全中的作用。

第七十四条 国家采取必要措施，招录、培养和管理国家安全工作专门人才和特殊人才。

根据维护国家安全工作的需要，国家依法保护有关机关专门从事国家安全工作人员的身份和合法权益，加大人身保护和安置保障力度。

第七十五条 国家安全机关、公安机关、有关军事机关开展国家安全专门工作，可以依法采取必要手段和方式，有关部门和地方应当在职责范围内提供支持和配合。

第七十六条 国家加强国家安全新闻宣传和舆论引导，通过多种形式开展国家安全宣传教育活动，将国家安全教育纳入国民教育体系和公务员教育培训体系，增强全民国家安全意识。

第六章 公民、组织的义务和权利

第七十七条 公民和组织应当履行下列维护国家安全的义务：
（一）遵守宪法、法律法规关于国家安全的有关规定；
（二）及时报告危害国家安全活动的线索；
（三）如实提供所知悉的涉及危害国家安全活动的证据；
（四）为国家安全工作提供便利条件或者其他协助；
（五）向国家安全机关、公安机关和有关军事机关提供必要的支持和协助；

（六）保守所知悉的国家秘密；

（七）法律、行政法规规定的其他义务。

任何个人和组织不得有危害国家安全的行为，不得向危害国家安全的个人或者组织提供任何资助或者协助。

第七十八条 机关、人民团体、企业事业组织和其他社会组织应当对本单位的人员进行维护国家安全的教育，动员、组织本单位的人员防范、制止危害国家安全的行为。

第七十九条 企业事业组织根据国家安全工作的要求，应当配合有关部门采取相关安全措施。

第八十条 公民和组织支持、协助国家安全工作的行为受法律保护。

因支持、协助国家安全工作，本人或者其近亲属的人身安全面临危险的，可以向公安机关、国家安全机关请求予以保护。公安机关、国家安全机关应当会同有关部门依法采取保护措施。

第八十一条 公民和组织因支持、协助国家安全工作导致财产损失的，按照国家有关规定给予补偿；造成人身伤害或者死亡的，按照国家有关规定给予抚恤优待。

第八十二条 公民和组织对国家安全工作有向国家机关提出批评建议的权利，对国家机关及其工作人员在国家安全工作中的违法失职行为有提出申诉、控告和检举的权利。

第八十三条 在国家安全工作中，需要采取限制公民权利和自由的特别措施时，应当依法进行，并以维护国家安全的实际需要为限度。

第七章 附 则

第八十四条 本法自公布之日起施行。

中华人民共和国国家情报法

（2017年6月27日第十二届全国人民代表大会常务委员会第二十八次会议通过 根据2018年4月27日第十三届全国人民代表大会常务委员会第二次会议《关于修改〈中华人民共和国国境卫生检疫法〉等六部法律的决定》修正）

第一章 总 则

第一条 为了加强和保障国家情报工作，维护国家安全和利益，根据宪法，制定本法。

第二条 国家情报工作坚持总体国家安全观，为国家重大决策提供情报参考，为防范和化解危害国家安全的风险提供情报支持，维护国家政权、主权、统一和领土完整、人民福祉、经济社会可持续发展和国家其他重大利益。

第三条 国家建立健全集中统一、分工协作、科学高效的国家情报体制。

中央国家安全领导机构对国家情报工作实行统一领导，制定国家情报工作方针政策，规划国家情报工作整体发展，建立健全国家情报工作协调机制，统筹协调各领域国家情报工作，研究决定国家情报工作中的重大事项。

中央军事委员会统一领导和组织军队情报工作。

第四条 国家情报工作坚持公开工作与秘密工作相结合、专门工作与群众路线相结合、分工负责与协作配合相结合的原则。

第五条 国家安全机关和公安机关情报机构、军队情报机构（以下统称国家情报工作机构）按照职责分工，相互配合，做好情报工作、开展情报行动。

各有关国家机关应当根据各自职能和任务分工，与国家情报工作机构密切配合。

第六条 国家情报工作机构及其工作人员应当忠于国家和人民，遵守宪法和法律，忠于职守，纪律严明，清正廉洁，无私奉献，坚决维护国家安全和利益。

第七条 任何组织和公民都应当依法支持、协助和配合国家情报工作，保守所知悉的国家情报工作秘密。

国家对支持、协助和配合国家情报工作的个人和组织给予保护。

第八条 国家情报工作应当依法进行，尊重和保障人权，维护个人和组织的合法权益。

第九条 国家对在国家情报工作中作出重大贡献的个人和组织给予表彰和奖励。

第二章 国家情报工作机构职权

第十条 国家情报工作机构根据工作需要，依法使用必要的方式、手段和渠道，在境内外开展情报工作。

第十一条 国家情报工作机构应当依法搜集和处理境外机构、组织、个人实施或者指使、资助他人实施的，或者境内外机构、组织、个人相勾结实施的危害中华人民共和国国家安全和利益行为的相关情报，为防范、制止和惩治上述行为提供情报依据或者参考。

第十二条 国家情报工作机构可以按照国家有关规定，与有关个人和组织建立合作关系，委托开展相关工作。

第十三条 国家情报工作机构可以按照国家有关规定，开展对外交流与合作。

第十四条 国家情报工作机构依法开展情报工作，可以要求有关机关、组织和公民提供必要的支持、协助和配合。

第十五条　国家情报工作机构根据工作需要，按照国家有关规定，经过严格的批准手续，可以采取技术侦察措施和身份保护措施。

第十六条　国家情报工作机构工作人员依法执行任务时，按照国家有关规定，经过批准，出示相应证件，可以进入限制进入的有关区域、场所，可以向有关机关、组织和个人了解、询问有关情况，可以查阅或者调取有关的档案、资料、物品。

第十七条　国家情报工作机构工作人员因执行紧急任务需要，经出示相应证件，可以享受通行便利。

国家情报工作机构工作人员根据工作需要，按照国家有关规定，可以优先使用或者依法征用有关机关、组织和个人的交通工具、通信工具、场地和建筑物，必要时，可以设置相关工作场所和设备、设施，任务完成后应当及时归还或者恢复原状，并依照规定支付相应费用；造成损失的，应当补偿。

第十八条　国家情报工作机构根据工作需要，按照国家有关规定，可以提请海关、出入境边防检查等机关提供免检等便利。

第十九条　国家情报工作机构及其工作人员应当严格依法办事，不得超越职权、滥用职权，不得侵犯公民和组织的合法权益，不得利用职务便利为自己或者他人谋取私利，不得泄露国家秘密、商业秘密和个人信息。

第三章　国家情报工作保障

第二十条　国家情报工作机构及其工作人员依法开展情报工作，受法律保护。

第二十一条　国家加强国家情报工作机构建设，对其机构设置、人员、编制、经费、资产实行特殊管理，给予特殊保障。

国家建立适应情报工作需要的人员录用、选调、考核、培训、待遇、退出等管理制度。

第二十二条　国家情报工作机构应当适应情报工作需要，提高开展情报工作的能力。

国家情报工作机构应当运用科学技术手段，提高对情报信息的鉴别、筛选、综合和研判分析水平。

第二十三条　国家情报工作机构工作人员因执行任务，或者与国家情报工作机构建立合作关系的人员因协助国家情报工作，其本人或者近亲属人身安全受到威胁时，国家有关部门应当采取必要措施，予以保护、营救。

第二十四条　对为国家情报工作作出贡献并需要安置的人员，国家给予妥善安置。

公安、民政、财政、卫生、教育、人力资源社会保障、退役军人事务、医疗保障等有关部门以及国有企业事业单位应当协助国家情报工作机构做好安置工作。

第二十五条　对因开展国家情报工作或者支持、协助和配合国家情报工作导致伤残或者牺牲、死亡的人员，按照国家有关规定给予相应的抚恤优待。

个人和组织因支持、协助和配合国家情报工作导致财产损失的，按照国家有关规定给予补偿。

第二十六条　国家情报工作机构应当建立健全严格的监督和安全审查制度，对其工作人员遵守法律和纪律等情况进行监督，并依法采取必要措施，定期或者不定期进行安全审查。

第二十七条　任何个人和组织对国家情报工作机构及其工作人员超越职权、滥用职权和其他违法违纪行为，有权检举、控告。受理检举、控告的有关机关应当及时查处，并将查处结果告知检举人、控告人。

对依法检举、控告国家情报工作机构及其工作人员的个人和组织，任何个人和组织不得压制和打击报复。

国家情报工作机构应当为个人和组织检举、控告、反映情况提供便利渠道，并为检举人、控告人保密。

第四章　法律责任

第二十八条 违反本法规定，阻碍国家情报工作机构及其工作人员依法开展情报工作的，由国家情报工作机构建议相关单位给予处分或者由国家安全机关、公安机关处警告或者十五日以下拘留；构成犯罪的，依法追究刑事责任。

第二十九条 泄露与国家情报工作有关的国家秘密的，由国家情报工作机构建议相关单位给予处分或者由国家安全机关、公安机关处警告或者十五日以下拘留；构成犯罪的，依法追究刑事责任。

第三十条 冒充国家情报工作机构工作人员或者其他相关人员实施招摇撞骗、诈骗、敲诈勒索等行为的，依照《中华人民共和国治安管理处罚法》的规定处罚；构成犯罪的，依法追究刑事责任。

第三十一条 国家情报工作机构及其工作人员有超越职权、滥用职权，侵犯公民和组织的合法权益，利用职务便利为自己或者他人谋取私利，泄露国家秘密、商业秘密和个人信息等违法违纪行为的，依法给予处分；构成犯罪的，依法追究刑事责任。

第五章　附　　则

第三十二条 本法自2017年6月28日起施行。

中华人民共和国保守国家秘密法

(1988年9月5日第七届全国人民代表大会常务委员会第三次会议通过　2010年4月29日第十一届全国人民代表大会常务委员会第十四次会议修订　2010年4月29日中华人民共和国主席令第28号公布　自2010年10月1日起施行)

第一章　总　则

第一条　为了保守国家秘密，维护国家安全和利益，保障改革开放和社会主义建设事业的顺利进行，制定本法。

第二条　国家秘密是关系国家安全和利益，依照法定程序确定，在一定时间内只限一定范围的人员知悉的事项。

第三条　国家秘密受法律保护。

一切国家机关、武装力量、政党、社会团体、企业事业单位和公民都有保守国家秘密的义务。

任何危害国家秘密安全的行为，都必须受到法律追究。

第四条　保守国家秘密的工作（以下简称保密工作），实行积极防范、突出重点、依法管理的方针，既确保国家秘密安全，又便利信息资源合理利用。

法律、行政法规规定公开的事项，应当依法公开。

第五条　国家保密行政管理部门主管全国的保密工作。县级以上地方各级保密行政管理部门主管本行政区域的保密工作。

第六条　国家机关和涉及国家秘密的单位（以下简称机关、单位）管理本机关和本单位的保密工作。

中央国家机关在其职权范围内，管理或者指导本系统的保密工作。

第七条 机关、单位应当实行保密工作责任制,健全保密管理制度,完善保密防护措施,开展保密宣传教育,加强保密检查。

第八条 国家对在保守、保护国家秘密以及改进保密技术、措施等方面成绩显著的单位或者个人给予奖励。

第二章 国家秘密的范围和密级

第九条 下列涉及国家安全和利益的事项,泄露后可能损害国家在政治、经济、国防、外交等领域的安全和利益的,应当确定为国家秘密:

(一)国家事务重大决策中的秘密事项;

(二)国防建设和武装力量活动中的秘密事项;

(三)外交和外事活动中的秘密事项以及对外承担保密义务的秘密事项;

(四)国民经济和社会发展中的秘密事项;

(五)科学技术中的秘密事项;

(六)维护国家安全活动和追查刑事犯罪中的秘密事项;

(七)经国家保密行政管理部门确定的其他秘密事项。

政党的秘密事项中符合前款规定的,属于国家秘密。

第十条 国家秘密的密级分为绝密、机密、秘密三级。

绝密级国家秘密是最重要的国家秘密,泄露会使国家安全和利益遭受特别严重的损害;机密级国家秘密是重要的国家秘密,泄露会使国家安全和利益遭受严重的损害;秘密级国家秘密是一般的国家秘密,泄露会使国家安全和利益遭受损害。

第十一条 国家秘密及其密级的具体范围,由国家保密行政管理部门分别会同外交、公安、国家安全和其他中央有关机关规定。

军事方面的国家秘密及其密级的具体范围,由中央军事委员会规定。

国家秘密及其密级的具体范围的规定，应当在有关范围内公布，并根据情况变化及时调整。

第十二条 机关、单位负责人及其指定的人员为定密责任人，负责本机关、本单位的国家秘密确定、变更和解除工作。

机关、单位确定、变更和解除本机关、本单位的国家秘密，应当由承办人提出具体意见，经定密责任人审核批准。

第十三条 确定国家秘密的密级，应当遵守定密权限。

中央国家机关、省级机关及其授权的机关、单位可以确定绝密级、机密级和秘密级国家秘密；设区的市、自治州一级的机关及其授权的机关、单位可以确定机密级和秘密级国家秘密。具体的定密权限、授权范围由国家保密行政管理部门规定。

机关、单位执行上级确定的国家秘密事项，需要定密的，根据所执行的国家秘密事项的密级确定。下级机关、单位认为本机关、本单位产生的有关定密事项属于上级机关、单位的定密权限，应当先行采取保密措施，并立即报请上级机关、单位确定；没有上级机关、单位的，应当立即提请有相应定密权限的业务主管部门或者保密行政管理部门确定。

公安、国家安全机关在其工作范围内按照规定的权限确定国家秘密的密级。

第十四条 机关、单位对所产生的国家秘密事项，应当按照国家秘密及其密级的具体范围的规定确定密级，同时确定保密期限和知悉范围。

第十五条 国家秘密的保密期限，应当根据事项的性质和特点，按照维护国家安全和利益的需要，限定在必要的期限内；不能确定期限的，应当确定解密的条件。

国家秘密的保密期限，除另有规定外，绝密级不超过三十年，机密级不超过二十年，秘密级不超过十年。

机关、单位应当根据工作需要，确定具体的保密期限、解密时间或者解密条件。

机关、单位对在决定和处理有关事项工作过程中确定需要保密的事项，根据工作需要决定公开的，正式公布时即视为解密。

第十六条 国家秘密的知悉范围，应当根据工作需要限定在最小范围。

国家秘密的知悉范围能够限定到具体人员的，限定到具体人员；不能限定到具体人员的，限定到机关、单位，由机关、单位限定到具体人员。

国家秘密的知悉范围以外的人员，因工作需要知悉国家秘密的，应当经过机关、单位负责人批准。

第十七条 机关、单位对承载国家秘密的纸介质、光介质、电磁介质等载体（以下简称国家秘密载体）以及属于国家秘密的设备、产品，应当做出国家秘密标志。

不属于国家秘密的，不应当做出国家秘密标志。

第十八条 国家秘密的密级、保密期限和知悉范围，应当根据情况变化及时变更。国家秘密的密级、保密期限和知悉范围的变更，由原定密机关、单位决定，也可以由其上级机关决定。

国家秘密的密级、保密期限和知悉范围变更的，应当及时书面通知知悉范围内的机关、单位或者人员。

第十九条 国家秘密的保密期限已满的，自行解密。

机关、单位应当定期审核所确定的国家秘密。对在保密期限内因保密事项范围调整不再作为国家秘密事项，或者公开后不会损害国家安全和利益，不需要继续保密的，应当及时解密；对需要延长保密期限的，应当在原保密期限届满前重新确定保密期限。提前解密或者延长保密期限的，由原定密机关、单位决定，也可以由其上级机关决定。

第二十条 机关、单位对是否属于国家秘密或者属于何种密级不明确或者有争议的，由国家保密行政管理部门或者省、自治区、直辖市保密行政管理部门确定。

第三章 保密制度

第二十一条 国家秘密载体的制作、收发、传递、使用、复制、保存、维修和销毁，应当符合国家保密规定。

绝密级国家秘密载体应当在符合国家保密标准的设施、设备中保存，并指定专人管理；未经原定密机关、单位或者其上级机关批准，不得复制和摘抄；收发、传递和外出携带，应当指定人员负责，并采取必要的安全措施。

第二十二条 属于国家秘密的设备、产品的研制、生产、运输、使用、保存、维修和销毁，应当符合国家保密规定。

第二十三条 存储、处理国家秘密的计算机信息系统（以下简称涉密信息系统）按照涉密程度实行分级保护。

涉密信息系统应当按照国家保密标准配备保密设施、设备。保密设施、设备应当与涉密信息系统同步规划，同步建设，同步运行。

涉密信息系统应当按照规定，经检查合格后，方可投入使用。

第二十四条 机关、单位应当加强对涉密信息系统的管理，任何组织和个人不得有下列行为：

（一）将涉密计算机、涉密存储设备接入互联网及其他公共信息网络；

（二）在未采取防护措施的情况下，在涉密信息系统与互联网及其他公共信息网络之间进行信息交换；

（三）使用非涉密计算机、非涉密存储设备存储、处理国家秘密信息；

（四）擅自卸载、修改涉密信息系统的安全技术程序、管理程序；

（五）将未经安全技术处理的退出使用的涉密计算机、涉密存储设备赠送、出售、丢弃或者改作其他用途。

第二十五条 机关、单位应当加强对国家秘密载体的管理，任何组织和个人不得有下列行为：

（一）非法获取、持有国家秘密载体的；

（二）买卖、转送或者私自销毁国家秘密载体的；

（三）通过普通邮政、快递等无保密措施的渠道传递国家秘密载体；

（四）邮寄、托运国家秘密载体出境；

（五）未经有关主管部门批准，携带、传递国家秘密载体出境。

第二十六条 禁止非法复制、记录、存储国家秘密。

禁止在互联网及其他公共信息网络或者未采取保密措施的有线和无线通信中传递国家秘密。

禁止在私人交往和通信中涉及国家秘密。

第二十七条 报刊、图书、音像制品、电子出版物的编辑、出版、印制、发行，广播节目、电视节目、电影的制作和播放，互联网、移动通信网等公共信息网络及其他传媒的信息编辑、发布，应当遵守有关保密规定。

第二十八条 互联网及其他公共信息网络运营商、服务商应当配合公安机关、国家安全机关、检察机关对泄密案件进行调查；发现利用互联网及其他公共信息网络发布的信息涉及泄露国家秘密的，应当立即停止传输，保存有关记录，向公安机关、国家安全机关或者保密行政管理部门报告；应当根据公安机关、国家安全机关或者保密行政管理部门的要求，删除涉及泄露国家秘密的信息。

第二十九条 机关、单位公开发布信息以及对涉及国家秘密的工程、货物、服务进行采购时，应当遵守保密规定。

第三十条 机关、单位对外交往与合作中需要提供国家秘密事项，或者任用、聘用的境外人员因工作需要知悉国家秘密的，应当报国务院有关主管部门或者省、自治区、直辖市人民政府有关主管部门批准，并与对方签订保密协议。

第三十一条 举办会议或者其他活动涉及国家秘密的，主办单位应当采取保密措施,并对参加人员进行保密教育,提出具体保密要求。

第三十二条　机关、单位应当将涉及绝密级或者较多机密级、秘密级国家秘密的机构确定为保密要害部门,将集中制作、存放、保管国家秘密载体的专门场所确定为保密要害部位,按照国家保密规定和标准配备、使用必要的技术防护设施、设备。

第三十三条　军事禁区和属于国家秘密不对外开放的其他场所、部位,应当采取保密措施,未经有关部门批准,不得擅自决定对外开放或者扩大开放范围。

第三十四条　从事国家秘密载体制作、复制、维修、销毁,涉密信息系统集成,或者武器装备科研生产等涉及国家秘密业务的企业事业单位,应当经过保密审查,具体办法由国务院规定。

机关、单位委托企业事业单位从事前款规定的业务,应当与其签订保密协议,提出保密要求,采取保密措施。

第三十五条　在涉密岗位工作的人员(以下简称涉密人员),按照涉密程度分为核心涉密人员、重要涉密人员和一般涉密人员,实行分类管理。

任用、聘用涉密人员应当按照有关规定进行审查。

涉密人员应当具有良好的政治素质和品行,具有胜任涉密岗位所要求的工作能力。

涉密人员的合法权益受法律保护。

第三十六条　涉密人员上岗应当经过保密教育培训,掌握保密知识技能,签订保密承诺书,严格遵守保密规章制度,不得以任何方式泄露国家秘密。

第三十七条　涉密人员出境应当经有关部门批准,有关机关认为涉密人员出境将对国家安全造成危害或者对国家利益造成重大损失的,不得批准出境。

第三十八条　涉密人员离岗离职实行脱密期管理。涉密人员在脱密期内,应当按照规定履行保密义务,不得违反规定就业,不得以任何方式泄露国家秘密。

第三十九条 机关、单位应当建立健全涉密人员管理制度，明确涉密人员的权利、岗位责任和要求，对涉密人员履行职责情况开展经常性的监督检查。

第四十条 国家工作人员或者其他公民发现国家秘密已经泄露或者可能泄露时，应当立即采取补救措施并及时报告有关机关、单位。机关、单位接到报告后，应当立即作出处理，并及时向保密行政管理部门报告。

第四章 监督管理

第四十一条 国家保密行政管理部门依照法律、行政法规的规定，制定保密规章和国家保密标准。

第四十二条 保密行政管理部门依法组织开展保密宣传教育、保密检查、保密技术防护和泄密案件查处工作，对机关、单位的保密工作进行指导和监督。

第四十三条 保密行政管理部门发现国家秘密确定、变更或者解除不当的，应当及时通知有关机关、单位予以纠正。

第四十四条 保密行政管理部门对机关、单位遵守保密制度的情况进行检查，有关机关、单位应当配合。保密行政管理部门发现机关、单位存在泄密隐患的，应当要求其采取措施，限期整改；对存在泄密隐患的设施、设备、场所，应当责令停止使用；对严重违反保密规定的涉密人员，应当建议有关机关、单位给予处分并调离涉密岗位；发现涉嫌泄露国家秘密的，应当督促、指导有关机关、单位进行调查处理。涉嫌犯罪的，移送司法机关处理。

第四十五条 保密行政管理部门对保密检查中发现的非法获取、持有的国家秘密载体，应当予以收缴。

第四十六条 办理涉嫌泄露国家秘密案件的机关，需要对有关事项是否属于国家秘密以及属于何种密级进行鉴定的,由国家保密行政管理部门或者省、自治区、直辖市保密行政管理部门鉴定。

第四十七条 机关、单位对违反保密规定的人员不依法给予处分的,保密行政管理部门应当建议纠正,对拒不纠正的,提请其上一级机关或者监察机关对该机关、单位负有责任的领导人员和直接责任人员依法予以处理。

第五章 法律责任

第四十八条 违反本法规定,有下列行为之一的,依法给予处分;构成犯罪的,依法追究刑事责任:

(一)非法获取、持有国家秘密载体的;

(二)买卖、转送或者私自销毁国家秘密载体的;

(三)通过普通邮政、快递等无保密措施的渠道传递国家秘密载体的;

(四)邮寄、托运国家秘密载体出境,或者未经有关主管部门批准,携带、传递国家秘密载体出境的;

(五)非法复制、记录、存储国家秘密的;

(六)在私人交往和通信中涉及国家秘密的;

(七)在互联网及其他公共信息网络或者未采取保密措施的有线和无线通信中传递国家秘密的;

(八)将涉密计算机、涉密存储设备接入互联网及其他公共信息网络的;

(九)在未采取防护措施的情况下,在涉密信息系统与互联网及其他公共信息网络之间进行信息交换的;

(十)使用非涉密计算机、非涉密存储设备存储、处理国家秘密信息的;

(十一)擅自卸载、修改涉密信息系统的安全技术程序、管理程序的；

（十二）将未经安全技术处理的退出使用的涉密计算机、涉密存储设备赠送、出售、丢弃或者改作其他用途的。

有前款行为尚不构成犯罪，且不适用处分的人员，由保密行政管理部门督促其所在机关、单位予以处理。

第四十九条 机关、单位违反本法规定，发生重大泄密案件的，由有关机关、单位依法对直接负责的主管人员和其他直接责任人员给予处分；不适用处分的人员，由保密行政管理部门督促其主管部门予以处理。

机关、单位违反本法规定，对应当定密的事项不定密，或者对不应当定密的事项定密，造成严重后果的，由有关机关、单位依法对直接负责的主管人员和其他直接责任人员给予处分。

第五十条 互联网及其他公共信息网络运营商、服务商违反本法第二十八条规定的，由公安机关或者国家安全机关、信息产业主管部门按照各自职责分工依法予以处罚。

第五十一条 保密行政管理部门的工作人员在履行保密管理职责中滥用职权、玩忽职守、徇私舞弊的，依法给予处分；构成犯罪的，依法追究刑事责任。

第六章 附 则

第五十二条 中央军事委员会根据本法制定中国人民解放军保密条例。

第五十三条 本法自 2010 年 10 月 1 日起施行。

中华人民共和国保守国家秘密法实施条例

(2014年1月17日中华人民共和国国务院令第646号公布 自2014年3月1日起施行)

第一章 总 则

第一条 根据《中华人民共和国保守国家秘密法》(以下简称保密法)的规定,制定本条例。

第二条 国家保密行政管理部门主管全国的保密工作。县级以上地方各级保密行政管理部门在上级保密行政管理部门指导下,主管本行政区域的保密工作。

第三条 中央国家机关在其职权范围内管理或者指导本系统的保密工作,监督执行保密法律法规,可以根据实际情况制定或者会同有关部门制定主管业务方面的保密规定。

第四条 县级以上人民政府应当加强保密基础设施建设和关键保密科技产品的配备。

省级以上保密行政管理部门应当加强关键保密科技产品的研发工作。

保密行政管理部门履行职责所需的经费,应当列入本级人民政府财政预算。机关、单位开展保密工作所需经费应当列入本机关、本单位的年度财政预算或者年度收支计划。

第五条 机关、单位不得将依法应当公开的事项确定为国家秘密,不得将涉及国家秘密的信息公开。

第六条 机关、单位实行保密工作责任制。机关、单位负责人对本机关、本单位的保密工作负责,工作人员对本岗位的保密工作负责。

机关、单位应当根据保密工作需要设立保密工作机构或者指定人员专门负责保密工作。

机关、单位及其工作人员履行保密工作责任制情况应当纳入年度考评和考核内容。

第七条 各级保密行政管理部门应当组织开展经常性的保密宣传教育。机关、单位应当定期对本机关、本单位工作人员进行保密形势、保密法律法规、保密技术防范等方面的教育培训。

第二章 国家秘密的范围和密级

第八条 国家秘密及其密级的具体范围（以下称保密事项范围）应当明确规定国家秘密具体事项的名称、密级、保密期限、知悉范围。

保密事项范围应当根据情况变化及时调整。制定、修订保密事项范围应当充分论证，听取有关机关、单位和相关领域专家的意见。

第九条 机关、单位负责人为本机关、本单位的定密责任人，根据工作需要，可以指定其他人员为定密责任人。

专门负责定密的工作人员应当接受定密培训，熟悉定密职责和保密事项范围，掌握定密程序和方法。

第十条 定密责任人在职责范围内承担有关国家秘密确定、变更和解除工作。具体职责是：

（一）审核批准本机关、本单位产生的国家秘密的密级、保密期限和知悉范围；

（二）对本机关、本单位产生的尚在保密期限内的国家秘密进行审核，作出是否变更或者解除的决定；

（三）对是否属于国家秘密和属于何种密级不明确的事项先行拟定密级，并按照规定的程序报保密行政管理部门确定。

第十一条 中央国家机关、省级机关以及设区的市、自治州级机关可以根据保密工作需要或者有关机关、单位的申请，在国家保密行政管理部门规定的定密权限、授权范围内作出定密授权。

定密授权应当以书面形式作出。授权机关应当对被授权机关、单位履行定密授权的情况进行监督。

中央国家机关、省级机关作出的授权，报国家保密行政管理部门备案；设区的市、自治州级机关作出的授权，报省、自治区、直辖市保密行政管理部门备案。

第十二条 机关、单位应当在国家秘密产生的同时，由承办人依据有关保密事项范围拟定密级、保密期限和知悉范围，报定密责任人审核批准，并采取相应保密措施。

第十三条 机关、单位对所产生的国家秘密，应当按照保密事项范围的规定确定具体的保密期限；保密事项范围没有规定具体保密期限的，可以根据工作需要，在保密法规定的保密期限内确定；不能确定保密期限的，应当确定解密条件。

国家秘密的保密期限，自标明的制发日起计算；不能标明制发日的，确定该国家秘密的机关、单位应当书面通知知悉范围内的机关、单位和人员，保密期限自通知之日起计算。

第十四条 机关、单位应当按照保密法的规定，严格限定国家秘密的知悉范围，对知悉机密级以上国家秘密的人员，应当作出书面记录。

第十五条 国家秘密载体以及属于国家秘密的设备、产品的明显部位应当标注国家秘密标志。国家秘密标志应当标注密级和保密期限。国家秘密的密级和保密期限发生变更的，应当及时对原国家秘密标志作出变更。

无法标注国家秘密标志的，确定该国家秘密的机关、单位应当书面通知知悉范围内的机关、单位和人员。

第十六条 机关、单位对所产生的国家秘密，认为符合保密法有关解密或者延长保密期限规定的，应当及时解密或者延长保密期限。

机关、单位对不属于本机关、本单位产生的国家秘密，认为符合保密法有关解密或者延长保密期限规定的，可以向原定密机关、单位或者其上级机关、单位提出建议。

已经依法移交各级国家档案馆的属于国家秘密的档案，由原定密机关、单位按照国家有关规定进行解密审核。

第十七条　机关、单位被撤销或者合并的，该机关、单位所确定国家秘密的变更和解除，由承担其职能的机关、单位负责，也可以由其上级机关、单位或者保密行政管理部门指定的机关、单位负责。

第十八条　机关、单位发现本机关、本单位国家秘密的确定、变更和解除不当的，应当及时纠正；上级机关、单位发现下级机关、单位国家秘密的确定、变更和解除不当的，应当及时通知其纠正，也可以直接纠正。

第十九条　机关、单位对符合保密法的规定，但保密事项范围没有规定的不明确事项，应当先行拟定密级、保密期限和知悉范围，采取相应的保密措施，并自拟定之日起10日内报有关部门确定。拟定为绝密级的事项和中央国家机关拟定的机密级、秘密级的事项，报国家保密行政管理部门确定；其他机关、单位拟定的机密级、秘密级的事项，报省、自治区、直辖市保密行政管理部门确定。

保密行政管理部门接到报告后，应当在10日内作出决定。省、自治区、直辖市保密行政管理部门还应当将所作决定及时报国家保密行政管理部门备案。

第二十条　机关、单位对已定密事项是否属于国家秘密或者属于何种密级有不同意见的，可以向原定密机关、单位提出异议，由原定密机关、单位作出决定。

机关、单位对原定密机关、单位未予处理或者对作出的决定仍有异议的，按照下列规定办理：

（一）确定为绝密级的事项和中央国家机关确定的机密级、秘密级的事项，报国家保密行政管理部门确定。

（二）其他机关、单位确定的机密级、秘密级的事项，报省、自治区、直辖市保密行政管理部门确定；对省、自治区、直辖市保密行政管理部门作出的决定有异议的，可以报国家保密行政管理部门确定。

在原定密机关、单位或者保密行政管理部门作出决定前，对有关事项应当按照主张密级中的最高密级采取相应的保密措施。

第三章 保密制度

第二十一条 国家秘密载体管理应当遵守下列规定：

（一）制作国家秘密载体，应当由机关、单位或者经保密行政管理部门保密审查合格的单位承担，制作场所应当符合保密要求。

（二）收发国家秘密载体，应当履行清点、编号、登记、签收手续。

（三）传递国家秘密载体，应当通过机要交通、机要通信或者其他符合保密要求的方式进行。

（四）复制国家秘密载体或者摘录、引用、汇编属于国家秘密的内容，应当按照规定报批，不得擅自改变原件的密级、保密期限和知悉范围，复制件应当加盖复制机关、单位戳记，并视同原件进行管理。

（五）保存国家秘密载体的场所、设施、设备，应当符合国家保密要求。

（六）维修国家秘密载体，应当由本机关、本单位专门技术人员负责。确需外单位人员维修的，应当由本机关、本单位的人员现场监督；确需在本机关、本单位以外维修的，应当符合国家保密规定。

（七）携带国家秘密载体外出，应当符合国家保密规定，并采取可靠的保密措施；携带国家秘密载体出境的，应当按照国家保密规定办理批准和携带手续。

第二十二条 销毁国家秘密载体应当符合国家保密规定和标准,确保销毁的国家秘密信息无法还原。

销毁国家秘密载体应当履行清点、登记、审批手续,并送交保密行政管理部门设立的销毁工作机构或者保密行政管理部门指定的单位销毁。机关、单位确因工作需要,自行销毁少量国家秘密载体的,应当使用符合国家保密标准的销毁设备和方法。

第二十三条 涉密信息系统按照涉密程度分为绝密级、机密级、秘密级。机关、单位应当根据涉密信息系统存储、处理信息的最高密级确定系统的密级,按照分级保护要求采取相应的安全保密防护措施。

第二十四条 涉密信息系统应当由国家保密行政管理部门设立或者授权的保密测评机构进行检测评估,并经设区的市、自治州级以上保密行政管理部门审查合格,方可投入使用。

公安、国家安全机关的涉密信息系统投入使用的管理办法,由国家保密行政管理部门会同国务院公安、国家安全部门另行规定。

第二十五条 机关、单位应当加强涉密信息系统的运行使用管理,指定专门机构或者人员负责运行维护、安全保密管理和安全审计,定期开展安全保密检查和风险评估。

涉密信息系统的密级、主要业务应用、使用范围和使用环境等发生变化或者涉密信息系统不再使用的,应当按照国家保密规定及时向保密行政管理部门报告,并采取相应措施。

第二十六条 机关、单位采购涉及国家秘密的工程、货物和服务的,应当根据国家保密规定确定密级,并符合国家保密规定和标准。机关、单位应当对提供工程、货物和服务的单位提出保密管理要求,并与其签订保密协议。

政府采购监督管理部门、保密行政管理部门应当依法加强对涉及国家秘密的工程、货物和服务采购的监督管理。

第二十七条 举办会议或者其他活动涉及国家秘密的,主办单位应当采取下列保密措施:

（一）根据会议、活动的内容确定密级，制定保密方案，限定参加人员范围；

（二）使用符合国家保密规定和标准的场所、设施、设备；

（三）按照国家保密规定管理国家秘密载体；

（四）对参加人员提出具体保密要求。

第二十八条 企业事业单位从事国家秘密载体制作、复制、维修、销毁，涉密信息系统集成或者武器装备科研生产等涉及国家秘密的业务（以下简称涉密业务），应当由保密行政管理部门或者保密行政管理部门会同有关部门进行保密审查。保密审查不合格的，不得从事涉密业务。

第二十九条 从事涉密业务的企业事业单位应当具备下列条件：

（一）在中华人民共和国境内依法成立3年以上的法人，无违法犯罪记录；

（二）从事涉密业务的人员具有中华人民共和国国籍；

（三）保密制度完善，有专门的机构或者人员负责保密工作；

（四）用于涉密业务的场所、设施、设备符合国家保密规定和标准；

（五）具有从事涉密业务的专业能力；

（六）法律、行政法规和国家保密行政管理部门规定的其他条件。

第三十条 涉密人员的分类管理、任（聘）用审查、脱密期管理、权益保障等具体办法，由国家保密行政管理部门会同国务院有关主管部门制定。

第四章 监督管理

第三十一条 机关、单位应当向同级保密行政管理部门报送本机关、本单位年度保密工作情况。下级保密行政管理部门应当向上级保密行政管理部门报送本行政区域年度保密工作情况。

第三十二条　保密行政管理部门依法对机关、单位执行保密法律法规的下列情况进行检查：

（一）保密工作责任制落实情况；

（二）保密制度建设情况；

（三）保密宣传教育培训情况；

（四）涉密人员管理情况；

（五）国家秘密确定、变更和解除情况；

（六）国家秘密载体管理情况；

（七）信息系统和信息设备保密管理情况；

（八）互联网使用保密管理情况；

（九）保密技术防护设施设备配备使用情况；

（十）涉密场所及保密要害部门、部位管理情况；

（十一）涉密会议、活动管理情况；

（十二）信息公开保密审查情况。

第三十三条　保密行政管理部门在保密检查过程中，发现有泄密隐患的，可以查阅有关材料、询问人员、记录情况；对有关设施、设备、文件资料等可以依法先行登记保存，必要时进行保密技术检测。有关机关、单位及其工作人员对保密检查应当予以配合。

保密行政管理部门实施检查后，应当出具检查意见，对需要整改的，应当明确整改内容和期限。

第三十四条　机关、单位发现国家秘密已经泄露或者可能泄露的，应当立即采取补救措施，并在24小时内向同级保密行政管理部门和上级主管部门报告。

地方各级保密行政管理部门接到泄密报告的，应当在24小时内逐级报至国家保密行政管理部门。

第三十五条　保密行政管理部门对公民举报、机关和单位报告、保密检查发现、有关部门移送的涉嫌泄露国家秘密的线索和案件，应当依法及时调查或者组织、督促有关机关、单位调查处理。调查工作结束后,认为有违反保密法律法规的事实,需要追究责任的,保密行政管理部门可以向有关机关、单位提出处理建议。有关机关、单位应当及时将处理结果书面告知同级保密行政管理部门。

第三十六条　保密行政管理部门收缴非法获取、持有的国家秘密载体,应当进行登记并出具清单,查清密级、数量、来源、扩散范围等,并采取相应的保密措施。

保密行政管理部门可以提请公安、工商行政管理等有关部门协助收缴非法获取、持有的国家秘密载体,有关部门应当予以配合。

第三十七条　国家保密行政管理部门或者省、自治区、直辖市保密行政管理部门应当依据保密法律法规和保密事项范围,对办理涉嫌泄露国家秘密案件的机关提出鉴定的事项是否属于国家秘密、属于何种密级作出鉴定。

保密行政管理部门受理鉴定申请后,应当自受理之日起30日内出具鉴定结论;不能按期出具鉴定结论的,经保密行政管理部门负责人批准,可以延长30日。

第三十八条　保密行政管理部门及其工作人员应当按照法定的职权和程序开展保密审查、保密检查和泄露国家秘密案件查处工作,做到科学、公正、严格、高效,不得利用职权谋取利益。

第五章　法律责任

第三十九条　机关、单位发生泄露国家秘密案件不按照规定报告或者未采取补救措施的,对直接负责的主管人员和其他直接责任人员依法给予处分。

第四十条　在保密检查或者泄露国家秘密案件查处中,有关机关、单位及其工作人员拒不配合,弄虚作假,隐匿、销毁证据,或者以其他方式逃避、妨碍保密检查或者泄露国家秘密案件查处的,对直接负责的主管人员和其他直接责任人员依法给予处分。

企业事业单位及其工作人员协助机关、单位逃避、妨碍保密检查或者泄露国家秘密案件查处的,由有关主管部门依法予以处罚。

第四十一条 经保密审查合格的企业事业单位违反保密管理规定的,由保密行政管理部门责令限期整改,逾期不改或者整改后仍不符合要求的,暂停涉密业务;情节严重的,停止涉密业务。

第四十二条 涉密信息系统未按照规定进行检测评估和审查而投入使用的,由保密行政管理部门责令改正,并建议有关机关、单位对直接负责的主管人员和其他直接责任人员依法给予处分。

第四十三条 机关、单位委托未经保密审查的单位从事涉密业务的,由有关机关、单位对直接负责的主管人员和其他直接责任人员依法给予处分。

未经保密审查的单位从事涉密业务的,由保密行政管理部门责令停止违法行为;有违法所得的,由工商行政管理部门没收违法所得。

第四十四条 保密行政管理部门未依法履行职责,或者滥用职权、玩忽职守、徇私舞弊的,对直接负责的主管人员和其他直接责任人员依法给予处分;构成犯罪的,依法追究刑事责任。

第六章 附 则

第四十五条 本条例自 2014 年 3 月 1 日起施行。1990 年 4 月 25 日国务院批准、1990 年 5 月 25 日国家保密局发布的《中华人民共和国保守国家秘密法实施办法》同时废止。

中华人民共和国刑法（节录）

（1979年7月1日第五届全国人民代表大会第二次会议通过　1997年3月14日第八届全国人民代表大会第五次会议修订　根据1998年12月29日第九届全国人民代表大会常务委员会第六次会议通过的《全国人民代表大会常务委员会关于惩治骗购外汇、逃汇和非法买卖外汇犯罪的决定》、1999年12月25日第九届全国人民代表大会常务委员会第十三次会议通过的《中华人民共和国刑法修正案》、2001年8月31日第九届全国人民代表大会常务委员会第二十三次会议通过的《中华人民共和国刑法修正案（二）》、2001年12月29日第九届全国人民代表大会常务委员会第二十五次会议通过的《中华人民共和国刑法修正案（三）》、2002年12月28日第九届全国人民代表大会常务委员会第三十一次会议通过的《中华人民共和国刑法修正案（四）》、2005年2月28日第十届全国人民代表大会常务委员会第十四次会议通过的《中华人民共和国刑法修正案（五）》、2006年6月29日第十届全国人民代表大会常务委员会第二十二次会议通过的《中华人民共和国刑法修正案（六）》、2009年2月28日第十一届全国人民代表大会常务委员会第七次会议通过的《中华人民共和国刑法修正案（七）》、2009年8月27日第十一届全国人民代表大会常务委员会第十次会议通过的《全国人民代表大会常务委员会关于修改部分法律的决定》、2011年2月25日第十一届全国人民代表大会常务委员会第十九次会议通过的《中华人民共和国刑法修正案（八）》、2015年8月29日第十二届全国人民代表大会常务委员会第十六次会议通过的《中华人民共和国刑法修正案（九）》、2017年11月4日第十二届全国人民代表大会常务委员会第三十次会议通过的《中华人民共和国刑法修正案（十）》和2020年12月26日第十三届全国人民代表大会常务委员会第二十四次会议通过的《中华人民共和国刑法修正案（十一）》修正）[①]

……

第二编 分　　则

第一章　危害国家安全罪

第一百零二条　勾结外国，危害中华人民共和国的主权、领土完整和安全的，处无期徒刑或者十年以上有期徒刑。

与境外机构、组织、个人相勾结，犯前款罪的，依照前款的规定处罚。

第一百零三条　组织、策划、实施分裂国家、破坏国家统一的，对首要分子或者罪行重大的，处无期徒刑或者十年以上有期徒刑；对积极参加的，处三年以上十年以下有期徒刑；对其他参加的，处三年以下有期徒刑、拘役、管制或者剥夺政治权利。

煽动分裂国家、破坏国家统一的，处五年以下有期徒刑、拘役、管制或者剥夺政治权利；首要分子或者罪行重大的，处五年以上有期徒刑。

第一百零四条　组织、策划、实施武装叛乱或者武装暴乱的，对首要分子或者罪行重大的，处无期徒刑或者十年以上有期徒刑；

[①]　刑法、历次刑法修正案、涉及修改刑法的决定的施行日期，分别依据各法律所规定的施行日期确定。

对积极参加的，处三年以上十年以下有期徒刑；对其他参加的，处三年以下有期徒刑、拘役、管制或者剥夺政治权利。

策动、胁迫、勾引、收买国家机关工作人员、武装部队人员、人民警察、民兵进行武装叛乱或者武装暴乱的，依照前款的规定从重处罚。

第一百零五条 组织、策划、实施颠覆国家政权、推翻社会主义制度的，对首要分子或者罪行重大的，处无期徒刑或者十年以上有期徒刑；对积极参加的，处三年以上十年以下有期徒刑；对其他参加的，处三年以下有期徒刑、拘役、管制或者剥夺政治权利。

以造谣、诽谤或者其他方式煽动颠覆国家政权、推翻社会主义制度的，处五年以下有期徒刑、拘役、管制或者剥夺政治权利；首要分子或者罪行重大的，处五年以上有期徒刑。

第一百零六条 与境外机构、组织、个人相勾结，实施本章第一百零三条、第一百零四条、第一百零五条规定之罪的，依照各该条的规定从重处罚。

第一百零七条 境内外机构、组织或者个人资助实施本章第一百零二条、第一百零三条、第一百零四条、第一百零五条规定之罪的，对直接责任人员，处五年以下有期徒刑、拘役、管制或者剥夺政治权利；情节严重的，处五年以上有期徒刑。

第一百零八条 投敌叛变的，处三年以上十年以下有期徒刑；情节严重或者带领武装部队人员、人民警察、民兵投敌叛变的，处十年以上有期徒刑或者无期徒刑。

第一百零九条 国家机关工作人员在履行公务期间，擅离岗位，叛逃境外或者在境外叛逃的，处五年以下有期徒刑、拘役、管制或者剥夺政治权利；情节严重的，处五年以上十年以下有期徒刑。

掌握国家秘密的国家工作人员叛逃境外或者在境外叛逃的，依照前款的规定从重处罚。

第一百一十条 有下列间谍行为之一，危害国家安全的，处十年以上有期徒刑或者无期徒刑；情节较轻的，处三年以上十年以下有期徒刑：

（一）参加间谍组织或者接受间谍组织及其代理人的任务的；

（二）为敌人指示轰击目标的。

第一百一十一条 为境外的机构、组织、人员窃取、刺探、收买、非法提供国家秘密或者情报的，处五年以上十年以下有期徒刑；情节特别严重的，处十年以上有期徒刑或者无期徒刑；情节较轻的，处五年以下有期徒刑、拘役、管制或者剥夺政治权利。

第一百一十二条 战时供给敌人武器装备、军用物资资敌的，处十年以上有期徒刑或者无期徒刑；情节较轻的，处三年以上十年以下有期徒刑。

第一百一十三条 本章上述危害国家安全罪行中，除第一百零三条第二款、第一百零五条、第一百零七条、第一百零九条外，对国家和人民危害特别严重、情节特别恶劣的，可以判处死刑。

犯本章之罪的，可以并处没收财产。

……

关键信息基础设施安全保护条例

（2021年4月27日国务院第133次常务会议通过 2021年7月30日中华人民共和国国务院令第745号公布 自2021年9月1日起施行）

第一章 总 则

第一条 为了保障关键信息基础设施安全，维护网络安全，根据《中华人民共和国网络安全法》，制定本条例。

第二条 本条例所称关键信息基础设施，是指公共通信和信息服务、能源、交通、水利、金融、公共服务、电子政务、国防科技工业等重要行业和领域的，以及其他一旦遭到破坏、丧失功能或者数据泄露，可能严重危害国家安全、国计民生、公共利益的重要网络设施、信息系统等。

第三条 在国家网信部门统筹协调下，国务院公安部门负责指导监督关键信息基础设施安全保护工作。国务院电信主管部门和其他有关部门依照本条例和有关法律、行政法规的规定，在各自职责范围内负责关键信息基础设施安全保护和监督管理工作。

省级人民政府有关部门依据各自职责对关键信息基础设施实施安全保护和监督管理。

第四条 关键信息基础设施安全保护坚持综合协调、分工负责、依法保护，强化和落实关键信息基础设施运营者（以下简称运营者）主体责任，充分发挥政府及社会各方面的作用，共同保护关键信息基础设施安全。

第五条 国家对关键信息基础设施实行重点保护，采取措施，监测、防御、处置来源于中华人民共和国境内外的网络安全风险和威胁，保护关键信息基础设施免受攻击、侵入、干扰和破坏，依法惩治危害关键信息基础设施安全的违法犯罪活动。

任何个人和组织不得实施非法侵入、干扰、破坏关键信息基础设施的活动，不得危害关键信息基础设施安全。

第六条 运营者依照本条例和有关法律、行政法规的规定以及国家标准的强制性要求，在网络安全等级保护的基础上，采取技术保护措施和其他必要措施，应对网络安全事件，防范网络攻击和违法犯罪活动，保障关键信息基础设施安全稳定运行，维护数据的完整性、保密性和可用性。

第七条 对在关键信息基础设施安全保护工作中取得显著成绩或者作出突出贡献的单位和个人，按照国家有关规定给予表彰。

第二章　关键信息基础设施认定

第八条 本条例第二条涉及的重要行业和领域的主管部门、监督管理部门是负责关键信息基础设施安全保护工作的部门（以下简称保护工作部门）。

第九条 保护工作部门结合本行业、本领域实际，制定关键信息基础设施认定规则，并报国务院公安部门备案。

制定认定规则应当主要考虑下列因素：

（一）网络设施、信息系统等对于本行业、本领域关键核心业务的重要程度；

（二）网络设施、信息系统等一旦遭到破坏、丧失功能或者数据泄露可能带来的危害程度；

（三）对其他行业和领域的关联性影响。

第十条 保护工作部门根据认定规则负责组织认定本行业、本领域的关键信息基础设施，及时将认定结果通知运营者，并通报国务院公安部门。

第十一条 关键信息基础设施发生较大变化，可能影响其认定结果的，运营者应当及时将相关情况报告保护工作部门。保护工作部门自收到报告之日起3个月内完成重新认定，将认定结果通知运营者，并通报国务院公安部门。

第三章 运营者责任义务

第十二条 安全保护措施应当与关键信息基础设施同步规划、同步建设、同步使用。

第十三条 运营者应当建立健全网络安全保护制度和责任制，保障人力、财力、物力投入。运营者的主要负责人对关键信息基础设施安全保护负总责，领导关键信息基础设施安全保护和重大网络安全事件处置工作，组织研究解决重大网络安全问题。

第十四条 运营者应当设置专门安全管理机构，并对专门安全管理机构负责人和关键岗位人员进行安全背景审查。审查时，公安机关、国家安全机关应当予以协助。

第十五条 专门安全管理机构具体负责本单位的关键信息基础设施安全保护工作，履行下列职责：

（一）建立健全网络安全管理、评价考核制度，拟订关键信息基础设施安全保护计划；

（二）组织推动网络安全防护能力建设，开展网络安全监测、检测和风险评估；

（三）按照国家及行业网络安全事件应急预案，制定本单位应急预案，定期开展应急演练，处置网络安全事件；

（四）认定网络安全关键岗位，组织开展网络安全工作考核，提出奖励和惩处建议；

（五）组织网络安全教育、培训；

（六）履行个人信息和数据安全保护责任，建立健全个人信息和数据安全保护制度；

（七）对关键信息基础设施设计、建设、运行、维护等服务实施安全管理；

（八）按照规定报告网络安全事件和重要事项。

第十六条 运营者应当保障专门安全管理机构的运行经费、配备相应的人员，开展与网络安全和信息化有关的决策应当有专门安全管理机构人员参与。

第十七条 运营者应当自行或者委托网络安全服务机构对关键信息基础设施每年至少进行一次网络安全检测和风险评估，对发现的安全问题及时整改，并按照保护工作部门要求报送情况。

第十八条 关键信息基础设施发生重大网络安全事件或者发现重大网络安全威胁时，运营者应当按照有关规定向保护工作部门、公安机关报告。

发生关键信息基础设施整体中断运行或者主要功能故障、国家基础信息以及其他重要数据泄露、较大规模个人信息泄露、造成较大经济损失、违法信息较大范围传播等特别重大网络安全事件或者发现特别重大网络安全威胁时，保护工作部门应当在收到报告后，及时向国家网信部门、国务院公安部门报告。

第十九条 运营者应当优先采购安全可信的网络产品和服务；采购网络产品和服务可能影响国家安全的，应当按照国家网络安全规定通过安全审查。

第二十条 运营者采购网络产品和服务，应当按照国家有关规定与网络产品和服务提供者签订安全保密协议，明确提供者的技术支持和安全保密义务与责任，并对义务与责任履行情况进行监督。

第二十一条 运营者发生合并、分立、解散等情况，应当及时报告保护工作部门，并按照保护工作部门的要求对关键信息基础设施进行处置，确保安全。

第四章　保障和促进

第二十二条 保护工作部门应当制定本行业、本领域关键信息基础设施安全规划，明确保护目标、基本要求、工作任务、具体措施。

第二十三条 国家网信部门统筹协调有关部门建立网络安全信息共享机制，及时汇总、研判、共享、发布网络安全威胁、漏洞、事件等信息，促进有关部门、保护工作部门、运营者以及网络安全服务机构等之间的网络安全信息共享。

第二十四条 保护工作部门应当建立健全本行业、本领域的关键信息基础设施网络安全监测预警制度，及时掌握本行业、本领域关键信息基础设施运行状况、安全态势，预警通报网络安全威胁和隐患，指导做好安全防范工作。

第二十五条 保护工作部门应当按照国家网络安全事件应急预案的要求，建立健全本行业、本领域的网络安全事件应急预案，定期组织应急演练；指导运营者做好网络安全事件应对处置，并根据需要组织提供技术支持与协助。

第二十六条　保护工作部门应当定期组织开展本行业、本领域关键信息基础设施网络安全检查检测，指导监督运营者及时整改安全隐患、完善安全措施。

第二十七条　国家网信部门统筹协调国务院公安部门、保护工作部门对关键信息基础设施进行网络安全检查检测，提出改进措施。

有关部门在开展关键信息基础设施网络安全检查时，应当加强协同配合、信息沟通，避免不必要的检查和交叉重复检查。检查工作不得收取费用，不得要求被检查单位购买指定品牌或者指定生产、销售单位的产品和服务。

第二十八条　运营者对保护工作部门开展的关键信息基础设施网络安全检查检测工作，以及公安、国家安全、保密行政管理、密码管理等有关部门依法开展的关键信息基础设施网络安全检查工作应当予以配合。

第二十九条　在关键信息基础设施安全保护工作中，国家网信部门和国务院电信主管部门、国务院公安部门等应当根据保护工作部门的需要，及时提供技术支持和协助。

第三十条　网信部门、公安机关、保护工作部门等有关部门，网络安全服务机构及其工作人员对于在关键信息基础设施安全保护工作中获取的信息，只能用于维护网络安全，并严格按照有关法律、行政法规的要求确保信息安全，不得泄露、出售或者非法向他人提供。

第三十一条　未经国家网信部门、国务院公安部门批准或者保护工作部门、运营者授权，任何个人和组织不得对关键信息基础设施实施漏洞探测、渗透性测试等可能影响或者危害关键信息基础设施安全的活动。对基础电信网络实施漏洞探测、渗透性测试等活动，应当事先向国务院电信主管部门报告。

第三十二条　国家采取措施，优先保障能源、电信等关键信息基础设施安全运行。

能源、电信行业应当采取措施，为其他行业和领域的关键信息基础设施安全运行提供重点保障。

第三十三条 公安机关、国家安全机关依据各自职责依法加强关键信息基础设施安全保卫，防范打击针对和利用关键信息基础设施实施的违法犯罪活动。

第三十四条 国家制定和完善关键信息基础设施安全标准，指导、规范关键信息基础设施安全保护工作。

第三十五条 国家采取措施，鼓励网络安全专门人才从事关键信息基础设施安全保护工作；将运营者安全管理人员、安全技术人员培训纳入国家继续教育体系。

第三十六条 国家支持关键信息基础设施安全防护技术创新和产业发展，组织力量实施关键信息基础设施安全技术攻关。

第三十七条 国家加强网络安全服务机构建设和管理，制定管理要求并加强监督指导，不断提升服务机构能力水平，充分发挥其在关键信息基础设施安全保护中的作用。

第三十八条 国家加强网络安全军民融合，军地协同保护关键信息基础设施安全。

第五章 法律责任

第三十九条 运营者有下列情形之一的，由有关主管部门依据职责责令改正，给予警告；拒不改正或者导致危害网络安全等后果的，处10万元以上100万元以下罚款，对直接负责的主管人员处1万元以上10万元以下罚款：

（一）在关键信息基础设施发生较大变化，可能影响其认定结果时未及时将相关情况报告保护工作部门的；

（二）安全保护措施未与关键信息基础设施同步规划、同步建设、同步使用的；

（三）未建立健全网络安全保护制度和责任制的；

（四）未设置专门安全管理机构的；

（五）未对专门安全管理机构负责人和关键岗位人员进行安全背景审查的；

（六）开展与网络安全和信息化有关的决策没有专门安全管理机构人员参与的；

（七）专门安全管理机构未履行本条例第十五条规定的职责的；

（八）未对关键信息基础设施每年至少进行一次网络安全检测和风险评估，未对发现的安全问题及时整改，或者未按照保护工作部门要求报送情况的；

（九）采购网络产品和服务，未按照国家有关规定与网络产品和服务提供者签订安全保密协议的；

（十）发生合并、分立、解散等情况，未及时报告保护工作部门，或者未按照保护工作部门的要求对关键信息基础设施进行处置的。

第四十条 运营者在关键信息基础设施发生重大网络安全事件或者发现重大网络安全威胁时，未按照有关规定向保护工作部门、公安机关报告的，由保护工作部门、公安机关依据职责责令改正，给予警告；拒不改正或者导致危害网络安全等后果的，处10万元以上100万元以下罚款，对直接负责的主管人员处1万元以上10万元以下罚款。

第四十一条 运营者采购可能影响国家安全的网络产品和服务，未按照国家网络安全规定进行安全审查的，由国家网信部门等有关主管部门依据职责责令改正，处采购金额1倍以上10倍以下罚款，对直接负责的主管人员和其他直接责任人员处1万元以上10万元以下罚款。

第四十二条 运营者对保护工作部门开展的关键信息基础设施网络安全检查检测工作，以及公安、国家安全、保密行政管理、密码管理等有关部门依法开展的关键信息基础设施网络安全检查工作不予配合的，由有关主管部门责令改正；拒不改正的，处5万元以上50万元以下罚款，对直接负责的主管人员和其他直接责任人员处1万元以上10万元以下罚款；情节严重的，依法追究相应法律责任。

第四十三条 实施非法侵入、干扰、破坏关键信息基础设施，危害其安全的活动尚不构成犯罪的，依照《中华人民共和国网络安全法》有关规定，由公安机关没收违法所得，处5日以下拘留，可以并处5万元以上50万元以下罚款；情节较重的，处5日以上15日以下拘留，可以并处10万元以上100万元以下罚款。

单位有前款行为的，由公安机关没收违法所得，处10万元以上100万元以下罚款，并对直接负责的主管人员和其他直接责任人员依照前款规定处罚。

违反本条例第五条第二款和第三十一条规定，受到治安管理处罚的人员，5年内不得从事网络安全管理和网络运营关键岗位的工作；受到刑事处罚的人员，终身不得从事网络安全管理和网络运营关键岗位的工作。

第四十四条 网信部门、公安机关、保护工作部门和其他有关部门及其工作人员未履行关键信息基础设施安全保护和监督管理职责或者玩忽职守、滥用职权、徇私舞弊的，依法对直接负责的主管人员和其他直接责任人员给予处分。

第四十五条 公安机关、保护工作部门和其他有关部门在开展关键信息基础设施网络安全检查工作中收取费用，或者要求被检查单位购买指定品牌或者指定生产、销售单位的产品和服务的，由其上级机关责令改正，退还收取的费用；情节严重的，依法对直接负责的主管人员和其他直接责任人员给予处分。

第四十六条 网信部门、公安机关、保护工作部门等有关部门、网络安全服务机构及其工作人员将在关键信息基础设施安全保护工作中获取的信息用于其他用途，或者泄露、出售、非法向他人提供的，依法对直接负责的主管人员和其他直接责任人员给予处分。

第四十七条 关键信息基础设施发生重大和特别重大网络安全

事件，经调查确定为责任事故的，除应当查明运营者责任并依法予以追究外，还应查明相关网络安全服务机构及有关部门的责任，对有失职、渎职及其他违法行为的，依法追究责任。

第四十八条 电子政务关键信息基础设施的运营者不履行本条例规定的网络安全保护义务的，依照《中华人民共和国网络安全法》有关规定予以处理。

第四十九条 违反本条例规定，给他人造成损害的，依法承担民事责任。

违反本条例规定，构成违反治安管理行为的，依法给予治安管理处罚；构成犯罪的，依法追究刑事责任。

第六章 附 则

第五十条 存储、处理涉及国家秘密信息的关键信息基础设施的安全保护，还应当遵守保密法律、行政法规的规定。

关键信息基础设施中的密码使用和管理，还应当遵守相关法律、行政法规的规定。

第五十一条 本条例自 2021 年 9 月 1 日起施行。

反间谍安全防范工作规定

(2021 年 4 月 26 日中华人民共和国国家安全部令 2021 年第 1 号公布 自公布之日起施行)

第一章 总 则

第一条 为了加强和规范反间谍安全防范工作，督促机关、团体、企业事业组织和其他社会组织落实反间谍安全防范责任，根据

《中华人民共和国国家安全法》《中华人民共和国反间谍法》《中华人民共和国反间谍法实施细则》等有关法律法规，制定本规定。

第二条 机关、团体、企业事业组织和其他社会组织在国家安全机关的协调和指导下开展反间谍安全防范工作，适用本规定。

第三条 开展反间谍安全防范工作，应当坚持中央统一领导，坚持总体国家安全观，坚持专门工作与群众路线相结合，坚持人防物防技防相结合，严格遵守法定权限和程序，尊重和保障人权，保护公民、组织的合法权益。

第四条 机关、团体、企业事业组织和其他社会组织承担本单位反间谍安全防范工作的主体责任，应当对本单位的人员进行维护国家安全的教育，动员、组织本单位的人员防范、制止间谍行为和其他危害国家安全的行为。

行业主管部门在其职权范围内，监督管理本行业反间谍安全防范工作。

第五条 各级国家安全机关按照管理权限，依法对机关、团体、企业事业组织和其他社会组织开展反间谍安全防范工作进行业务指导和督促检查。

第六条 国家安全机关及其工作人员对履行反间谍安全防范指导和检查工作职责中知悉的国家秘密、工作秘密、商业秘密、个人隐私和个人信息，应当严格保密，不得泄露或者向他人非法提供。

第二章 反间谍安全防范责任

第七条 行业主管部门应当履行下列反间谍安全防范监督管理责任：

（一）根据主管行业特点，明确本行业反间谍安全防范工作要求；

（二）配合国家安全机关制定主管行业反间谍安全防范重点单位

名录、开展反间谍安全防范工作；

（三）指导、督促主管行业所属重点单位履行反间谍安全防范义务；

（四）其他应当履行的反间谍安全防范行业管理责任。

有关行业主管部门应当与国家安全机关建立健全反间谍安全防范协作机制，加强信息互通、情况会商、协同指导、联合督查，共同做好反间谍安全防范工作。

第八条　机关、团体、企业事业组织和其他社会组织应当落实反间谍安全防范主体责任，履行下列义务：

（一）开展反间谍安全防范教育、培训，提高本单位人员的安全防范意识和应对能力；

（二）加强本单位反间谍安全防范管理，落实有关安全防范措施；

（三）及时向国家安全机关报告涉及间谍行为和其他危害国家安全行为的可疑情况；

（四）为国家安全机关依法执行任务提供便利或者其他协助；

（五）妥善应对和处置涉及本单位和本单位人员的反间谍安全防范突发情况；

（六）其他应当履行的反间谍安全防范义务。

第九条　国家安全机关根据单位性质、所属行业、涉密等级、涉外程度以及是否发生过危害国家安全案事件等因素，会同有关部门制定并定期调整反间谍安全防范重点单位名录，以书面形式告知重点单位。反间谍安全防范重点单位除履行本规定第八条规定的义务外，还应当履行下列义务：

（一）建立健全反间谍安全防范工作制度；

（二）明确本单位相关机构和人员承担反间谍安全防范职责；

（三）加强对涉密事项、场所、载体、数据、岗位和人员的日常安全防范管理，对涉密人员实行上岗前反间谍安全防范审查，与涉密人员签订安全防范承诺书；

（四）组织涉密、涉外人员向本单位报告涉及国家安全事项，并

做好数据信息动态管理;

（五）做好涉外交流合作中的反间谍安全防范工作,制定并落实有关预案措施;

（六）做好本单位出国（境）团组、人员和长期驻外人员的反间谍安全防范行前教育、境外管理和回国（境）访谈工作;

（七）定期对涉密、涉外人员开展反间谍安全防范教育、培训;

（八）按照反间谍技术安全防范标准,配备必要的设备、设施,落实有关技术安全防范措施;

（九）定期对本单位反间谍安全防范工作进行自查,及时发现和消除安全隐患。

第十条 关键信息基础设施运营者除履行本规定第八条规定的义务外,还应当履行下列义务:

（一）对本单位安全管理机构负责人和关键岗位人员进行反间谍安全防范审查;

（二）定期对从业人员进行反间谍安全防范教育、培训;

（三）采取反间谍技术安全防范措施,防范、制止境外网络攻击、网络入侵、网络窃密等间谍行为,保障网络和信息核心技术、关键基础设施和重要领域信息系统及数据的安全。

列入反间谍安全防范重点单位名录的关键信息基础设施运营者,还应当履行本规定第九条规定的义务。

第三章　反间谍安全防范指导

第十一条 国家安全机关可以通过下列方式,对机关、团体、企业事业组织和其他社会组织落实反间谍安全防范责任进行指导:

（一）提供工作手册、指南等宣传教育材料;

（二）印发书面指导意见;

（三）举办工作培训;

(四) 召开工作会议；
(五) 提醒、劝告；
(六) 其他指导方式。

第十二条 国家安全机关定期分析反间谍安全防范形势，开展风险评估，通报有关单位，向有关单位提出加强和改进反间谍安全防范工作的意见和建议。

第十三条 国家安全机关运用网络、媒体平台、国家安全教育基地（馆）等，开展反间谍安全防范宣传教育。

第十四条 国家安全机关会同教育主管部门，指导学校向全体师生开展反间谍安全防范教育，对参加出国（境）学习、交流的师生加强反间谍安全防范行前教育和回国（境）访谈。

第十五条 国家安全机关会同科技主管部门，指导各类科研机构向科研人员开展反间谍安全防范教育，对参加出国（境）学习、交流的科研人员加强反间谍安全防范行前教育和回国（境）访谈。

第十六条 国家安全机关会同有关部门，组织、动员居（村）民委员会结合本地实际配合开展群众性反间谍安全防范宣传教育。

第十七条 国家安全机关会同宣传主管部门，协调和指导广播、电视、报刊、互联网等媒体开展反间谍安全防范宣传活动，制作、刊登、播放反间谍安全防范公益广告、典型案例、宣传教育节目或者其他宣传品，提高公众反间谍安全防范意识。

第十八条 公民、组织可以通过国家安全机关12339举报受理电话、网络举报受理平台或者国家安全机关公布的其他举报方式，举报间谍行为和其他危害国家安全的行为，以及各类反间谍安全防范问题线索。

第十九条 国家安全机关应当严格为举报人保密，保护举报人的人身财产安全。未经举报人同意，不得以任何方式公开或者泄露其个人信息。

公民因举报间谍行为或者其他危害国家安全行为，本人或者其近亲属的人身安全面临危险的，可以向国家安全机关请求予以保护。

国家安全机关应当会同有关部门依法采取保护措施。

第二十条 对反间谍安全防范工作中取得显著成绩或者做出重大贡献的单位和个人，符合下列条件之一的，国家安全机关可以按照国家有关规定，会同有关部门、单位给予表彰、奖励：

（一）提供重要情况或者线索，为国家安全机关发现、破获间谍案件或者其他危害国家安全案件，或者为有关单位防范、消除涉及国家安全的重大风险隐患或者现实危害发挥重要作用的；

（二）密切配合国家安全机关执行任务，表现突出的；

（三）防范、制止间谍行为或者其他危害国家安全行为，表现突出的；

（四）主动采取措施，及时消除本单位涉及国家安全的重大风险隐患或者现实危害，挽回重大损失的；

（五）在反间谍安全防范工作中，有重大创新或者成效特别显著的；

（六）在反间谍安全防范工作中做出其他重大贡献的。

第四章 反间谍安全防范检查

第二十一条 国家安全机关对有下列情形之一的，经设区的市级以上国家安全机关负责人批准，并出具法律文书，可以对机关、团体、企业事业组织和其他社会组织开展反间谍安全防范检查：

（一）发现反间谍安全防范风险隐患；

（二）接到反间谍安全防范问题线索举报；

（三）依据有关单位的申请；

（四）因其他反间谍安全防范工作需要。

第二十二条 国家安全机关可以通过下列方式对机关、团体、企业事业组织和其他社会组织的反间谍安全防范工作进行检查：

（一）向有关单位和人员了解情况；

（二）调阅有关资料；

（三）听取有关工作说明；

（四）进入有关单位、场所实地查看；

（五）查验电子通信工具、器材等设备、设施；

（六）反间谍技术防范检查和检测；

（七）其他法律、法规、规章授权的检查方式。

第二十三条 经设区的市级以上国家安全机关负责人批准，国家安全机关可以对存在风险隐患的机关、团体、企业事业组织和其他社会组织的相关部位、场所和建筑物、内部设备设施、强弱电系统、计算机网络及信息系统、关键信息基础设施等开展反间谍技术防范检查检测，防范、发现和处置危害国家安全的情况。

第二十四条 国家安全机关可以采取下列方式开展反间谍技术防范检查检测：

（一）进入有关单位、场所，进行现场技术检查；

（二）使用专用设备，对有关部位、场所、链路、网络进行技术检测；

（三）对有关设备设施、网络、系统进行远程技术检测。

第二十五条 国家安全机关开展反间谍技术防范现场检查检测时，检查人员不得少于两人，并应当出示相应证件。

国家安全机关开展远程技术检测，应当事先告知被检测对象检测时间、检测范围等事项。

检查检测人员应当制作检查检测记录，如实记录检查检测情况。

第二十六条 国家安全机关在开展反间谍技术防范检查检测中，为防止危害发生或者扩大，可以依法责令被检查对象采取技术屏蔽、隔离、拆除或者停止使用相关设备设施、网络、系统等整改措施，指导和督促有关措施的落实，并在检查检测记录中注明。

第二十七条 国家安全机关可以根据反间谍安全防范检查情况，向被检查单位提出加强和改进反间谍安全防范工作的意见和建议，督促有关单位落实反间谍安全防范责任和义务。

第五章 法律责任

第二十八条 机关、团体、企业事业组织和其他社会组织违反本规定，有下列情形之一的，国家安全机关可以依法责令限期整改；被责令整改单位应当于整改期限届满前向国家安全机关提交整改报告，国家安全机关应当自收到整改报告之日起十五个工作日内对整改情况进行检查：

（一）不认真履行反间谍安全防范责任和义务，安全防范工作措施不落实或者落实不到位，存在明显问题隐患的；

（二）不接受国家安全机关反间谍安全防范指导和检查的；

（三）发生间谍案件，叛逃案件，为境外窃取、刺探、收买、非法提供国家秘密、情报案件，以及其他危害国家安全案事件的；

（四）发现涉及间谍行为和其他危害国家安全行为的可疑情况，迟报、漏报、瞒报，造成不良后果或者影响的；

（五）不配合或者阻碍国家安全机关依法执行任务的。

对未按照要求整改或者未达到整改要求的，国家安全机关可以依法约谈相关负责人，并将约谈情况通报该单位上级主管部门。

第二十九条 机关、团体、企业事业组织和其他社会组织及其工作人员未履行或者未按照规定履行反间谍安全防范责任和义务，造成不良后果或者影响的，国家安全机关可以向有关机关、单位移送问题线索，建议有关机关、单位按照管理权限对负有责任的领导人员和直接责任人员依规依纪依法予以处理；构成犯罪的，依法追究刑事责任。

第三十条 国家安全机关及其工作人员在反间谍安全防范指导和检查工作中，滥用职权、玩忽职守、徇私舞弊的，对负有责任的领导人员和直接责任人员依规依纪依法予以处理；构成犯罪的，依法追究刑事责任。

第六章 附　则

第三十一条 本规定自公布之日起施行。

公民举报危害国家安全行为奖励办法

（2022年6月6日中华人民共和国国家安全部令第2号公布　自公布之日起施行）

第一章 总　则

第一条 为了鼓励公民举报危害国家安全行为，规范危害国家安全行为举报奖励工作，动员全社会力量共同维护国家安全，根据《中华人民共和国国家安全法》《中华人民共和国反间谍法》《中华人民共和国反间谍法实施细则》等法律法规，制定本办法。

第二条 国家安全机关在法定职责范围内对公民举报危害国家安全行为实施奖励，适用本办法。

第三条 对举报危害国家安全行为的公民实施奖励，应当贯彻总体国家安全观，坚持国家安全一切为了人民、一切依靠人民，坚持专门工作与群众路线相结合，坚持客观公正、依法依规。

第四条 公民可以通过下列方式向国家安全机关举报：

（一）拨打国家安全机关12339举报受理电话；

（二）登录国家安全机关互联网举报受理平台网站 www.12339.gov.cn；

（三）向国家安全机关投递信函；

（四）到国家安全机关当面举报；

（五）通过其他国家机关或者举报人所在单位向国家安全机关报告；

（六）其他举报方式。

第五条 公民可以实名或者匿名进行举报。实名举报应当提供真实身份信息和有效联系方式。匿名举报人有奖励诉求的，应当提供能够辨识其举报身份的信息。

提倡和鼓励实名举报。

第六条 国家安全机关以及依法知情的其他组织和个人应当严格为举报人保密，未经举报人同意，不得以任何方式泄露举报人身份相关信息。

因举报危害国家安全行为，举报人本人或者其近亲属的人身安全面临危险的，可以向国家安全机关请求予以保护。国家安全机关应当会同有关部门依法采取有效保护措施。国家安全机关认为有必要的，应当依职权及时、主动采取保护措施。

第七条 国家安全机关会同宣传主管部门，协调和指导广播、电视、报刊、互联网等媒体对举报危害国家安全行为的渠道方式、典型案例、先进事迹等进行宣传，制作、刊登、播放有关公益广告、宣传教育节目或者其他宣传品，增强公民维护国家安全意识，提高公民举报危害国家安全行为的积极性、主动性。

第二章　奖励条件、方式和标准

第八条 获得举报奖励应当同时符合下列条件：

（一）有明确的举报对象，或者具体的危害国家安全行为线索或者情况；

（二）举报事项事先未被国家安全机关掌握，或者虽被国家安全机关有所掌握，但举报人提供的情况更为具体详实；

（三）举报内容经国家安全机关查证属实，为防范、制止和惩治危害国家安全行为发挥了作用、作出了贡献。

第九条 有下列情形之一的，不予奖励或者不予重复奖励：

（一）国家安全机关工作人员或者其他具有法定职责的人员举报的，不予奖励；

（二）无法验证举报人身份，或者无法与举报人取得联系的，不予奖励；

（三）最终认定的违法事实与举报事项不一致的，不予奖励；

（四）对同一举报人的同一举报事项，不予重复奖励；对同一举报人提起的两个或者两个以上有包含关系的举报事项，相同内容部分不予重复奖励；

（五）经由举报线索调查发现新的危害国家安全行为或者违法主体的，不予重复奖励；

（六）其他不符合法律法规规章规定的奖励情形。

第十条 两人及两人以上举报的，按照下列规则进行奖励认定：

（一）同一事项由两个及两个以上举报人分别举报的，奖励最先举报人，举报次序以国家安全机关受理举报的登记时间为准，最先举报人以外的其他举报人可以酌情给予奖励；

（二）两人及两人以上联名举报同一线索或者情况的，按同一举报奖励。

第十一条 国家安全机关根据违法线索查证结果、违法行为危害程度、举报发挥作用情况等，综合评估确定奖励等级，给予精神奖励或者物质奖励。

给予精神奖励的，颁发奖励证书；给予物质奖励的，发放奖金。

征得举报人及其所在单位同意后，可以由举报人所在单位对举报人实施奖励。

第十二条 以发放奖金方式进行奖励的，具体标准如下：

（一）对防范、制止和惩治危害国家安全行为发挥一定作用、作出一定贡献的，给予人民币 1 万元以下奖励；

（二）对防范、制止和惩治危害国家安全行为发挥重要作用、作出重要贡献的，给予人民币 1 万元至 3 万元奖励；

（三）对防范、制止和惩治严重危害国家安全行为发挥重大作用、作出重大贡献的，给予人民币3万元至10万元奖励；

（四）对防范、制止和惩治严重危害国家安全行为发挥特别重大作用、作出特别重大贡献的，给予人民币10万元以上奖励。

第三章　奖励程序

第十三条　对于符合本办法规定的奖励条件的举报，应当在举报查证属实、依法对危害国家安全行为作出处理后30个工作日内，由设区的市级以上国家安全机关启动奖励程序。

第十四条　国家安全机关应当根据本办法第十一条、第十二条，认定奖励等级，作出奖励决定。

第十五条　国家安全机关应当在作出奖励决定之日起10个工作日内，以适当方式将奖励决定告知举报人。

举报人放弃奖励的，终止奖励程序。

第十六条　举报人应当在被告知奖励决定之日起6个月内，由本人或者委托他人领取奖励。

因特殊情况无法按期领取奖励的，可以延长奖励领取期限，最长不超过3年。举报人无正当理由逾期未领取奖励的，视为主动放弃。

第十七条　征得举报人同意后，国家安全机关可以单独或者会同有关单位，在做好安全保密工作的前提下举行奖励仪式。

第十八条　公民举报危害国家安全行为奖励经费按规定纳入国家安全机关部门预算。

第十九条　国家安全机关应当加强对举报奖金的发放管理。举报奖金的发放，应当依法接受监督。

第四章　法律责任

第二十条　国家安全机关工作人员有下列情形之一的，对负有责任的领导人员和直接责任人员依规依纪依法予以处理；构成犯罪的，依法追究刑事责任：

（一）伪造或者教唆、伙同他人伪造举报材料，冒领举报奖金的；

（二）泄露举报或者举报人信息的；

（三）利用在职务活动中知悉的危害国家安全行为有关线索或者情况，通过他人以举报的方式获取奖励的；

（四）未认真核实举报情况，导致不符合奖励条件的举报人获得奖励的；

（五）对符合举报奖励条件的举报人，无正当理由未按规定要求或者期限给予奖励的；

（六）其他依规依纪依法应当追究责任的情形。

第二十一条 举报人有下列情形之一的，依法予以处理；构成犯罪的，依法追究刑事责任：

（一）借举报之名故意捏造事实诬告、陷害他人的；

（二）弄虚作假骗取奖金的；

（三）恶意举报或者以举报为名制造事端，干扰国家安全机关工作的；

（四）泄露举报中知悉的国家秘密或者工作秘密，造成不良后果或者影响的。

举报人有前款规定情形之一，已经启动奖励程序的，应当终止奖励程序；已经作出奖励决定的，应当予以撤销；已经实施奖励的，应当予以追回。

第二十二条 举报人所在单位有下列情形之一的，依法予以处理：

（一）举报人向所在单位报告危害国家安全行为线索或者情况后，单位不及时向国家安全机关报告或者漏报、瞒报，造成不良后果或者影响的；

（二）举报人向国家安全机关报告危害国家安全行为线索或者情况后，单位对举报人实施打击、报复的。

163

第五章 附　　则

第二十三条　对境外人员举报实施奖励，适用本办法的有关规定。

第二十四条　本办法自公布之日起施行。

保密事项范围制定、修订和使用办法

（2017年3月9日国家保密局令2017年第1号公布　自2017年4月1日起施行）

第一章 总　　则

第一条　为规范国家秘密及其密级的具体范围（以下简称保密事项范围）的制定、修订和使用工作，根据《中华人民共和国保守国家秘密法》（以下简称保密法）及其实施条例，制定本办法。

第二条　保密事项范围由国家保密行政管理部门分别会同外交、公安、国家安全和其他中央有关机关制定、修订。

第三条　制定、修订保密事项范围应当从维护国家安全和利益出发，适应经济社会发展要求，以保密法确定的国家秘密基本范围为遵循，区分不同行业、领域，科学准确划定。

第四条　国家机关和涉及国家秘密的单位（以下简称机关、单位）应当严格依据保密事项范围，规范准确定密，不得比照类推、擅自扩大或者缩小国家秘密事项范围。

第五条　国家保密行政管理部门负责对保密事项范围制定、修订和使用工作进行指导监督。中央有关机关负责组织制定、修订本行业、本领域保密事项范围，并对使用工作进行指导监督。地方各级保密行政管理部门负责对本行政区域内机关、单位使用保密事项范围工作进行指导监督。

第二章 保密事项范围的形式、内容

第六条 保密事项范围名称为"××工作国家秘密范围的规定"，包括正文和目录。

第七条 正文应当以条款形式规定保密事项范围的制定依据，本行业、本领域国家秘密的基本范围，与其他保密事项范围的关系，解释机关和施行日期等内容。

第八条 目录作为规定的附件，名称为"××工作国家秘密目录"，应当以表格形式列明国家秘密具体事项及其密级、保密期限（解密时间或者解密条件）、产生层级、知悉范围等内容。

第九条 目录规定的国家秘密事项的密级应当为确定的密级。除解密时间和解密条件外，目录规定的保密期限应当为最长保密期限。国家秘密事项的产生层级能够明确的，知悉范围能够限定到机关、单位或者具体岗位的，目录应当作出列举。

对专业性强、弹性较大的条目或者名词，目录应当以备注形式作出说明。

第十条 保密事项范围内容属于国家秘密的，应当根据保密法有关规定确定密级和保密期限。

未经保密事项范围制定机关同意，机关、单位不得擅自公开或者对外提供保密事项范围。

第三章 保密事项范围的制定、修订程序

第十一条 有下列情形的，中央有关机关应当与国家保密行政管理部门会商，组织制定或者修订保密事项范围：

（一）主管行业、领域经常产生国家秘密、尚未制定保密事项范围的；

（二）保密事项范围内容已不适应实际工作需要的；

（三）保密事项范围内容与法律法规规定不相符合的；

（四）因机构改革或者调整，影响保密事项范围适用的；

（五）其他应当制定或者修订的情形。

其他机关、单位认为有上述情形，需要制定、修订保密事项范围的，可以向国家保密行政管理部门或者中央有关机关提出建议。

第十二条 保密事项范围由主管相关行业、领域工作的中央有关机关负责起草；涉及多个部门或者行业、领域的，由承担主要职能的中央有关机关牵头负责起草；不得委托社会中介机构及其他社会组织或者个人起草。

国家保密行政管理部门、中央有关机关应当定期对起草工作进行研究会商。

第十三条 中央有关机关起草保密事项范围，应当进行调查研究，总结梳理本行业、本领域国家秘密事项，广泛征求有关机关、单位和相关领域专家意见。

第十四条 中央有关机关完成起草工作后，应当将保密事项范围送审稿送国家保密行政管理部门审核，同时提交下列材料：

（一）保密事项范围送审稿的说明；

（二）有关机关、单位或者相关领域专家的意见；

（三）其他有关材料，主要包括所在行业、领域国家秘密事项总结梳理情况等。

第十五条 国家保密行政管理部门对保密事项范围送审稿应当从以下方面进行审核：

（一）形式是否符合本办法规定；

（二）所列事项是否符合保密法关于国家秘密的规定；

（三）所列事项是否涵盖所在行业、领域国家秘密；

（四）所列事项是否属于法律法规要求公开或者其他不得确定为

国家秘密的事项；

（五）所列事项表述是否准确、规范并具有可操作性；

（六）是否与其他保密事项范围协调、衔接；

（七）其他需要审核的内容。

国家保密行政管理部门可以组织有关专家对保密事项范围送审稿进行评议，听取意见。

第十六条 国家保密行政管理部门审核认为保密事项范围送审稿需要作出修改的，应当与中央有关机关会商议定；需要进一步征求意见的，应当征求有关机关、单位意见；无需修改的，应当会同中央有关机关形成保密事项范围草案和草案说明，并启动会签程序。

第十七条 保密事项范围应当由国家保密行政管理部门、中央有关机关主要负责人共同签署批准。

第十八条 保密事项范围使用中央有关机关的发文字号印发。印发时，应当严格控制发放范围，并注明能否转发以及转发范围。

第四章 保密事项范围的使用

第十九条 机关、单位定密应当符合保密事项范围目录的规定。

第二十条 机关、单位依据保密事项范围目录定密，应当遵循下列要求：

（一）密级应当严格按照目录的规定确定，不得高于或者低于规定的密级；

（二）保密期限应当在目录规定的最长保密期限内合理确定，不得超出最长保密期限；目录明确规定解密条件或解密时间的，从其规定；

（三）知悉范围应当依据目录的规定，根据工作需要限定到具体人员；不能限定到具体人员的，应当限定到具体单位、部门或者岗位。

第二十一条　机关、单位可以依据本行业、本领域和相关行业、领域保密事项范围目录，整理制定国家秘密事项一览表（细目），详细列举本机关、本单位产生的国家秘密事项的具体内容、密级、保密期限（解密条件或者解密时间）、产生部门或者岗位、知悉人员以及载体形式等。

国家秘密事项一览表（细目），应当经本机关、本单位审定后实施，并报同级保密行政管理部门备案。

第二十二条　机关、单位对符合保密法规定，但保密事项范围正文和目录没有规定的不明确事项，应当按照保密法实施条例第十九条的规定办理。

第二十三条　保密行政管理部门进行密级鉴定，需要适用保密事项范围的，应当以保密事项范围的目录作为依据；直接适用正文的，应当征求制定保密事项范围的中央有关机关意见。

第二十四条　中央有关机关应当加强对本行业、本领域保密事项范围使用的教育培训，确保所在行业、领域准确理解保密事项范围的内容、使用要求。

机关、单位应当将保密事项范围的学习、使用纳入定密培训内容，确保定密责任人和承办人熟悉并准确掌握相关保密事项范围内容，严格依据保密事项范围定密。

第二十五条　保密行政管理部门应当加强对机关、单位使用保密事项范围情况的监督检查，发现保密事项范围使用不当的，应当及时通知机关、单位予以纠正。

第五章　保密事项范围的解释、清理

第二十六条　有下列情形的，中央有关机关应当会同国家保密行政管理部门对保密事项范围作出书面解释：

（一）目录内容需要明确具体含义的；

（二）有关事项在目录中没有规定但符合正文规定情形，需要明确适用条件、适用范围的；

（三）不同保密事项范围对同类事项规定不一致的；

（四）其他需要作出解释的情形。

保密事项范围的解释和保密事项范围具有同等效力。

第二十七条 机关、单位认为保密事项范围存在本办法第二十六条规定情形的，可以建议保密事项范围制定机关作出解释。

第二十八条 保密事项范围的解释参照制定、修订程序作出。除涉及特殊国家秘密事项、需控制知悉范围的，应当按照保密事项范围印发范围发放。

第二十九条 国家保密行政管理部门、中央有关机关应当每五年对保密事项范围及其解释进行一次清理，也可以根据工作需要适时组织清理，并作出继续有效、进行修订、宣布废止等处理；对属于国家秘密的保密事项范围及其解释，应当同时作出是否解密的决定。

第三十条 保密事项范围部分内容宣布废止、失效或者由其他保密事项范围替代的，不影响该保密事项范围其他部分的效力。

第六章 附 则

第三十一条 本办法施行前制定实施的保密事项范围，没有目录的应当即行清理，清理之前的继续有效，有关事项的保密期限和知悉范围按照保密法有关规定确定。

第三十二条 本办法由国家保密局负责解释。

第三十三条 本办法自 2017 年 4 月 1 日起施行。

泄密案件查处办法

(2017年12月29日国家保密局令2017年第2号公布 自2018年1月1日起施行)

第一章 总　则

第一条 为保守国家秘密,维护国家安全和利益,规范和加强保密行政管理部门泄密案件查处工作,根据《中华人民共和国保守国家秘密法》(以下简称保密法)及其实施条例等法律法规,制定本办法。

第二条 保密行政管理部门对公民举报、机关和单位报告、保密检查发现、有关部门移送的涉嫌泄露国家秘密的案件线索,依法调查或者组织、督促有关机关、单位调查处理,适用本办法。

第三条 查处泄密案件,应当坚持教育和惩处相结合,以事实为依据,以法律为准绳,做到事实清楚,证据确实、充分,定性准确,程序合法,处理适当。

第四条 本办法所称"泄露国家秘密"是指违反保密法律、法规和规章的下列行为之一:

(一)使国家秘密被不应知悉者知悉的;

(二)使国家秘密超出了限定的接触范围,而不能证明未被不应知悉者知悉的。

第五条 存在下列情形之一的,按泄露国家秘密处理:

(一)属于国家秘密的文件资料或者其他物品下落不明的,自发现之日起,绝密级10日内,机密级、秘密级60日内查无下落的;

(二)未采取符合国家保密规定或者标准的保密措施,在互联网及其他公共信息网络、有线和无线通信中传递国家秘密的;

(三)使用连接互联网或者其他公共信息网络的计算机、移动存储介质等信息设备存储、处理国家秘密,且该信息设备被远程控制的。

第六条 泄密案件查处工作主要包括:

(一)查明所泄露的国家秘密事项的内容与密级;

(二)查明案件事实、主要情节和有关责任人员;

(三)要求有关机关、单位采取必要的补救措施;

(四)根据有关法律、法规和规章等对责任人员提出处理建议,并督促机关、单位作出处理;

(五)针对案件暴露出的问题,督促机关、单位加强和改进保密工作。

第七条 泄密案件查处实行分级办理、各负其责的工作制度。国家保密行政管理部门主管全国的泄密案件查处工作。地方各级保密行政管理部门在上级保密行政管理部门指导下,负责本行政区域的泄密案件查处工作。

有关机关、单位在保密行政管理部门的组织、督促、指导下,对泄密案件进行查处,并采取相应整改补救措施。

第八条 上级保密行政管理部门对下级保密行政管理部门,地方保密行政管理部门对本行政区域内机关、单位泄密案件查处工作进行指导、监督。发现查处不当的,应当及时予以纠正。

第九条 办案人员与案件有利害关系或者其他关系可能影响案件公正处理的,应当自行回避;案件当事人有权要求其回避。

办案人员的回避,由其所属保密行政管理部门决定。保密行政管理部门负责人的回避,由上一级保密行政管理部门决定。

第十条 保密行政管理部门及其办案人员对案件查处工作中获取的国家秘密、工作秘密、商业秘密及个人隐私,应当保密。

第二章 管 辖

第十一条 泄密案件由泄密行为发生地县级以上保密行政管理

部门管辖。由有关机关、单位所在地或者案件当事人居住地保密行政管理部门管辖更便于查处工作开展的，可以由有关机关、单位所在地或者案件当事人居住地保密行政管理部门管辖。

移交有关机关、单位所在地或者案件当事人居住地保密行政管理部门管辖的泄密案件，泄密行为发生地保密行政管理部门在移交前应当及时收集证据，并配合开展调查取证工作。

第十二条 国家保密行政管理部门依法调查或者组织、督促查处下列泄密案件：

（一）中央和国家机关发生的；

（二）涉及多个省（自治区、直辖市）的；

（三）全国范围内重大、复杂案件。

第十三条 省（自治区、直辖市）保密行政管理部门依法调查或者组织、督促查处下列泄密案件：

（一）省级机关及省（自治区、直辖市）直属机关发生的；

（二）涉及本行政区域内多个市（地、州、盟）或者部门的；

（三）中央和国家机关设在省（自治区、直辖市）的直属机构发生的；

（四）本辖区内重大、复杂案件。

第十四条 中央和国家机关认为本系统发生泄密案件的有关单位情况特殊，不宜由地方保密行政管理部门查处的，可以向国家保密行政管理部门提交书面材料说明理由，由国家保密行政管理部门决定。

第十五条 对于重大、复杂的泄密案件，上级保密行政管理部门可以指定管辖；具有管辖权的保密行政管理部门由于特殊原因不能调查或者组织、督促查处的，可以报请上一级保密行政管理部门指定管辖；同级保密行政管理部门之间因管辖权发生争议的，应当本着有利于开展查处工作的原则协商解决，必要时报请共同的上级保密行政管理部门指定管辖。

上级保密行政管理部门应当在接到指定管辖申请之日起7个工

作日内，作出指定管辖决定，并书面通知被指定管辖的保密行政管理部门和其他有关保密行政管理部门。原受理案件的保密行政管理部门收到上级保密行政管理部门书面通知后，应当立即将案卷材料移送被指定管辖的保密行政管理部门，并书面通知有关机关、单位。

第十六条 保密行政管理部门发现案件不属于本部门管辖的，应当自发现之日起7个工作日内移送具有管辖权的保密行政管理部门或者其他部门。

接受移送的保密行政管理部门对管辖权有异议的，应当报请上一级保密行政管理部门指定管辖，不得再自行移送。

第三章 证　　据

第十七条 可以用于证明案件事实的材料，都是证据。证据包括：

（一）物证；

（二）书证；

（三）证人证言；

（四）案件当事人陈述；

（五）视听资料、电子数据；

（六）保密检查、勘验笔录，技术核查报告；

（七）密级鉴定书。

第十八条 保密行政管理部门在案件调查过程中，应当合法、及时、客观、全面地收集、调取证据材料，并予以审查、核实。

第十九条 收集、调取的物证应当是原物。在原物不便搬运、不易保存，依法应当由有关机关、单位保管、处理或者依法应当返还时，可以拍摄或者制作足以反映原物外形或者内容的照片、录像。物证的照片、录像，经与原物核实无误或者经鉴定证明为真实的，可以作为证据使用。

第二十条 收集、调取的书证应当是原件。在取得原件确有困

173

难时，可以使用副本或者复制件。

书证的副本、复制件，经与原件核实无误的，可以作为证据使用。书证有更改或者更改迹象不能作出合理解释的，或者书证的副本、复制件不能反映书证原件及其内容的，不能作为证据使用。

第二十一条 办案人员应当收集电子数据的原始载体。收集原始载体确有困难时，可以拷贝复制或者进行镜像备份。

第二十二条 书证的副本、复制件，视听资料、电子数据的复制件，物证的照片、录像，应当附原件、原物存放处的文字说明。

第四章 受　　理

第二十三条 保密行政管理部门对公民举报、机关和单位报告、保密检查发现、有关部门移送的涉嫌泄露国家秘密的案件线索，应当依法及时受理。

第二十四条 保密行政管理部门受理涉嫌泄露国家秘密的案件线索举报，举报人不愿意公开个人或者单位信息的，应当在受理登记时注明，并为其保密。

保密行政管理部门应当对举报人提供的有关证据材料、物品等进行登记，出具接收清单，并妥善保管；必要时，可以拍照、录音或者录像。

第二十五条 保密行政管理部门受理涉嫌泄露国家秘密的案件线索，应当分别作出处理：

（一）已经或者可能泄露国家秘密的，应当进行初查；

（二）经核实，存在违反保密法律法规行为，但情节显著轻微，没有造成危害后果的，可以责成有关机关、单位对责任人员进行批评教育；

（三）没有泄密事实或者案件线索无法核实的，不予处理。

第二十六条 保密行政管理部门受理涉嫌泄露国家秘密的案件

线索，发现需要采取补救措施的，应当立即责令有关机关、单位和人员停止违法行为，采取有效措施，防止泄密范围扩大。

第五章 初查与立案

第二十七条 保密行政管理部门在决定是否立案前，应当对涉嫌泄露国家秘密的案件线索进行初查，了解是否存在泄密事实。初查内容包括：

（一）案件线索涉及人员的主体身份及基本情况；

（二）案件线索所反映的问题是否属实，是否造成国家秘密泄露，是否达到刑事立案标准。

第二十八条 初查结束后，应当形成初查情况报告，内容包括案件线索情况、初查情况和处理建议。

第二十九条 保密行政管理部门应当根据初查情况分别作出处理：

（一）确有泄露国家秘密事实，且已经达到刑事立案标准的，应当移送有关部门查处；

（二）确有泄露国家秘密事实，尚未达到刑事立案标准，且具有管辖权的，应当予以立案，不具有管辖权的，应当移交具有管辖权的保密行政管理部门处理；

（三）确有泄露国家秘密事实，但案件线索内容不全或者有误，通知案件线索移送部门或者举报人、报告人补充，经补充案件线索内容仍不具备查处条件的，暂不予以立案，有关材料存档备查；

（四）未造成国家秘密泄露，但存在违反保密法律法规事实的，应当督促、指导有关机关、单位进行调查处理，必要时保密行政管理部门可以直接调查；

（五）未违反保密法律法规，但存在其他涉嫌违法或者违纪事实的，移交有关职能部门处理；

（六）案件线索反映的情况失实的，不予处理，必要时可以向有关机关、单位和案件当事人说明情况。

第三十条　初查时限为2个月，必要时可以延长1个月。重大、复杂的案件线索，在延长期内仍不能初查完毕的，经保密行政管理部门负责人批准后可以延长。

初查时限自接到案件线索之日算起，至呈报初查情况报告之日止。

第三十一条　经初查应当予以立案的，办案人员应当填报立案表，并附案件线索材料、初查情况报告，报请保密行政管理部门负责人审批。

第三十二条　保密行政管理部门在立案后，应当制作立案通知书，通知有关机关、单位；通知立案可能影响案件查处工作的，可以直接通知其上级主管部门。

第六章　调查与处理

第三十三条　案件立案后，保密行政管理部门应当指派2名以上办案人员进行调查或者指导、督促有关机关、单位进行调查。

对于重大、复杂案件，保密行政管理部门可以组织相关部门成立专案组，开展案件调查。

第三十四条　案件调查内容包括：

（一）案件当事人的基本情况；

（二）案件当事人是否实施违反保密法律法规行为；

（三）实施违反保密法律法规行为的时间、地点、手段、后果以及其他情节；

（四）有无法定从重、从轻、减轻或者免予处理的情形；

（五）与案件有关的其他事实。

第三十五条　保密行政管理部门直接调查、检查时，办案人员不得少于2人，并应当出示证件，表明身份。

第三十六条 机关、单位应当积极配合案件调查工作,提供相关证据。

机关、单位应当对案件当事人出国(境)进行审查,可能影响案件查处的,不得批准其出国(境)。

第三十七条 案件当事人应当自觉接受、配合调查,如实说明情况;不得与同案人或者知情人串通情况,不得对抗调查;不得将案件查处情况告知他人。

第三十八条 办案人员在案件调查过程中可以询问案件当事人、证人或者其他案件关系人,并制作询问笔录。询问应当个别进行。

第三十九条 询问内容应当包括:

(一) 被询问人的基本情况;

(二) 被询问人与案件当事人或者与案件的联系;

(三) 证明案件当事人是否负有责任以及责任轻重的事实;

(四) 所证明的事实发生的原因、时间、地点、手段、情节等;

(五) 其他与案件有关的内容。

第四十条 询问笔录应当采取问答式,如实对办案人员的提问和被询问人的回答进行记录。记录被询问人的陈述应当详细具体,忠于原意。对于被询问人声明记忆不清的情节,笔录中应当如实反映。

询问笔录应当交被询问人核对,对没有阅读能力的,应当向其宣读。记录有误或者遗漏的,应当允许被询问人更正或者补充。被询问人确认笔录无误后,应当在询问笔录上逐页签名。拒绝签名的,询问人员应当在询问笔录中注明。

询问时,可以全程录音、录像,并保持录音、录像资料的完整性。

第四十一条 案件当事人、证人或者其他案件关系人请求自行提供书面材料的,应当准许。必要时,办案人员也可以要求案件当事人、证人或者其他案件关系人自行书写。

案件当事人、证人或者其他案件关系人应当在其提供的书面材料结尾处签名。打印的书面材料应当逐页签名。办案人员收到书面材料后,应当在首页注明收到日期,并签名。

第四十二条 询问案件当事人时，办案人员应当听取案件当事人的陈述和申辩。对其陈述和申辩，应当进行核查。

第四十三条 办案人员在案件调查过程中可以查阅、复制与案件有关的文件资料、会议记录、工作笔记等材料，查阅、了解案件当事人的身份信息、现实表现情况等信息，有关机关、单位和个人应当予以配合。

第四十四条 办案人员在案件调查过程中可以对与泄密案件有关的场所、物品进行检查。检查时，被检查人或者见证人应当在场。

办案人员可以根据检查情况制作检查笔录。检查笔录由办案人员、被检查人或者见证人签名；被检查人或者见证人不在场、拒绝签名的，办案人员应当在检查笔录中注明。

第四十五条 在案件调查过程中对国家秘密载体或者相关设施、设备、文件资料等登记保存，依照《中华人民共和国行政强制法》相关规定进行。办案人员应当会同持有人或者见证人查点清楚，当场开列登记保存清单一式二份，写明登记保存对象的名称、规格、数量、特征、登记保存地点等，由办案人员和持有人或者见证人签名后，各执一份。

对于登记保存在有关机关、单位的设施、设备，应当采取足以防止有关证据灭失或者转移的措施。

第四十六条 对涉及计算机、移动存储介质等信息设备的泄密案件，保密行政管理部门可以组织或者委托具有技术核查取证职能的部门或者单位进行技术核查取证。

第四十七条 案件调查过程中，需要对有关事项是否属于国家秘密以及属于何种密级进行鉴定的，应当及时提请具有密级鉴定权的保密行政管理部门鉴定。

第四十八条 案件调查过程中，保密行政管理部门发现有关机关、单位存在泄密隐患的，应当立即要求其采取措施，限期整改；对存在泄密隐患的设施、设备、场所，依法责令停止使用。

第四十九条 经调查，证据不足无法认定存在泄密事实的，经保密行政管理部门负责人批准,应当作出撤销案件的决定。撤销案件的决定应当及时书面通知有关机关、单位。

第五十条 经调查,保密行政管理部门认为案件当事人实施的违反保密法律法规行为涉嫌构成犯罪的,应当连同案件材料及时移送有关部门查处。

第五十一条 调查结束后,保密行政管理部门认为存在泄密事实,需要追究责任的,应当向有关机关、单位提出人员处理建议。有关机关、单位应当及时将处理结果书面告知同级保密行政管理部门。

有关机关、单位对责任人员不依法给予处分的,保密行政管理部门应当依法建议纠正。对拒不纠正的,保密行政管理部门应当依法提请其上一级机关或者监察机关对该机关、单位负有责任的领导人员和直接责任人员依法予以处理。

第五十二条 保密行政管理部门应当针对案件暴露出的问题,督促有关机关、单位采取整改措施,加强和改进保密工作。

机关、单位应当在规定时限内将整改情况书面报送保密行政管理部门。保密行政管理部门可以对机关、单位的整改情况进行复查。

第七章 结 案

第五十三条 泄密案件调查终结应当具备下列条件:
(一)泄露国家秘密的事实已经调查清楚;
(二)已经采取必要的补救措施;
(三)已经对案件相关责任人员作出处理,或者移送有关部门查处;
(四)有关机关、单位已经采取整改措施。

第五十四条 办案人员在案件调查处理工作完成后,应当提交结案报告,经立案的保密行政管理部门负责人批准后结案。结案报告应当包括以下内容:

(一)泄密案件的发生、发现经过;

（二）案件涉及国家秘密的密级、数量、载体形式以及概要内容；

（三）泄密案件已经或者可能造成的危害；

（四）案件发生的主要原因；

（五）已经采取的补救措施；

（六）责任人员处理情况；

（七）有关机关、单位整改情况；

（八）其他需要说明的情况。

第五十五条 泄密案件查处时限为 3 个月，自立案之日起 3 个月未能查结的，经查处泄密案件的保密行政管理部门负责人批准可延长 1 个月。

在延长期内仍不能查结的，查处泄密案件的保密行政管理部门应当向上一级保密行政管理部门说明原因，逾期未说明原因或者理由不充分的，上一级保密行政管理部门应当予以检查、督促。

第八章　配合机制

第五十六条 省（自治区、直辖市）保密行政管理部门与中央和国家机关保密工作机构在泄密案件查处工作中应当相互配合。

设区的市、自治州一级及以下地方保密行政管理部门需要中央和国家机关保密工作机构配合工作的，应当报请所属省（自治区、直辖市）保密行政管理部门协调。

第五十七条 保密行政管理部门应当加强与同级纪检监察、网信、审判、检察、公安、国家安全等机关的协调配合，建立健全协调配合机制，共同做好泄密案件查处工作。

第五十八条 在泄密案件查处工作中需要军地双方配合的，军队相应保密工作部门和地方保密行政管理部门可以直接联系，相互之间应当支持配合。

第九章 法律责任

第五十九条 在泄密案件查处工作中，有关机关、单位及其工作人员拒不配合，弄虚作假，隐匿、销毁证据，以其他方式逃避、妨碍案件查处的，对直接负责的主管人员和其他直接责任人员依法给予处分。

企事业单位及其工作人员协助机关、单位逃避、妨碍案件查处的，由有关主管部门依法予以处罚。

第六十条 保密行政管理部门办理泄密案件，未依法履行职责，或者滥用职权、玩忽职守、徇私舞弊的，对直接负责的主管人员和其他直接责任人员依法给予处分；构成犯罪的，依法追究刑事责任。

第十章 附 则

第六十一条 机关、单位工作人员实施保密法第四十八条规定的其他违法行为，保密行政管理部门可以参照本办法调查或者组织、督促机关、单位调查处理。

第六十二条 执行本办法所需要的文书式样，由国家保密行政管理部门统一制定。国家保密行政管理部门没有制定式样，执法工作中需要的其他文书，省（自治区、直辖市）保密行政管理部门可以自行制定式样。

第六十三条 本办法由国家保密局负责解释。

第六十四条 本办法自 2018 年 1 月 1 日起施行。国家保密局 1992 年 11 月 20 日印发的《泄密事件查处办法（试行）》同时废止。

国家秘密鉴定工作规定

(2021年7月30日国家保密局令2021年第1号公布 自2021年9月1日起施行)

第一章 总 则

第一条 为了规范国家秘密鉴定工作，根据《中华人民共和国保守国家秘密法》及其实施条例，制定本规定。

第二条 本规定所称国家秘密鉴定，是指保密行政管理部门对涉嫌泄露国家秘密案件中有关事项是否属于国家秘密以及属于何种密级进行鉴别和认定的活动。

第三条 国家秘密鉴定的申请、受理、办理、复核、监督等，适用本规定。

第四条 国家秘密鉴定应当遵循依法、客观、公正的原则，做到事实清楚、依据充分、程序规范、结论准确。

第五条 办理涉嫌泄露国家秘密案件的纪检监察、侦查、公诉、审判机关（以下统称办案机关）可以申请国家秘密鉴定。

国家保密行政管理部门、省（自治区、直辖市）保密行政管理部门负责国家秘密鉴定。

第六条 国家秘密鉴定应当以保密法律法规、保密事项范围和国家秘密确定、变更、解除文件为依据。

第七条 下列事项不得鉴定为国家秘密：

（一）需要公众广泛知晓或者参与的；

（二）属于工作秘密、商业秘密、个人隐私的；

（三）已经依法公开或者泄露前已经无法控制知悉范围的；

（四）法律、法规或者国家有关规定要求公开的；

（五）其他泄露后对国家安全和利益不会造成损害的。

第二章 申请和受理

第八条 中央一级办案机关申请国家秘密鉴定的，应当向国家保密行政管理部门提出。省级及以下办案机关申请国家秘密鉴定的，应当向所在地省（自治区、直辖市）保密行政管理部门提出。

国家保密行政管理部门可以根据工作需要，对省（自治区、直辖市）保密行政管理部门负责鉴定的重大、疑难、复杂事项直接进行鉴定。

第九条 办案机关申请国家秘密鉴定，应当提交下列材料：

（一）申请国家秘密鉴定的公文；

（二）需要进行国家秘密鉴定的事项（以下简称鉴定事项）及鉴定事项清单；

（三）进行国家秘密鉴定需要掌握的有关情况说明，包括案件基本情况、鉴定事项来源、泄露对象和时间、回避建议等。

第十条 申请国家秘密鉴定的公文应当以办案机关名义作出，说明认为相关事项涉嫌属于国家秘密的理由或者依据。

鉴定事项属于咨询意见、聊天记录、讯（询）问笔录、视听资料、电子数据、物品等的，办案机关应当进行筛查和梳理，明确其中涉嫌属于国家秘密、需要申请鉴定的具体内容。

鉴定事项不属于中文的，办案机关应当同时提供中文译本。保密行政管理部门就办案机关提供的中文译本进行鉴定。

第十一条 国家秘密鉴定申请有下列情形之一的，保密行政管理部门不予受理：

（一）申请机关和申请方式不符合本规定第五条、第八条要求的；

（二）办案机关已就同一鉴定事项申请国家秘密鉴定的；

（三）鉴定事项内容明显属于捏造的，或者无法核实真伪、来源的；

（四）未按本规定第九条、第十条提供材料，或者修改、补充后仍不符合要求的；

（五）其他不符合法律、法规、规章规定的情形。

第十二条 保密行政管理部门应当自收到申请国家秘密鉴定的公文之日起5日内，对相关材料进行审查，作出是否受理的决定，并告知办案机关。

经审查认为办案机关提交的材料存在瑕疵、不完整或者不能满足鉴定需要的，应当通知办案机关予以修改或者补充。审查受理时间自相关材料修改完成或者补齐之日起计算。

经审查决定不予受理的，应当说明理由并退还相关材料。

第十三条 办案机关不服不予受理决定的，可以在接到通知之日起10日内，向作出不予受理决定的保密行政管理部门提出书面异议，并按照本规定第九条、第十条规定提供相关材料。

保密行政管理部门应当在10日内，对相关材料进行审查，对符合受理条件的，作出受理决定；对不应受理的，书面告知提出异议的机关并退还相关材料。

省级及以下办案机关提出异议后，对省（自治区、直辖市）保密行政管理部门再次作出的不予受理决定仍有异议的，可以向国家保密行政管理部门提出书面异议。国家保密行政管理部门经审查认为确实不应受理的，书面告知提出异议的机关并退还相关材料；对符合受理条件的，应当要求作出不予受理决定的保密行政管理部门受理鉴定申请。

第三章 鉴定程序

第十四条 受理鉴定申请后，保密行政管理部门应当就下列情况向鉴定事项产生单位征求鉴定意见：

（一）鉴定事项是否由其产生，内容是否真实；

（二）鉴定事项是否已经按照法定程序确定、变更、解除国家秘密，及其时间、理由和依据；

（三）鉴定事项是否应当属于国家秘密及何种密级，是否应当变更或者解除国家秘密，及其理由和依据。

第十五条 存在鉴定事项产生单位不明确，涉及多个机关、单位以及行业、领域，或者有关单位鉴定意见不明确、理由和依据不充分等情形的，保密行政管理部门可以向有关业务主管部门或者相关机关、单位征求鉴定意见。

鉴定事项属于执行、办理已经确定的国家秘密事项的，受理鉴定的保密行政管理部门可以根据工作需要，向原定密单位或者有关业务主管部门征求鉴定意见。

第十六条 国家保密行政管理部门受理鉴定后，对属于地方各级机关、单位产生的鉴定事项，可以征求鉴定事项产生地省（自治区、直辖市）保密行政管理部门鉴定意见。

省（自治区、直辖市）保密行政管理部门受理鉴定后，对属于中央和国家机关产生的鉴定事项，应当直接征求该中央和国家机关鉴定意见；对属于其他地方机关、单位产生的鉴定事项，应当征求相关省（自治区、直辖市）保密行政管理部门鉴定意见。

第十七条 保密行政管理部门征求机关、单位鉴定意见的，机关、单位应当予以配合，按照要求及时提出鉴定意见或者提供相关材料。

第十八条 鉴定事项重大、疑难、复杂或者专业性强、涉及专门技术等问题的，保密行政管理部门可以向相关领域专家进行咨询，为作出国家秘密鉴定结论提供参考。

第十九条 对拟鉴定为国家秘密的事项，保密行政管理部门可以根据工作需要，组织有关机关、单位或者专家对其泄露后已经或者可能造成的危害进行评估。

第二十条 国家秘密鉴定结论应当按照保密法律法规和保密事项范围等鉴定依据，在分析研判有关意见基础上，报保密行政管理部门负责人审批后作出。

第二十一条 省（自治区、直辖市）保密行政管理部门对中央和国家机关、其他省（自治区、直辖市）保密行政管理部门答复的鉴定意见有异议的，或者认为本地区产生的绝密级事项鉴定依据不明确、有争议的，报国家保密行政管理部门审核后，作出鉴定结论。

第二十二条 保密行政管理部门作出鉴定结论应当出具国家秘密鉴定书。国家秘密鉴定书应当包括以下内容：

（一）鉴定事项名称或者内容；

（二）鉴定依据和鉴定结论；

（三）其他需要说明的情况；

（四）鉴定机关名称和鉴定日期。

国家秘密鉴定书应当加盖保密行政管理部门印章。

第二十三条 保密行政管理部门应当在受理国家秘密鉴定申请后30日内作出鉴定结论并出具国家秘密鉴定书。因鉴定事项疑难、复杂等不能按期出具国家秘密鉴定书的，经保密行政管理部门负责人批准，可以适当延长工作时限，延长时限最长不超过30日。

保密行政管理部门征求有关机关、单位鉴定意见，进行专家咨询时，应当明确答复期限，一般不超过15日；对鉴定事项数量较多、疑难、复杂等情况的，经双方协商，可以延长15日。

机关、单位提出鉴定意见，专家咨询等时间不计入保密行政管理部门国家秘密鉴定办理期限。

第四章 复 核

第二十四条 办案机关有明确理由或者证据证明保密行政管理部门作出的鉴定结论可能错误的，可以向国家保密行政管理部门申请复核。

第二十五条 办案机关申请复核的,应当提交申请复核的公文,说明申请复核的内容和理由,按照本规定第九条、第十条要求提供相关材料,并附需要进行复核的国家秘密鉴定书。

第二十六条 国家保密行政管理部门受理复核申请后,应当向作出鉴定结论的保密行政管理部门调阅鉴定档案、了解有关情况,对其鉴定程序是否规范、依据是否明确、理由是否充分、结论是否准确等进行审核,并根据需要征求有关机关、单位鉴定意见,进行专家咨询或者组织开展危害评估。

第二十七条 国家秘密鉴定复核结论应当按照保密法律法规和保密事项范围等鉴定依据,在分析研判原鉴定情况以及有关意见基础上,报国家保密行政管理部门主要负责人审批后作出。

国家保密行政管理部门的复核结论为最终结论。

第二十八条 国家保密行政管理部门作出复核结论应当出具国家秘密鉴定复核决定书。

国家秘密鉴定复核决定书维持原国家秘密鉴定结论的,应当说明依据或者理由;改变原国家秘密鉴定结论的,应当作出最终的鉴定结论并说明依据或者理由。

国家秘密鉴定复核决定书应当以国家保密行政管理部门名义作出,并加盖印章,抄送作出原国家秘密鉴定结论的省(自治区、直辖市)保密行政管理部门。

第二十九条 国家保密行政管理部门应当在受理国家秘密鉴定复核申请后60日内作出复核结论并出具复核决定书。因鉴定事项疑难、复杂等不能按期出具国家秘密鉴定复核决定书的,经国家保密行政管理部门主要负责人批准,可以适当延长工作时限,延长时限最长不超过30日。

征求机关、单位鉴定意见,专家咨询时限按照本规定第二十三条第二、三款办理。

第五章 监督管理

第三十条 国家秘密鉴定工作人员与案件有利害关系或者其他关系可能影响公正鉴定的，应当自行回避；办案机关发现上述情形的，有权申请其回避。国家秘密鉴定工作人员的回避，由其所属保密行政管理部门决定。

机关、单位配合开展国家秘密鉴定工作的人员以及有关专家与案件有利害关系或者其他关系可能影响公正鉴定的，应当回避。

第三十一条 保密行政管理部门向机关、单位征求鉴定意见以及组织专家咨询时，应当对鉴定事项作以下处理：

（一）对涉及不同机关、单位或者行业、领域的内容进行拆分，不向机关、单位或者专家提供与其无关、不应由其知悉的内容；

（二）对涉嫌违法犯罪的责任单位或者责任人姓名等作遮盖、删除处理，不向机关、单位或者专家透露案情以及案件办理情况。

第三十二条 保密行政管理部门及其工作人员，配合开展国家秘密鉴定工作的机关、单位及其工作人员，以及有关专家，应当对国家秘密鉴定工作以及工作中知悉的国家秘密、工作秘密、商业秘密、个人隐私予以保密。

保密行政管理部门在征求鉴定意见、组织专家咨询等过程中，应当向有关机关、单位或者专家明确保密要求，必要时组织签订书面保密承诺。

第三十三条 国家秘密鉴定结论与机关、单位定密情况不一致的，保密行政管理部门应当通知机关、单位予以变更或者纠正；对机关、单位未依法履行定密管理职责、情节严重的，予以通报。

第三十四条 省（自治区、直辖市）保密行政管理部门应当将年度国家秘密鉴定工作情况和作出的国家秘密鉴定结论报国家保密行政管理部门。

第三十五条 保密行政管理部门依法办理国家秘密鉴定，不受其他机关、单位，社会团体和个人干涉。

保密行政管理部门未依法履行职责，或者滥用职权、玩忽职守、徇私舞弊的，对负有责任的领导人员和直接责任人员依法进行处理；构成犯罪的，依法追究刑事责任。

第三十六条 在国家秘密鉴定工作中，负有配合鉴定义务的机关、单位及其工作人员拒不配合，弄虚作假，故意出具错误鉴定意见，造成严重后果的，对直接负责的主管人员和其他直接责任人员依法进行处理；构成犯罪的，依法追究刑事责任。

第六章 附 则

第三十七条 保密行政管理部门办理涉嫌泄露国家秘密案件时，可以根据工作需要，按照本规定直接进行国家秘密鉴定。

鉴定事项产生单位属于军队或者鉴定事项涉嫌属于军事秘密的，由军队相关军级以上单位保密工作机构进行国家秘密鉴定或者协助提出鉴定意见。

第三十八条 执行本规定所需要的文书式样，由国家保密行政管理部门统一制定。工作中需要的其他文书，国家保密行政管理部门没有制定式样的，省（自治区、直辖市）保密行政管理部门可以自行制定式样。

第三十九条 本规定由国家保密局负责解释。

第四十条 本规定自 2021 年 9 月 1 日起施行。2013 年 7 月 15 日国家保密局发布的《密级鉴定工作规定》（国保发〔2013〕5 号）同时废止。

国家秘密定密管理暂行规定

(2014年3月9日国家保密局令2014年第1号公布 自公布之日起施行)

第一章 总 则

第一条 为加强国家秘密定密管理,规范定密行为,根据《中华人民共和国保守国家秘密法》(以下简称保密法)及其实施条例,制定本规定。

第二条 本规定所称定密,是指国家机关和涉及国家秘密的单位(以下简称机关、单位)依法确定、变更和解除国家秘密的活动。

第三条 机关、单位定密以及定密责任人的确定、定密授权和定密监督等工作,适用本规定。

第四条 机关、单位定密应当坚持最小化、精准化原则,做到权责明确、依据充分、程序规范、及时准确,既确保国家秘密安全,又便利信息资源合理利用。

第五条 机关、单位应当依法开展定密工作,建立健全相关管理制度,定期组织培训和检查,接受保密行政管理部门和上级机关、单位或者业务主管部门的指导和监督。

第二章 定密授权

第六条 中央国家机关、省级机关以及设区的市、自治州一级的机关(以下简称授权机关)可以根据工作需要或者机关、单位申请作出定密授权。

保密行政管理部门应当将授权机关名单在有关范围内公布。

第七条 中央国家机关可以在主管业务工作范围内作出授予绝密级、机密级和秘密级国家秘密定密权的决定。省级机关可以在主管业务工作范围内或者本行政区域内作出授予绝密级、机密级和秘密级国家秘密定密权的决定。设区的市、自治州一级的机关可以在主管业务工作范围内或者本行政区域内作出授予机密级和秘密级国家秘密定密权的决定。

定密授权不得超出授权机关的定密权限。被授权机关、单位不得再行授权。

第八条 授权机关根据工作需要，可以对承担本机关定密权限内的涉密科研、生产或者其他涉密任务的机关、单位，就具体事项作出定密授权。

第九条 没有定密权但经常产生国家秘密事项的机关、单位，或者虽有定密权但经常产生超出其定密权限的国家秘密事项的机关、单位，可以向授权机关申请定密授权。

机关、单位申请定密授权，应当向其上级业务主管部门提出；没有上级业务主管部门的，应当向其上级机关提出。

机关、单位申请定密授权，应当书面说明拟申请的定密权限、事项范围、授权期限以及申请依据和理由。

第十条 授权机关收到定密授权申请后，应当依照保密法律法规和国家秘密及其密级的具体范围（以下简称保密事项范围）进行审查。对符合授权条件的，应当作出定密授权决定；对不符合授权条件的，应当作出不予授权的决定。

定密授权决定应当以书面形式作出，明确被授权机关、单位的名称和具体定密权限、事项范围、授权期限。

第十一条 授权机关应当对被授权机关、单位行使所授定密权情况进行监督，对发现的问题及时纠正。

保密行政管理部门发现定密授权不当或者被授权机关、单位对所授定密权行使不当的，应当通知有关机关、单位纠正。

第十二条 被授权机关、单位不再经常产生授权范围内的国家秘密事项，或者因保密事项范围调整授权事项不再作为国家秘密的，授权机关应当及时撤销定密授权。

因保密事项范围调整授权事项密级发生变化的，授权机关应当重新作出定密授权。

第十三条 中央国家机关、省级机关作出的授权决定和撤销授权决定，报国家保密行政管理部门备案。设区的市、自治州一级的机关作出的授权决定和撤销授权决定，报省、自治区、直辖市保密行政管理部门备案。

机关、单位收到定密授权决定或者撤销定密授权决定后，应当报同级保密行政管理部门备案。

第三章 定密责任人

第十四条 机关、单位负责人为本机关、本单位的定密责任人，对定密工作负总责。

根据工作需要，机关、单位负责人可以指定本机关、本单位其他负责人、内设机构负责人或者其他工作人员为定密责任人，并明确相应的定密权限。

机关、单位指定的定密责任人应当熟悉涉密业务工作，符合在涉密岗位工作的基本条件。

第十五条 机关、单位应当在本机关、本单位内部公布定密责任人名单及其定密权限，并报同级保密行政管理部门备案。

第十六条 机关、单位定密责任人和承办人应当接受定密培训，熟悉定密职责和保密事项范围，掌握定密程序和方法。

第十七条 机关、单位负责人发现其指定的定密责任人未依法履行定密职责的，应当及时纠正；有下列情形之一的，应当作出调整：

（一）定密不当，情节严重的；

（二）因离岗离职无法继续履行定密职责的；

（三）保密行政管理部门建议调整的；

（四）因其他原因不宜从事定密工作的。

第四章 国家秘密确定

第十八条 机关、单位确定国家秘密应当依据保密事项范围进行。保密事项范围没有明确规定但属于保密法第九条、第十条规定情形的，应当确定为国家秘密。

第十九条 下列事项不得确定为国家秘密：

（一）需要社会公众广泛知晓或者参与的；

（二）属于工作秘密、商业秘密、个人隐私的；

（三）已经依法公开或者无法控制知悉范围的；

（四）法律、法规或者国家有关规定要求公开的。

第二十条 机关、单位对所产生的国家秘密事项有定密权的，应当依法确定密级、保密期限和知悉范围。没有定密权的，应当先行采取保密措施，并立即报请有定密权的上级机关、单位确定；没有上级机关、单位的，应当立即提请有相应定密权限的业务主管部门或者保密行政管理部门确定。

机关、单位执行上级机关、单位或者办理其他机关、单位已定密事项所产生的国家秘密事项，根据所执行或者办理的国家秘密事项确定密级、保密期限和知悉范围。

第二十一条 机关、单位确定国家秘密，应当依照法定程序进行并作出书面记录，注明承办人、定密责任人和定密依据。

第二十二条 国家秘密具体的保密期限一般应当以日、月或者年计；不能确定具体的保密期限的，应当确定解密时间或者解密条件。国家秘密的解密条件应当明确、具体、合法。

除保密事项范围有明确规定外，国家秘密的保密期限不得确定为长期。

第二十三条 国家秘密的知悉范围应当在国家秘密载体上标明。不能标明的，应当书面通知知悉范围内的机关、单位或者人员。

第二十四条 国家秘密一经确定，应当同时在国家秘密载体上作出国家秘密标志。国家秘密标志形式为"密级★保密期限"、"密级★解密时间"或者"密级★解密条件"。

在纸介质和电子文件国家秘密载体上作出国家秘密标志的，应当符合有关国家标准。没有国家标准的，应当标注在封面左上角或者标题下方的显著位置。光介质、电磁介质等国家秘密载体和属于国家秘密的设备、产品的国家秘密标志，应当标注在壳体及封面、外包装的显著位置。

国家秘密标志应当与载体不可分离，明显并易于识别。

无法作出或者不宜作出国家秘密标志的，确定该国家秘密的机关、单位应当书面通知知悉范围内的机关、单位或者人员。凡未标明保密期限或者解密条件，且未作书面通知的国家秘密事项，其保密期限按照绝密级事项三十年、机密级事项二十年、秘密级事项十年执行。

第二十五条 两个以上机关、单位共同产生的国家秘密事项，由主办该事项的机关、单位征求协办机关、单位意见后确定。

临时性工作机构的定密工作，由承担该机构日常工作的机关、单位负责。

第五章 国家秘密变更

第二十六条 有下列情形之一的，机关、单位应当对所确定国家秘密事项的密级、保密期限或者知悉范围及时作出变更：

（一）定密时所依据的法律法规或者保密事项范围发生变化的；

（二）泄露后对国家安全和利益的损害程度发生明显变化的。

必要时，上级机关、单位或者业务主管部门可以直接变更下级机关、单位确定的国家秘密事项的密级、保密期限或者知悉范围。

第二十七条 机关、单位认为需要延长所确定国家秘密事项保密期限的，应当在保密期限届满前作出决定；延长保密期限使累计保密期限超过保密事项范围规定的，应当报规定该保密事项范围的中央有关机关批准，中央有关机关应当在接到报告后三十日内作出决定。

第二十八条 国家秘密知悉范围内的机关、单位，其有关工作人员不在知悉范围内，但因工作需要知悉国家秘密的，应当经机关、单位负责人批准。

国家秘密知悉范围以外的机关、单位及其人员，因工作需要知悉国家秘密的，应当经原定密机关、单位同意。

原定密机关、单位对扩大知悉范围有明确规定的，应当遵守其规定。

扩大国家秘密知悉范围应当作出详细记录。

第二十九条 国家秘密变更按照国家秘密确定程序进行并作出书面记录。

国家秘密变更后，原定密机关、单位应当及时在原国家秘密标志附近重新作出国家秘密标志。

第三十条 机关、单位变更国家秘密的密级、保密期限或者知悉范围的，应当书面通知知悉范围内的机关、单位或者人员。有关机关、单位或者人员接到通知后，应当在国家秘密标志附近标明变更后的密级、保密期限和知悉范围。

延长保密期限的书面通知，应当于原定保密期限届满前送达知悉范围内的机关、单位或者人员。

第六章　国家秘密解除

第三十一条 机关、单位应当每年对所确定的国家秘密进行审核，有下列情形之一的，及时解密：

（一）保密法律法规或者保密事项范围调整后，不再属于国家秘密的；

（二）公开后不会损害国家安全和利益，不需要继续保密的。

机关、单位经解密审核，对本机关、本单位或者下级机关、单位尚在保密期限内的国家秘密事项决定公开的，正式公布即视为解密。

第三十二条 国家秘密的具体保密期限已满、解密时间已到或者符合解密条件的，自行解密。

第三十三条 保密事项范围明确规定保密期限为长期的国家秘密事项，机关、单位不得擅自解密；确需解密的，应当报规定该保密事项范围的中央有关机关批准，中央有关机关应当在接到报告后三十日内作出决定。

第三十四条 除自行解密的外，国家秘密解除应当按照国家秘密确定程序进行并作出书面记录。

国家秘密解除后，有关机关、单位或者人员应当及时在原国家秘密标志附近作出解密标志。

第三十五条 除自行解密和正式公布的外，机关、单位解除国家秘密，应当书面通知知悉范围内的机关、单位或者人员。

第三十六条 机关、单位对所产生的国家秘密事项，解密之后需要公开的，应当依照信息公开程序进行保密审查。

机关、单位对已解密的不属于本机关、本单位产生的国家秘密事项，需要公开的，应当经原定密机关、单位同意。

机关、单位公开已解密的文件资料，不得保留国家秘密标志。对国家秘密标志以及属于敏感信息的内容，应当作删除、遮盖等处理。

第三十七条 机关、单位对拟移交各级国家档案馆的尚在保密期限内的国家秘密档案，应当进行解密审核，对本机关、本单位产生的符合解密条件的档案，应当予以解密。

已依法移交各级国家档案馆的属于国家秘密的档案，其解密办法由国家保密行政管理部门会同国家档案行政管理部门另行制定。

第七章 定密监督

第三十八条 机关、单位应当定期对本机关、本单位定密以及定密责任人履行职责、定密授权等定密制度落实情况进行检查，对发现的问题及时纠正。

第三十九条 机关、单位应当向同级保密行政管理部门报告本机关、本单位年度国家秘密事项统计情况。

下一级保密行政管理部门应当向上一级保密行政管理部门报告本行政区域年度定密工作情况。

第四十条 中央国家机关应当依法对本系统、本行业的定密工作进行指导和监督。

上级机关、单位或者业务主管部门发现下级机关、单位定密不当的，应当及时通知其纠正，也可以直接作出确定、变更或者解除的决定。

第四十一条 保密行政管理部门应当依法对机关、单位定密工作进行指导、监督和检查，对发现的问题及时纠正或者责令整改。

第八章 法律责任

第四十二条 定密责任人和承办人违反本规定，有下列行为之一的，机关、单位应当及时纠正并进行批评教育；造成严重后果的，依纪依法给予处分：

（一）应当确定国家秘密而未确定的；

（二）不应当确定国家秘密而确定的；

（三）超出定密权限定密的；

（四）未按照法定程序定密的；

（五）未按规定标注国家秘密标志的；

（六）未按规定变更国家秘密的密级、保密期限、知悉范围的；

（七）未按要求开展解密审核的；

（八）不应当解除国家秘密而解除的；

（九）应当解除国家秘密而未解除的；

（十）违反本规定的其他行为。

第四十三条 机关、单位未依法履行定密管理职责，导致定密工作不能正常进行的，应当给予通报批评；造成严重后果的，应当依法追究直接负责的主管人员和其他直接责任人员的责任。

第九章 附　　则

第四十四条 本规定下列用语的含义：

（一）"中央国家机关"包括中国共产党中央机关及部门、各民主党派中央机关、全国人大机关、全国政协机关、最高人民法院、最高人民检察院，国务院及其组成部门、直属特设机构、直属机构、办事机构、直属事业单位、部委管理国家局，以及中央机构编制管理部门直接管理机构编制的群众团体机关；

（二）"省级机关"包括省（自治区、直辖市）党委、人大、政府、政协机关，以及人民法院、人民检察院；

（三）"设区的市和自治州一级的机关"包括地（市、州、盟、区）党委、人大、政府、政协机关，以及人民法院、人民检察院，省（自治区、直辖市）直属机关和人民团体，中央国家机关设在省（自治区、直辖市）的直属机构，省（自治区、直辖市）在地区、盟设立的派出机构；

（四）第九条所指"经常"，是指近三年来年均产生六件以上国家秘密事项的情形。

第四十五条 各地区各部门可以依据本规定，制定本地区本部门国家秘密定密管理的具体办法。

第四十六条 公安、国家安全机关定密授权和定密责任人确定的具体办法，由国家保密行政管理部门会同国务院公安、国家安全部门另行制定。

第四十七条 本规定自公布之日起施行。1990年9月19日国家保密局令第2号发布的《国家秘密保密期限的规定》和1990年10月6日国家保密局、国家技术监督局令第3号发布的《国家秘密文件、资料和其他物品标志的规定》同时废止。

派生国家秘密定密管理暂行办法

（2023年2月27日印发　自2023年4月1日起施行）

第一条 为规范派生国家秘密定密（以下简称派生定密）管理，根据《中华人民共和国保守国家秘密法》及其实施条例，制定本办法。

第二条 本办法适用于国家机关和涉及国家秘密的单位（以下简称机关、单位）开展派生定密的工作。

第三条 本办法所称派生定密，是指机关、单位对执行或者办理已定密事项所产生的国家秘密，依法确定、变更和解除的活动。

第四条 本办法所称保密要点（以下简称密点），是指决定一个事项具备国家秘密本质属性的关键内容，可以与非国家秘密以及其他密点明确区分。

第五条 机关、单位开展派生定密，不受定密权限限制。无法定定密权的机关、单位可以因执行或者办理已定密事项，派生国家秘密。具有较低定密权的机关、单位可以因执行或者办理较高密级的已定密事项，派生超出本机关、单位定密权限的国家秘密。

第六条 机关、单位负责人及其指定的人员为本机关、本单位的派生定密责任人,履行派生国家秘密确定、变更和解除的责任。

第七条 机关、单位因执行或者办理已定密事项而产生的事项(以下简称派生事项),符合下列情形之一的,应当确定为国家秘密:

(一) 与已定密事项完全一致的;

(二) 涉及已定密事项密点的;

(三) 是对已定密事项进行概括总结、编辑整合、具体细化的;

(四) 原定密机关、单位对使用已定密事项有明确定密要求的。

第八条 派生国家秘密的密级应当与已定密事项密级保持一致。已定密事项明确密点及其密级的,应当与所涉及密点的最高密级保持一致。

第九条 派生国家秘密的保密期限应当按照已定密事项的保密期限确定,或者与所涉及密点的最长保密期限保持一致。已定密事项未明确保密期限的,可以征求原定密机关、单位意见后确定并作出标注,或者按照保密法规定的最长保密期限执行。

第十条 派生国家秘密的知悉范围,应当根据工作需要确定,经本机关、本单位负责人批准。能够限定到具体人员的,限定到具体人员。

原定密机关、单位有明确规定的,应当遵守其规定。

第十一条 派生国家秘密的确定应当按照国家秘密确定的法定程序进行。承办人依据已定密事项或者密点,拟定密级、保密期限和知悉范围,报定密责任人审核。定密责任人对承办人意见进行审核,作出决定。

派生定密应当作出书面记录,注明承办人、定密责任人和定密依据。定密依据应当写明依据的文件名称、文号、密级、保密期限等。

第十二条 机关、单位所执行或者办理的已定密事项没有变更或者解密的,派生国家秘密不得变更或者解密;所执行或者办理的已定密事项已经变更或者解密的,派生国家秘密的密级、保密期限、知悉范围应当及时作出相应变更或者予以解密。

机关、单位认为所执行或者办理的已定密事项需要变更或者解密的，可以向原定密机关、单位或者其上级机关、单位提出建议。未经有关机关、单位同意，派生国家秘密不得擅自变更或者解密。

第十三条 派生国家秘密的变更、解除程序应当履行国家秘密变更或者解除的法定程序。承办人依据已定密事项或者密点的变更、解除情况，提出派生国家秘密变更或者解除意见，报定密责任人审核批准，并作出书面记录。

书面记录应当注明承办人、定密责任人、已定密事项或者密点的变更或者解除情况，以及解密后作为工作秘密管理或者予以公开等。

第十四条 派生事项不是对已定密事项内容或者密点进行概括总结、编辑整合、具体细化的，不应当派生定密。该事项是否需要定密，应当依照保密法律法规和国家秘密及其密级具体范围（以下简称保密事项范围）判断。

第十五条 派生事项既包括已定密事项内容或者密点，也包括有关行业、领域保密事项范围规定事项的，应当同时依据已定密事项和有关保密事项范围进行定密。密级、保密期限应当按照已定密事项和保密事项范围规定事项的最高密级、最长保密期限确定。知悉范围根据工作需要限定到最小范围。

第十六条 原定密机关、单位应当准确确定并规范标注国家秘密的密级、保密期限和知悉范围。对涉密国家科学技术、涉密科研项目、涉密工程、涉密政府采购以及其他可以明确密点的，应当确定密点并作出标注；不能明确标注的，可以附件、附注等形式作出说明。对无法明确密点的，可以编制涉密版和非涉密版，或者对执行、办理环节是否涉及国家秘密、工作秘密等提出明确要求。

原定密机关、单位发现其他机关、单位执行或者办理本机关、本单位已定密事项存在派生定密不当情形的，应当及时要求纠正或者建议纠正，必要时提起保密行政管理部门通知纠正或者责令整改。

第十七条 机关、单位对已定密事项是否已变更或者解除以及派生事项是否涉及密点等情况不明确的,可以向原定密机关、单位请示或者函询,原定密机关、单位应当及时予以答复。

第十八条 机关、单位应当依法履行派生定密主体责任,加强对本机关、本单位派生定密的监督管理,发现存在派生定密不当情形的,应当及时纠正。

第十九条 上级机关、单位应当加强对下级机关、单位派生定密的指导和监督,发现下级机关、单位派生定密不当的,应当及时通知其纠正,也可以直接纠正。

第二十条 各级保密行政管理部门应当依法对机关、单位派生定密进行指导、监督和检查,对发现的问题及时通知纠正或者责令整改。

第二十一条 机关、单位发现定密责任人和承办人定密不当,有下列情形之一的,应当及时纠正并进行批评教育;造成严重后果的,依规依纪依法给予处分:

(一)派生事项应当确定国家秘密而未确定的;

(二)派生事项不应当确定国家秘密而确定的;

(三)未按照法定程序派生定密的;

(四)未按规定标注派生国家秘密标志的;

(五)未按规定变更派生国家秘密的密级、保密期限、知悉范围的;

(六)派生国家秘密不应当解除而解除的;

(七)派生国家秘密应当解除而未解除的;

(八)违反本办法的其他情形。

第二十二条 本办法由国家保密局负责解释。

第二十三条 本办法自2023年4月1日起施行。

最高人民法院关于审理为境外窃取、刺探、收买、非法提供国家秘密、情报案件具体应用法律若干问题的解释

(2000年11月20日最高人民法院审判委员会第1142次会议通过 2001年1月17日最高人民法院公告公布 自2001年1月22日起施行 法释〔2001〕4号)

为依法惩治为境外的机构、组织、人员窃取、刺探、收买、非法提供国家秘密、情报犯罪活动，维护国家安全和利益，根据刑法有关规定，现就审理这类案件具体应用法律的若干问题解释如下：

第一条 刑法第一百一十一条规定的"国家秘密"，是指《中华人民共和国保守国家秘密法》第二条、第八条以及《中华人民共和国保守国家秘密法实施办法》第四条确定的事项。

刑法第一百一十一条规定的"情报"，是指关系国家安全和利益、尚未公开或者依照有关规定不应公开的事项。

对为境外机构、组织、人员窃取、刺探、收买、非法提供国家秘密之外的情报的行为，以为境外窃取、刺探、收买、非法提供情报罪定罪处罚。

第二条 为境外窃取、刺探、收买、非法提供国家秘密或者情报，具有下列情形之一的，属于"情节特别严重"，处10年以上有期徒刑、无期徒刑，可以并处没收财产：

(一) 为境外窃取、刺探、收买、非法提供绝密级国家秘密的；

(二) 为境外窃取、刺探、收买、非法提供三项以上机密级国家秘密的；

(三) 为境外窃取、刺探、收买、非法提供国家秘密或者情报，

对国家安全和利益造成其他特别严重损害的。

实施前款行为，对国家和人民危害特别严重、情节特别恶劣的，可以判处死刑，并处没收财产。

第三条 为境外窃取、刺探、收买、非法提供国家秘密或者情报，具有下列情形之一的，处5年以上10年以下有期徒刑，可以并处没收财产：

（一）为境外窃取、刺探、收买、非法提供机密级国家秘密的；

（二）为境外窃取、刺探、收买、非法提供三项以上秘密级国家秘密的；

（三）为境外窃取、刺探、收买、非法提供国家秘密或者情报，对国家安全和利益造成其他严重损害的。

第四条 为境外窃取、刺探、收买、非法提供秘密级国家秘密或者情报，属于"情节较轻"，处5年以下有期徒刑、拘役、管制或者剥夺政治权利，可以并处没收财产。

第五条 行为人知道或者应当知道没有标明密级的事项关系国家安全和利益，而为境外窃取、刺探、收买、非法提供的，依照刑法第一百一十一条的规定以为境外窃取、刺探、收买、非法提供国家秘密罪定罪处罚。

第六条 通过互联网将国家秘密或者情报非法发送给境外的机构、组织、个人的，依照刑法第一百一十一条的规定定罪处罚；将国家秘密通过互联网予以发布，情节严重的，依照刑法第三百九十八条的规定定罪处罚。

第七条 审理为境外窃取、刺探、收买、非法提供国家秘密案件，需要对有关事项是否属于国家秘密以及属于何种密级进行鉴定的，由国家保密工作部门或者省、自治区、直辖市保密工作部门鉴定。

人民法院、保密行政管理部门办理侵犯国家秘密案件若干问题的规定

(2020年3月11日 保发〔2020〕2号)

第一条 为保守国家秘密,维护国家安全和利益,加强人民法院、保密行政管理部门办理侵犯国家秘密案件的协调配合,根据《中华人民共和国刑法》、《中华人民共和国刑事诉讼法》、《中华人民共和国保守国家秘密法》等法律法规,制定本规定。

第二条 人民法院、保密行政管理部门办理《中华人民共和国刑法》第一百零九条第二款、第一百一十条、第一百一十一条、第二百八十二条、第三百九十八条、第四百三十一条、第四百三十二条规定的侵犯国家秘密案件,适用本规定。

第三条 人民法院审理侵犯国家秘密案件,需要对有关事项是否属于国家秘密以及属于何种密级或者是否属于情报进行鉴定的,应当由有关机关依据《密级鉴定工作规定》向国家保密行政管理部门或者省、自治区、直辖市保密行政管理部门提起。

第四条 保密行政管理部门对于疑难、复杂的侵犯国家秘密案件,可以商请同级人民法院就专业性法律问题提出咨询或者参考意见。人民法院应当予以支持。

人民法院审理侵犯国家秘密案件,可以商请作出密级鉴定的保密行政管理部门就鉴定依据、危害评估等问题提出咨询或者参考意见。保密行政管理部门应当予以支持。

第五条 最高人民法院应当在每年1月31日前,将人民法院上一年度审结生效的侵犯国家秘密案件情况书面通报国家保密局,并提供裁判文书。因特殊情况不能提供裁判文书的,应当在通报中作出说明。

人民法院审理本规定第二条规定以外的其他案件,发现有未处理涉嫌违反保密法律法规行为的,应当及时将有关情况通报同级或者有管辖权的保密行政管理部门。

第六条 人民法院与保密行政管理部门应当加强沟通协作,适时相互通报办理侵犯国家秘密案件有关情况,会商案件办理中遇到的法律政策问题,研究阶段性工作重点和措施。

第七条 人民法院与保密行政管理部门应当加强信息沟通和共享。双方分别确定具体牵头部门及联络人员,开展经常性的信息互通、多方位合作,依法加大对侵犯国家秘密案件的查处力度。

第八条 本规定由国家保密局会同最高人民法院负责解释,自印发之日起施行。

实用附录

反间谍法新旧对照表

(黑体部分为增加或修改的内容,阴影部分为删除的内容)

反间谍法(2014年)	反间谍法(2023年)
目　　录 第一章　总　　则 第二章　国家安全机关在反间谍工作中的职权 第三章　公民和组织的义务和权利 第四章　法律责任 第五章　附　　则	目　　录 第一章　总　　则 第二章　**安全防范** 第三章　**调查处置** 第四章　**保障与监督** **第五章**　法律责任 **第六章**　附　　则
第一章　总　则	第一章　总　则
第一条　为了防范、制止和惩治间谍行为,维护国家安全,根据宪法,制定本法。	第一条　为了**加强反间谍工作**,防范、制止和惩治间谍行为,维护国家安全,**保护人民利益**,根据宪法,制定本法。
第二条　反间谍工作坚持中央统一领导,坚持公开工作与秘密工作相结合、专门工作与群众路线相结合、积极防御、依法惩治的原则。	第二条　反间谍工作坚持**党中央集中统一领导**,**坚持总体国家安全观**,坚持公开工作与秘密工作相结合、专门工作与群众路线相结合、**坚持**积极防御、依法惩治、**标本兼治,筑牢国家安全人民防线**。
第五条　反间谍工作应当依法进行,尊重和保障人权,保障公民和组织的合法权益。	第三条　反间谍工作应当依法进行,尊重和保障人权,保障**个人**和组织的合法权益。

207

续表

反间谍法（2014年）	反间谍法（2023年）
第三十八条　本法所称间谍行为，是指下列行为： （一）间谍组织及其代理人实施或者指使、资助他人实施，或者境内外机构、组织、个人与其相勾结实施的危害中华人民共和国国家安全的活动； （二）参加间谍组织或者接受间谍组织及其代理人的任务的； （三）间谍组织及其代理人以外的其他境外机构、组织、个人实施或者指使、资助他人实施，或者境内机构、组织、个人与其相勾结实施的窃取、刺探、收买或者非法提供国家秘密或者情报，或者策动、引诱、收买国家工作人员叛变的活动； （四）为敌人指示攻击目标的； （五）进行其他间谍活动的。	第四条　本法所称间谍行为，是指下列行为： （一）间谍组织及其代理人实施或者指使、资助他人实施，或者境内外机构、组织、个人与其相勾结实施的危害中华人民共和国国家安全的活动； （二）参加间谍组织或者接受间谍组织及其代理人的任务，或者投靠间谍组织及其代理人； （三）间谍组织及其代理人以外的其他境外机构、组织、个人实施或者指使、资助他人实施，或者境内机构、组织、个人与其相勾结实施的窃取、刺探、收买、非法提供国家秘密、情报以及其他关系国家安全和利益的文件、数据、资料、物品，或者策动、引诱、胁迫、收买国家工作人员叛变的活动； （四）间谍组织及其代理人实施或者指使、资助他人实施，或者境内外机构、组织、个人与其相勾结实施针对国家机关、涉密单位或者关键信息基础设施等的网络攻击、侵入、干扰、控制、破坏等活动； （五）为敌人指示攻击目标； （六）进行其他间谍活动。 间谍组织及其代理人在中华人民共和国领域内，或者利用中华人民共和国的公民、组织或者其他条件，从事针对第三国的间谍活动，

续表

反间谍法（2014年）	反间谍法（2023年）
	危害中华人民共和国国家安全的，适用本法。
	第五条 国家建立反间谍工作协调机制，统筹协调反间谍工作中的重大事项，研究、解决反间谍工作中的重大问题。
第三条 国家安全机关是反间谍工作的主管机关。 公安、保密行政管理等其他有关部门和军队有关部门按照职责分工，密切配合，加强协调，依法做好有关工作。	**第六条** 国家安全机关是反间谍工作的主管机关。 公安、保密等有关部门和军队有关部门按照职责分工，密切配合，加强协调，依法做好有关工作。
第四条 中华人民共和国公民有维护国家的安全、荣誉和利益的义务，不得有危害国家的安全、荣誉和利益的行为。 一切国家机关和武装力量、各政党和各社会团体及各企业事业组织，都有防范、制止间谍行为，维护国家安全的义务。 国家安全机关在反间谍工作中必须依靠人民的支持，动员、组织人民防范、制止危害国家安全的间谍行为。	**第七条** 中华人民共和国公民有维护国家的安全、荣誉和利益的义务，不得有危害国家的安全、荣誉和利益的行为。 一切国家机关和武装力量、各政党和各人民团体、企业事业组织和其他社会组织，都有防范、制止间谍行为，维护国家安全的义务。 国家安全机关在反间谍工作中必须依靠人民的支持，动员、组织人民防范、制止间谍行为。
第二十条第一款 公民和组织应当为反间谍工作提供便利或者其他协助。 **第二十三条** 任何公民和组织都应当保守所知悉的有关反间谍工作的国家秘密。	**第八条** 任何公民和组织都应当依法支持、协助反间谍工作，保守所知悉的国家秘密和反间谍工作秘密。

续表

反间谍法（2014年）	反间谍法（2023年）
第七条　国家对支持、协助反间谍工作的组织和个人给予保护，对有重大贡献的给予奖励。	第九条　国家对支持、协助反间谍工作的个人和组织给予保护。对举报间谍行为或者在反间谍工作中做出重大贡献的个人和组织，按照国家有关规定给予表彰和奖励。
第六条　境外机构、组织、个人实施或者指使、资助他人实施的，或者境内机构、组织、个人与境外机构、组织、个人相勾结实施的危害中华人民共和国国家安全的间谍行为，都必须受到法律追究。	第十条　境外机构、组织、个人实施或者指使、资助他人实施的，或者境内机构、组织、个人与境外机构、组织、个人相勾结实施的危害中华人民共和国国家安全的间谍行为，都必须受到法律追究。
第十七条　国家安全机关及其工作人员在工作中，应当严格依法办事，不得超越职权、滥用职权，不得侵犯组织和个人的合法权益。 国家安全机关及其工作人员依法履行反间谍工作职责获取的组织和个人的信息、材料，只能用于反间谍工作。对属于国家秘密、商业秘密和个人隐私的，应当保密。	第十一条　国家安全机关及其工作人员在工作中，应当严格依法办事，不得超越职权、滥用职权，不得侵犯个人和组织的合法权益。 国家安全机关及其工作人员依法履行反间谍工作职责获取的个人和组织的信息，只能用于反间谍工作。对属于国家秘密、工作秘密、商业秘密和个人隐私、个人信息的，应当保密。
第二章　国家安全机关在反间谍工作中的职权	第二章　安全防范
第十九条　机关、团体和其他组织应当对本单位的人员进行维护国家安全的教育，动员、组织本单位的人员防范、制止间谍行为。	第十二条　国家机关、人民团体、企业事业组织和其他社会组织承担本单位反间谍安全防范工作的主体责任，落实反间谍安全防范措施，对本单位的人员进行维护国家

210

续表

反间谍法（2014年）	反间谍法（2023年）
	安全的教育，动员、组织本单位的人员防范、制止间谍行为。 地方各级人民政府、相关行业主管部门按照职责分工，管理本行政区域、本行业有关反间谍安全防范工作。 国家安全机关依法协调指导、监督检查反间谍安全防范工作。
	第十三条　各级人民政府和有关部门应当组织开展反间谍安全防范宣传教育，将反间谍安全防范知识纳入教育、培训、普法宣传内容，增强全民反间谍安全防范意识和国家安全素养。 新闻、广播、电视、文化、互联网信息服务等单位，应当面向社会有针对性地开展反间谍宣传教育。 国家安全机关应当根据反间谍安全防范形势，指导有关单位开展反间谍宣传教育活动，提高防范意识和能力。
第二十四条　任何个人和组织都不得非法持有属于国家秘密的文件、资料和其他物品。	第十四条　任何个人和组织都不得非法**获取**、持有属于国家秘密的文件、**数据**、资料、物品。
第二十五条　任何个人和组织都不得非法持有、使用间谍活动特殊需要的专用间谍器材。专用间谍器材由国务院国家安全主管部门依照国家有关规定确认。	第十五条　任何个人和组织都不得非法**生产**、**销售**、持有、使用间谍活动特殊需要的专用间谍器材。专用间谍器材由国务院国家安全主管部门依照国家有关规定确认。

续表

反间谍法（2014年）	反间谍法（2023年）
第二十一条 公民和组织发现间谍行为，应当及时向国家安全机关报告；向公安机关等其他国家机关、组织报告的，相关国家机关、组织应当立即移送国家安全机关处理。	第十六条 任何公民和组织发现间谍行为，应当及时向国家安全机关举报；向公安机关等其他国家机关、组织举报的，相关国家机关、组织应当立即移送国家安全机关处理。 国家安全机关应当将受理举报的电话、信箱、网络平台等向社会公开，依法及时处理举报信息，并为举报人保密。
	第十七条 国家建立反间谍安全防范重点单位管理制度。 反间谍安全防范重点单位应当建立反间谍安全防范工作制度，履行反间谍安全防范工作要求，明确内设职能部门和人员承担反间谍安全防范职责。
	第十八条 反间谍安全防范重点单位应当加强对工作人员反间谍安全防范的教育和管理，对离岗离职人员脱密期内履行反间谍安全防范义务的情况进行监督检查。
	第十九条 反间谍安全防范重点单位应当加强对涉密事项、场所、载体等的日常安全防范管理，采取隔离加固、封闭管理、设置警戒等反间谍物理防范措施。

续表

反间谍法（2014年）	反间谍法（2023年）
	第二十条 反间谍安全防范重点单位应当按照反间谍技术防范的要求和标准，采取相应的技术措施和其他必要措施，加强对要害部门部位、网络设施、信息系统的反间谍技术防范。
	第二十一条 在重要国家机关、国防军工单位和其他重要涉密单位以及重要军事设施的周边安全控制区域内新建、改建、扩建建设项目的，由国家安全机关实施涉及国家安全事项的建设项目许可。 县级以上地方各级人民政府编制国民经济和社会发展规划、国土空间规划等有关规划，应当充分考虑国家安全因素和划定的安全控制区域，征求国家安全机关的意见。 安全控制区域的划定应当统筹发展和安全，坚持科学合理、确有必要的原则，由国家安全机关会同发展改革、自然资源、住房城乡建设、保密、国防科技工业等部门以及军队有关部门共同划定，报省、自治区、直辖市人民政府批准并动态调整。 涉及国家安全事项的建设项目许可的具体实施办法，由国务院国家安全主管部门会同有关部门制定。

续表

反间谍法（2014年）	反间谍法（2023年）
第十六条　国家安全机关根据反间谍工作需要，可以会同有关部门制定反间谍技术防范标准，指导有关部门落实反间谍技术防范措施，对存在隐患的部门，经过严格的批准手续，可以进行反间谍技术防范检查和检测。	第二十二条　国家安全机关根据反间谍工作需要，可以会同有关部门制定反间谍技术防范标准，指导有关单位落实反间谍技术防范措施，对存在隐患的单位，经过严格的批准手续，可以进行反间谍技术防范检查和检测。
第三章　公民和组织的义务和权利	第三章　调查处置
第八条　国家安全机关在反间谍工作中依法行使侦查、拘留、预审和执行逮捕以及法律规定的其他职权。	第二十三条　国家安全机关在反间谍工作中依法行使本法和有关法律规定的职权。
第九条　国家安全机关的工作人员依法执行任务时，依照规定出示相应证件，有权查验中国公民或者境外人员的身份证明，向有关组织和人员调查、询问有关情况。	第二十四条　国家安全机关工作人员依法执行反间谍工作任务时，依照规定出示工作证件，可以查验中国公民或者境外人员的身份证明，向有关个人和组织问询有关情况，对身份不明、有间谍行为嫌疑的人员，可以查看其随带物品。
第十三条　国家安全机关因反间谍工作需要，可以依照规定查验有关组织和个人的电子通信工具、器材等设备、设施。查验中发现存在危害国家安全情形的，国家安全机关应当责令其整改；拒绝整改或者整改后仍不符合要求的，可以予以查封、扣押。 对依照前款规定查封、扣押的	第二十五条　国家安全机关工作人员依法执行反间谍工作任务时，经设区的市级以上国家安全机关负责人批准，出示工作证件，可以查验有关个人和组织的电子设备、设施及有关程序、工具。查验中发现存在危害国家安全情形的，国家安全机关应当责令其采取措施立即整改。拒绝整改或者整改后仍

续表

反间谍法（2014年）	反间谍法（2023年）
设备、设施，在危害国家安全的情形消除后，国家安全机关应当及时解除查封、扣押。	**存在危害国家安全隐患**的，可以予以查封、扣押。 对依照前款规定查封、扣押的**电子**设备、设施**及有关程序、工具**，在危害国家安全的情形消除后，国家安全机关应当及时解除查封、扣押。
第十条　国家安全机关**的**工作人员依法执行任务时，**依照规定出示相应证件，可以进入有关场所、单位**；根据国家有关规定，经过批准，**出示相应证件，可以进入限制进入的有关地区、场所、单位**，查阅或者调取有关的**档案**、资料、物品。	第二十六条　国家安全机关工作人员依法执行**反间谍工作任务**时，根据国家有关规定，经设区的**市级以上国家安全机关负责人批准**，可以查阅、调取有关的**文件、数据**、资料、物品，有关个人和组织应当予以配合。查阅、调取不得超出执行反间谍工作任务所需的范围和限度。
	第二十七条　需要传唤违反本法的人员接受调查的，经国家安全机关办案部门负责人批准，使用传唤证传唤。对现场发现的违反本法的人员，国家安全机关工作人员依照规定出示工作证件，可以口头传唤，但应当在询问笔录中注明。传唤的原因和依据应当告知被传唤人。对无正当理由拒不接受传唤或者逃避传唤的人，可以强制传唤。 国家安全机关应当在被传唤人所在市、县内的指定地点或者其住所进行询问。 国家安全机关对被传唤人应当

215

续表

反间谍法（2014年）	反间谍法（2023年）
	及时询问查证。询问查证的时间不得超过八小时；情况复杂，可能适用行政拘留或者涉嫌犯罪的，询问查证的时间不得超过二十四小时。国家安全机关应当为被传唤人提供必要的饮食和休息时间。严禁连续传唤。 除无法通知或者可能妨碍调查的情形以外，国家安全机关应当及时将传唤的原因通知被传唤人家属。在上述情形消失后，应当立即通知被传唤人家属。
第三十二条　对非法持有属于国家秘密的文件、资料和其他物品的，以及非法持有、使用专用间谍器材的，国家安全机关可以依法对其人身、物品、住处和其他有关的地方进行搜查；对其非法持有的属于国家秘密的文件、资料和其他物品，以及非法持有、使用的专用间谍器材予以没收。非法持有属于国家秘密的文件、资料和其他物品，构成犯罪的，依法追究刑事责任；尚不构成犯罪的，由国家安全机关予以警告或者处十五日以下行政拘留。	第二十八条　国家安全机关调查间谍行为，经设区的市级以上国家安全机关负责人批准，可以依法对涉嫌间谍行为的人身、物品、场所进行检查。 检查女性身体的，应当由女性工作人员进行。
	第二十九条　国家安全机关调查间谍行为，经设区的市级以上国家安全机关负责人批准，可以查询涉嫌间谍行为人员的相关财产信息。

216

续表

反间谍法（2014年）	反间谍法（2023年）
第十五条　国家安全机关对用于间谍行为的工具和其他财物，以及用于资助间谍行为的资金、场所、物资，经设区的市级以上国家安全机关负责人批准，可以依法查封、扣押、冻结。	第三十条　国家安全机关调查间谍行为，经设区的市级以上国家安全机关负责人批准，可以对涉嫌用于间谍行为的场所、设施或者财物依法查封、扣押、冻结；不得查封、扣押、冻结与被调查的间谍行为无关的场所、设施或者财物。
	第三十一条　国家安全机关工作人员在反间谍工作中采取查阅、调取、传唤、检查、查询、查封、扣押、冻结等措施，应当由二人以上进行，依照有关规定出示工作证件及相关法律文书，并由相关人员在有关笔录等书面材料上签名、盖章。 　　国家安全机关工作人员进行检查、查封、扣押等重要取证工作，应当对全过程进行录音录像，留存备查。
第二十二条　在国家安全机关调查了解有关间谍行为的情况、收集有关证据时，有关组织和个人应当如实提供，不得拒绝。	第三十二条　在国家安全机关调查了解有关间谍行为的情况、收集有关证据时，有关个人和组织应当如实提供，不得拒绝。
	第三十三条　对出境后可能对国家安全造成危害，或者对国家利益造成重大损失的中国公民，国务院国家安全主管部门可以决定其在一定期限内不准出境，并通知移民管理机构。 　　对涉嫌间谍行为人员，省级以上国家安全机关可以通知移民管理机构不准其出境。

217

续表

反间谍法（2014 年）	反间谍法（2023 年）
	第三十四条　对入境后可能进行危害中华人民共和国国家安全活动的境外人员，国务院国家安全主管部门可以通知移民管理机构不准其入境。
	第三十五条　对国家安全机关通知不准出境或者不准入境的人员，移民管理机构应当按照国家有关规定执行；不准出境、入境情形消失的，国家安全机关应当及时撤销不准出境、入境决定，并通知移民管理机构。
	第三十六条　国家安全机关发现涉及间谍行为的网络信息内容或者网络攻击等风险，应当依照《中华人民共和国网络安全法》规定的职责分工，及时通报有关部门，由其依法处置或者责令电信业务经营者、互联网服务提供者及时采取修复漏洞、加固网络防护、停止传输、消除程序和内容、暂停相关服务、下架相关应用、关闭相关网站等措施，保存相关记录。情况紧急，不立即采取措施将对国家安全造成严重危害的，由国家安全机关责令有关单位修复漏洞、停止相关传输、暂停相关服务，并通报有关部门。 　　经采取相关措施，上述信息内容或者风险已经消除的，国家安全机关和有关部门应当及时作出恢复相关传输和服务的决定。

续表

反间谍法（2014年）	反间谍法（2023年）
第十二条　国家安全机关因侦察间谍行为的需要，根据国家有关规定，经过严格的批准手续，可以采取技术侦察措施。	第三十七条　国家安全机关因反间谍工作需要，根据国家有关规定，经过严格的批准手续，可以采取技术侦察措施和身份保护措施。
	第三十八条　对违反本法规定，涉嫌犯罪，需要对有关事项是否属于国家秘密或者情报进行鉴定以及需要对危害后果进行评估的，由国家保密部门或者省、自治区、直辖市保密部门按照程序在一定期限内进行鉴定和组织评估。
	第三十九条　国家安全机关经调查，发现间谍行为涉嫌犯罪的，应当依照《中华人民共和国刑事诉讼法》的规定立案侦查。
	第四章　保障与监督
第十八条　国家安全机关工作人员依法执行职务受法律保护。	第四十条　国家安全机关工作人员依法履行职责，受法律保护。
	第四十一条　国家安全机关依法调查间谍行为，邮政、快递等物流运营单位和电信业务经营者、互联网服务提供者应当提供必要的支持和协助。
第十一条第一款　国家安全机关的工作人员在依法执行紧急任务的情况下，经出示相应证件，可以优先乘坐公共交通工具，遇交通阻碍时，优先通行。	第四十二条　国家安全机关工作人员因执行紧急任务需要，经出示工作证件，享有优先乘坐公共交通工具、优先通行等通行便利。

续表

反间谍法（2014 年）	反间谍法（2023 年）
第十条 国家安全机关的工作人员依法执行任务时，依照规定出示相应证件，可以进入有关场所、单位；根据国家有关规定，经过批准，出示相应证件，可以进入限制进入的有关地区、场所、单位，查阅或者调取有关的档案、资料、物品。	**第四十三条** 国家安全机关工作人员依法执行任务时，依照规定出示工作证件，可以进入有关场所、单位；根据国家有关规定，经过批准，出示工作证件，可以进入限制进入的有关地区、场所、单位。
第十一条第二款 国家安全机关因反间谍工作需要，按照国家有关规定，可以优先使用或者依法征用机关、团体、企业事业组织和个人的交通工具、通信工具、场地和建筑物，必要时，可以设置相关工作场所和设备、设施，任务完成后应当及时归还或者恢复原状，并依照规定支付相应费用；造成损失的，应当补偿。	**第四十四条** 国家安全机关因反间谍工作需要，根据国家有关规定，可以优先使用或者依法征用国家机关、人民团体、企业事业组织和其他社会组织以及个人的交通工具、通信工具、场地和建筑物等，必要时可以设置相关工作场所和设施设备，任务完成后应当及时归还或者恢复原状，并依照规定支付相应费用；造成损失的，应当给予补偿。
第十四条 国家安全机关因反间谍工作需要，根据国家有关规定，可以提请海关、边防等检查机关对有关人员和资料、器材免检。有关检查机关应当予以协助。	**第四十五条** 国家安全机关因反间谍工作需要，根据国家有关规定，可以提请海关、移民管理等检查机关对有关人员提供通关便利，对有关资料、器材等予以免检。有关检查机关应当依法予以协助。
第二十条 公民和组织应当为反间谍工作提供便利或者其他协助。因协助反间谍工作，本人或者其近亲属的人身安全面临危险的，可以向国家安全机关请求予以保护。国家安全机关应当会同有关部门依法采取保护措施。	**第四十六条** 国家安全机关工作人员因执行任务，或者个人因协助执行反间谍工作任务，本人或者其近亲属的人身安全受到威胁时，国家安全机关应当会同有关部门依法采取必要措施，予以保护、营救。

续表

反间谍法（2014年）	反间谍法（2023年）
	个人因支持、协助反间谍工作，本人或者其近亲属的人身安全面临危险的，可以向国家安全机关请求予以保护。国家安全机关应当会同有关部门依法采取保护措施。 个人和组织因支持、协助反间谍工作导致财产损失的，根据国家有关规定给予补偿。
	第四十七条　对为反间谍工作做出贡献并需要安置的人员，国家给予妥善安置。 公安、民政、财政、卫生健康、教育、人力资源和社会保障、退役军人事务、医疗保障、移民管理等有关部门以及国有企业事业单位应当协助国家安全机关做好安置工作。
	第四十八条　对因开展反间谍工作或者支持、协助反间谍工作导致伤残或者牺牲、死亡的人员，根据国家有关规定给予相应的抚恤优待。
	第四十九条　国家鼓励反间谍领域科技创新，发挥科技在反间谍工作中的作用。
	第五十条　国家安全机关应当加强反间谍专业力量人才队伍建设和专业训练，提升反间谍工作能力。

续表

反间谍法（2014年）	反间谍法（2023年）
	对国家安全机关工作人员应当有计划地进行政治、理论和业务培训。培训应当坚持理论联系实际、按需施教、讲求实效，提高专业能力。
	第五十一条　国家安全机关应当严格执行内部监督和安全审查制度，对其工作人员遵守法律和纪律等情况进行监督，并依法采取必要措施，定期或者不定期进行安全审查。
第二十六条　任何个人和组织对国家安全机关及其工作人员超越职权、滥用职权和其他违法行为，都有权向上级国家安全机关或者有关部门检举、控告。受理检举、控告的国家安全机关或者有关部门应当及时查清事实，负责处理，并将处理结果及时告知检举人、控告人。 对协助国家安全机关工作或者依法检举、控告的个人和组织，任何个人和组织不得压制和打击报复。	第五十二条　任何个人和组织对国家安全机关及其工作人员超越职权、滥用职权和其他违法行为，都有权向上级国家安全机关或者监察机关、人民检察院等有关部门检举、控告。受理检举、控告的国家安全机关或者监察机关、人民检察院等有关部门应当及时查清事实，依法处理，并将处理结果及时告知检举人、控告人。 对支持、协助国家安全机关工作或者依法检举、控告的个人和组织，任何个人和组织不得压制和打击报复。
第四章　法律责任	第五章　法律责任
第二十七条第一款　境外机构、组织、个人实施或者指使、资助他人实施，或者境内机构、组织、	第五十三条　实施间谍行为，构成犯罪的，依法追究刑事责任。

续表

反间谍法（2014年）	反间谍法（2023年）
个人与境外机构、组织、个人相勾结实施间谍行为，构成犯罪的，依法追究刑事责任。	
	第五十四条 个人实施间谍行为，尚不构成犯罪的，由国家安全机关予以警告或者处十五日以下行政拘留，单处或者并处五万元以下罚款，违法所得在五万元以上的，单处或者并处违法所得一倍以上五倍以下罚款，并可以由有关部门依法予以处分。 明知他人实施间谍行为，为其提供信息、资金、物资、劳务、技术、场所等支持、协助，或者窝藏、包庇，尚不构成犯罪的，依照前款的规定处罚。 单位有前两款行为的，由国家安全机关予以警告，单处或者并处五十万元以下罚款，违法所得在五十万元以上的，单处或者并处违法所得一倍以上五倍以下罚款，并对直接负责的主管人员和其他直接责任人员，依照第一款的规定处罚。 国家安全机关根据相关单位、人员违法情节和后果，可以建议有关主管部门依法责令停止从事相关业务、提供相关服务或者责令停产停业、吊销有关证照、撤销登记。有关主管部门应当将作出行政处理的情况及时反馈国家安全机关。

223

续表

反间谍法（2014 年）	反间谍法（2023 年）
第二十七条第二款　实施间谍行为，有自首或者立功表现的，可以从轻、减轻或者免除处罚；有重大立功表现的，给予奖励。 第二十八条　在境外受胁迫或者受诱骗参加敌对组织、间谍组织，从事危害中华人民共和国国家安全的活动，及时向中华人民共和国驻外机构如实说明情况，或者入境后直接或者通过所在单位及时向国家安全机关、公安机关如实说明情况，并有悔改表现的，可以不予追究。	第五十五条　实施间谍行为，有自首或者立功表现的，可以从轻、减轻或者免除处罚；有重大立功表现的，给予奖励。 在境外受胁迫或者受诱骗参加间谍组织、敌对组织，从事危害中华人民共和国国家安全的活动，及时向中华人民共和国驻外机构如实说明情况，或者入境后直接或者通过所在单位及时向国家安全机关如实说明情况，并有悔改表现的，可以不予追究。
	第五十六条　国家机关、人民团体、企业事业组织和其他社会组织未按照本法规定履行反间谍安全防范义务的，国家安全机关可以责令改正；未按照要求改正的，国家安全机关可以约谈相关负责人，必要时可以将约谈情况通报该单位上级主管部门；产生危害后果或者不良影响的，国家安全机关可以予以警告、通报批评；情节严重的，对负有责任的领导人员和直接责任人员，由有关部门依法予以处分。
	第五十七条　违反本法第二十一条规定新建、改建、扩建建设项目的，由国家安全机关责令改正，予以警告；拒不改正或者情节严重的，责令停止建设或者使用、暂扣或者吊销许可证件，或者建议有关主管部门依法予以处理。

续表

反间谍法（2014年）	反间谍法（2023年）
	第五十八条　违反本法第四十一条规定的，由国家安全机关责令改正，予以警告或者通报批评；拒不改正或者情节严重的，由有关主管部门依照相关法律法规予以处罚。
	第五十九条　违反本法规定，拒不配合数据调取的，由国家安全机关依照《中华人民共和国数据安全法》的有关规定予以处罚。
第三十一条　泄露有关反间谍工作的国家秘密的，由国家安全机关处十五日以下行政拘留；构成犯罪的，依法追究刑事责任。 第二十九条　明知他人有间谍犯罪行为，在国家安全机关向其调查有关情况、收集有关证据时，拒绝提供的，由其所在单位或者上级主管部门予以处分，或者由国家安全机关处十五日以下行政拘留；构成犯罪的，依法追究刑事责任。 第三十条　以暴力、威胁方法阻碍国家安全机关依法执行任务的，依法追究刑事责任。 故意阻碍国家安全机关依法执行任务，未使用暴力、威胁方法，造成严重后果的，依法追究刑事责任；情节较轻的，由国家安全机关处十五日以下行政拘留。	第六十条　违反本法规定，有下列行为之一，构成犯罪的，依法追究刑事责任；尚不构成犯罪的，由国家安全机关予以警告或者处十日以下行政拘留，可以并处三万元以下罚款： （一）泄露有关反间谍工作的国家秘密； （二）明知他人有间谍犯罪行为，在国家安全机关向其调查有关情况、收集有关证据时，拒绝提供； （三）故意阻碍国家安全机关依法执行任务； （四）隐藏、转移、变卖、损毁国家安全机关依法查封、扣押、冻结的财物； （五）明知是间谍行为的涉案财物而窝藏、转移、收购、代为销售或者以其他方法掩饰、隐瞒；

续表

反间谍法（2014年）	反间谍法（2023年）
第三十三条 隐藏、转移、变卖、损毁国家安全机关依法查封、扣押、冻结的财物的，或者明知是间谍活动的涉案财物而窝藏、转移、收购、代为销售或者以其他方法掩饰、隐瞒的，由国家安全机关追回。构成犯罪的，依法追究刑事责任。	（六）对依法支持、协助国家安全机关工作的个人和组织进行打击报复。
第三十二条 对非法持有属于国家秘密的文件、资料和其他物品的，以及非法持有、使用专用间谍器材的，国家安全机关可以依法对其人身、物品、住处和其他有关的地方进行搜查；对其非法持有的属于国家秘密的文件、资料和其他物品，以及非法持有、使用的专用间谍器材予以没收。非法持有属于国家秘密的文件、资料和其他物品，构成犯罪的，依法追究刑事责任；尚不构成犯罪的，由国家安全机关予以警告或者处十五日以下行政拘留。	第六十一条 非法获取、持有属于国家秘密的文件、数据、资料、物品，以及非法生产、销售、持有、使用专用间谍器材，尚不构成犯罪的，由国家安全机关予以警告或者处十日以下行政拘留。
第三十六条第一款 国家安全机关对依照本法查封、扣押、冻结的财物，应当妥善保管，并按照下列情形分别处理： （一）涉嫌犯罪的，依照刑事诉讼法的规定处理； （二）尚不构成犯罪，有违法事实的，对依法应当没收的予以没收，依法应当销毁的予以销毁；	第六十二条 国家安全机关对依照本法查封、扣押、冻结的财物，应当妥善保管，并按照下列情形分别处理： （一）涉嫌犯罪的，依照《中华人民共和国刑事诉讼法》等有关法律的规定处理； （二）尚不构成犯罪，有违法事实的，对依法应当没收的予以没

续表

反间谍法（2014年）	反间谍法（2023年）
（三）没有违法事实的，或者与案件无关的，应当解除查封、扣押、冻结，并及时返还相关财物；造成损失的，应当依法赔偿。	收，依法应当销毁的予以销毁； （三）没有违法事实的，或者与案件无关的，应当解除查封、扣押、冻结，并及时返还相关财物；造成损失的，应当依法**予以**赔偿。
第三十二条 对非法持有属于国家秘密的文件、资料和其他物品的，以及非法持有、使用专用间谍器材的，国家安全机关可以依法对其人身、物品、住处和其他有关的地方进行搜查；对其非法持有的属于国家秘密的文件、资料和其他物品，以及非法持有、使用的专用间谍器材予以没收。非法持有属于国家秘密的文件、资料和其他物品，构成犯罪的，依法追究刑事责任；尚不构成犯罪的，由国家安全机关予以警告或者处十五日以下行政拘留。	第六十三条 涉案财物符合下列情形之一的，应当依法予以追缴、没收，或者采取措施消除隐患： （一）**违法所得的财物及其孳息、收益，供实施间谍行为所用的本人财物**； （二）非法**获取**、持有的属于国家秘密的文件、**数据**、资料、物品； （三）非法**生产**、**销售**、持有、使用的专用间谍器材。
	第六十四条 行为人及其近亲属或者其他相关人员，因行为人实施间谍行为从间谍组织及其代理人获取的所有利益，由国家安全机关依法采取追缴、没收等措施。
第三十六条第二款 国家安全机关没收的财物，一律上缴国库。	第六十五条 国家安全机关**依法收缴的罚款以及**没收的财物，一律上缴国库。
第三十四条 境外人员违反本法的，可以限期**离境**或者驱逐出境。	第六十六条 境外人员违反本法的，**国务院国家安全主管部门**可以**决定**限期出境，**并决定其不准入**

227

续表

反间谍法（2014年）	反间谍法（2023年）
	境的期限。未在规定期限内离境的，可以遣送出境。 对违反本法的境外人员，国务院国家安全主管部门决定驱逐出境的，自被驱逐出境之日起十年内不准入境，国务院国家安全主管部门的处罚决定为最终决定。
	第六十七条　国家安全机关作出行政处罚决定之前，应当告知当事人拟作出的行政处罚内容及事实、理由、依据，以及当事人依法享有的陈述、申辩、要求听证等权利，并依照《中华人民共和国行政处罚法》的有关规定实施。
第三十五条　当事人对行政处罚决定、行政强制措施决定不服的，可以自接到决定书之日起六十日内，向作出决定的上一级机关申请复议；对复议决定不服的，可以自接到复议决定书之日起十五日内向人民法院提起诉讼。	第六十八条　当事人对行政处罚决定、行政强制措施决定、**行政许可**决定不服的，可以自**收到**决定书之日起六十日内，**依法**申请复议；对复议决定不服的，可以自**收到**复议决定书之日起十五日内，**依法**向人民法院提起诉讼。
第三十七条　国家安全机关工作人员滥用职权、玩忽职守、徇私舞弊，构成犯罪的，或者有非法拘禁、刑讯逼供、暴力取证、违反规定泄露国家秘密、商业秘密和个人隐私等行为，构成犯罪的，依法追究刑事责任。	第六十九条　国家安全机关工作人员滥用职权、玩忽职守、徇私舞弊，或者有非法拘禁、刑讯逼供、暴力取证、违反规定泄露国家秘密、**工作秘密**、商业秘密和个人隐私、**个人信息**等行为，**依法予以处分**，构成犯罪的，依法追究刑事责任。

续表

反间谍法（2014年）	反间谍法（2023年）
第五章　附　则	第六章　附　则
第三十九条　国家安全机关、公安机关依照法律、行政法规和国家有关规定，履行防范、制止和惩治间谍行为以外的其他危害国家安全行为的职责，适用本法的有关规定。	第七十条　国家安全机关依照法律、行政法规和国家有关规定，履行防范、制止和惩治间谍行为以外的危害国家安全行为的职责，适用本法的有关规定。 公安机关在依法履行职责过程中发现、惩治危害国家安全的行为，适用本法的有关规定。
第四十条　本法自公布之日起施行。1993年2月22日第七届全国人民代表大会常务委员会第三十次会议通过的《中华人民共和国家安全法》同时废止。	第七十一条　本法自2023年7月1日起施行。

国家安全机关公布一批
危害国家安全典型案例（节录）[1]

……

警惕"国门"之外的圈套陷阱

随着中国日益走近世界舞台中央，我们与世界的联系更加紧密，中国公民出国学习、工作、旅游也越来越方便。然而，"国门"之外不仅有异域风情、美景美食，境外间谍情报机关也看准一些人出国后放松心理戒备的时机，趁机设置圈套陷阱，对我国公民人身安全造成威胁，给我国家安全和利益带来了风险隐患。

赵学军是一名航天领域的科研人员，在赴国外大学做访问学者期间，被境外间谍情报机关人员一步步拉拢策反，出卖科研进展情况，严重危害我国家安全。起初，对方只是约他吃饭出游、赠送礼物。随着双方关系拉近，对方不时向他询问一些敏感问题，并支付不菲的咨询费用。赵学军临近回国前，对方向他亮明了间谍情报机关人员身份，将赵学军策反。随后，该国间谍情报机关为赵学军配备了专用U盘和网站，用于下达任务指令和回传情报信息。赵学军访学结束回国后，在国内多地继续与该国间谍情报机关人员多次见面，通过当面交谈及专用网站传递等方式向对方提供了大量涉密资料，并以现金形式收受间谍经费。不久

---

[1] 参见《国家安全机关公布一批危害国家安全典型案例》，载中国长安网，http://www.chinapeace.gov.cn/chinapeace/c100007/2023-04/14/content_12649192.shtml，最后访问日期：2023年4月24日。

后，赵学军的间谍行为引起了国家安全机关注意。2019年6月，北京市国家安全机关依法对赵学军采取强制措施。2022年8月，人民法院以间谍罪判处赵学军有期徒刑7年，剥夺政治权利3年，并处没收个人财产人民币20万元。

上述案例中，赵学军是因航天领域专家的身份被境外间谍情报机关重点关注，进而拉拢策反。与此类案件所不同的是，近年来，国家安全机关工作掌握，境外一些组织机构利用个别人对外国生活的向往，诱骗我国公民至国外，逼迫其从事污蔑抹黑我国家形象的活动，严重危害了我国家安全和公民人身安全。

河北省国家安全机关工作发现，郑富兴和王培月是一家境外所谓"移民服务公司"的境内骨干成员。该公司以"正常渠道移民"为幌子，在我国境内招揽客户，号称仅需10万元"办证费"即可办理移民手续。该团伙通过办理旅游签证等方式，将"客户"运作出国。等到"客户"顺利抵达国外后，该团伙才暴露出真实嘴脸。他们通过威逼利诱等方式，要求"客户"伪造包括户口本、拘传证、强制堕胎证明在内的各类"证件文书"，公开宣称自己"在国内遭受迫害"，以"无中生有"的所谓"罪证"造谣抹黑我国家形象。随后，该团伙还会以"政治避难代办费"等各种名义向"客户"不断索要费用。"客户"当中的许多人最终因交不起费用，被该团伙抛弃，在家人的接济下艰难返回国内。2021年10月，河北省国家安全机关依法对郑富兴、王培月采取强制措施。2022年5月，人民法院分别判处郑富兴、王培月有期徒刑3年9个月、3年6个月。

无论是因蝇头小利逐渐落入圈套，还是以"移民美梦"诱骗利用他人，这些为个人私利损害国家利益、危害国家安全的行为，最终也使自己付出了惨痛代价。国家安全机关提示，国门之外非法外之地，无论身处何处，维护国家安全都是每一个中国公民应尽的责任和义务。

认清网络伪装背后的违法犯罪

"用社交网络来生活,用生活来维系社交网络"日益成为当下人们生活的真实写照。全世界的人通过互联网联系起来,社交网络正强烈影响着人们的现实生活。我们在享受社交网络带来的身心愉悦、生活便利的同时,也应提高防范意识,警惕别有用心之人利用网络技术伪装身份,以"交友""咨询""兼职"等名义搜集情报,或以博人眼球的方式造谣生事甚至危害国家安全。

韩潇是新疆某地的一名普通基层公务员。2016年12月,韩潇赴外地旅游期间,通过手机交友软件与当地一网友结识,相谈甚欢。回到家中后,韩潇经常在网上向对方分享自己的生活,并不时抱怨自己的工资太低。对方随即向韩潇介绍,称自己的堂哥"陈逸"能够提供兼职,帮助其赚取外快。随后,"陈逸"添加韩潇为微信好友,并要求韩潇提供当地的一些敏感信息,并承诺支付报酬。韩潇应允后,"陈逸"进一步以金钱为诱惑,指挥韩潇搜集党政机关涉密文件。对方对韩潇提供的文件资料极为重视,为确保安全,专门对韩潇进行了间谍培训,教授其沟通联络、传递情报的具体手法,并派专人向韩潇提供经费以及手机、SIM卡等通联工具。此时,韩潇在已经明知对方系境外间谍情报机关人员的情况下,为获取高额报酬,仍铤而走险继续搜集提供涉密文件。案发后,人民法院审理查明,韩潇先后向对方提供文件资料19份,其中机密级文件6份,秘密级文件8份,被鉴定为情报的资料5份,累计收取间谍经费12万余元。2019年3月,韩潇因犯间谍罪被判处有期徒刑11年6个月,剥夺政治权利4年,并处没收个人财产5万元人民币。

"人人都有麦克风的时代"催生了"网红"群体。他们当中的佼佼者以传播正能量为己任,以独特的创意为载体,激发了互联网的新兴生命力。然而，也有一部分人以博人眼球、毫无底线的方式吸引关注，甚至突破法律底线，编造谎言抹黑国家和政府，造成恶劣影响，后果十分严重。

江苏省国家安全机关工作发现，2020年6月以来，张某一人假扮8名缅甸籍人员，在境外社交媒体网站开通数个账号，介绍国外日常生活、风土人情，发布2万余条贴文，吸引了数万粉丝关注。为了维持其虚假"人设"，张某恶意编造了大量耸人听闻的虚假消息和谣言，引发网民恐慌，造成恶劣影响。在吸引大量粉丝后，张某频繁以造谣、诽谤的方式，发布抹黑我国家形象、攻击党和政府的贴文，甚至煽动教唆他人以暴力方式推翻我国家政权，影响非常恶劣。在充分掌握张某违法犯罪证据后，2022年2月，国家安全机关依法对张某采取强制措施。

再"精心"的策划和虚假的伪装，也无法掩盖危害国家安全违法犯罪行为的本质。国家安全机关提醒，互联网不是逃避法律责任的"飞地"，任何利用网络窃取国家秘密、制造传播谣言、危害国家安全的行为，都必将受到法律的严惩。清朗的网络空间需要依法治理，更需要我们每一个人的共同努力。

识破非传统领域危害国家安全行为

随着我国综合国力的不断提升，境外间谍情报机关及反华敌对势力危害我国家安全的行为已经不再局限于传统安全领域。非传统安全领域的敌情形势，也给我国经济社会安全平稳发展带来风险隐患。一些组织和人员，打着境外非政府组织、调查咨询公司、高科技公司等旗号，从经济、生物、科技等领域入手，妄图在我国人权、产业链、供应链等领域"作文章"，给我国国家安全造成了危害。

李某是广东深圳一家咨询公司的负责人，他所经营的公司主要为境外公司提供供应链风险审核服务。为获得更多为境外企业服务的机会，几年前，李某的公司与境外非政府组织开展了合作。合作过程中，李某慢慢发现，这个非政府组织的态度渐渐发生了变化，他们对中国企业的审核标准越来越细，特别是针对所谓"新疆劳工"等内容提出了新的审核要求。尽管李某已经发觉，该境外非政府组织积极搜集所谓新疆"人权问题"的信息，是为了炮制"强迫劳动"谎言，为西方反华势力操弄涉疆问题、实施涉疆制裁提供"背书"，但为了追求经济利益，他们仍然承接执行了相关调查项目，给我国家安全和利益带来了风险隐患。广东省国家安全机关依据《中华人民共和国反间谍法》《中华人民共和国反间谍法实施细则》《反间谍安全防范工作规定》对李某予以处罚，并责令其公司实施整改。

近年来，一些背景复杂的境外非政府组织不断发展壮大，逐渐掌握了某些行业的国际准入标准。他们利用在行业内的特殊地位，对我国相关企业施加影响，对我国政治安全、经济安全，特别是产业链、供应链等重要领域造成了危害。与此同时，还有一些境外组织和人员，以"友善面孔"接近我国公民，以不易察觉的伪装实施危害国家安全行为，对传统安全和非传统安全均构成了严重威胁。

2019年8月，辽宁大连的海参养殖户张先生向国家安全机关举报称，两个月前，他的养殖场迎来了几名"不速之客"。黄某带领数名外籍人员，以"免费安装海水质量监测设备"为名，在张先生的海参养殖场安装了海洋水文监测设备和海空监控摄录设备。此后，张先生逐渐发现，水文监测设备的数据被源源不断地传输至境外，且很多数据与海参养殖并无关系，那些海空监控摄录设备对海参养殖更是毫无意义。张先生感觉情况可疑，便拨打12339向国家安全机关进行了举报。经鉴定，境外人员在我国海域非法安装的监测设备，观测范围涉及我国空中军事行动区域，可以对我国非开放海域潮汐、海流等重要敏感数据进行实时监测，对我国海洋权益及军事安全构成严重威胁。根据举报信息，辽宁省国家安全机关对黄某及数名外籍人员依法采取强制措施，并收缴了监测设备。黄某等人如实交代了非法窃取我国海洋水文数据和海空军事影像的违法犯罪事实。

当前，传统安全和非传统安全威胁叠加交织，对国家安全工作提出了更高的要求。一些危害国家安全的违法犯罪行为更加隐蔽，企业和个人稍不注意就会被利用。国家安全机关提示，广大人民群众应增强国家安全意识，时刻提高警惕，一旦发现危害国家安全的可疑情况，及时拨打国家安全机关举报受理电话12339进行举报。国家安全人人有责，只有全民携手共进，才能筑起坚不可摧的国家安全人民防线。

国家安全机关公布典型案例（节录）[①]

……

关键信息基础设施领域遭网络攻击窃密

2020年以来，国家安全机关工作发现，我国有关电信运营商、航空公司等单位内网和信息系统先后多次出现越权登录、数据外传等异常网络行为，疑似遭受网络攻击。国家安全机关依法开展技术检查，确认部分骨干网络节点设备、核心业务系统服务

---

① 参见《餐厅老板竟故意泄露国家秘密！国家安全机关公布典型案例》，载中国长安网，http://www.chinapeace.gov.cn/chinapeace/c100007/2022-04/16/content_12617280.shtml，最后访问日期：2023年4月24日。

器等被植入特种木马程序，已有部分数据被发送至境外。通过进一步深入调查证实，相关攻击活动是由某境外间谍情报机关精心策划、秘密实施的。该机构调集强力网络攻击力量，使用全球多地网络资源和先进网络武器，妄图实现对我国关键信息基础设施战略控制的目的。

针对上述案情，国家安全机关指导相关单位，立即采取有效措施，清除特种木马程序，堵塞技术漏洞，调整安全策略，加固网络防护，及时制止了危害蔓延。同时，对该境外间谍情报机关后续对我国实施的网络攻击行为，进行全天候跟踪监测和定向打击，及时发布预警信息，有效阻断通信链路，清除危害源头，成功粉碎其对我国"停服断网"图谋。

12339举报电话受理多条自首线索

近年来，国家安全机关持续加大国家安全法律法规和12339举报受理电话宣传力度。随着宣传教育的不断深入，公民自觉主动举报危害国家安全线索显著增多，其中有一些是悬崖勒马、主动自首的情况。在我国某重要军事基地周边，2021年1月至6月间，先后有4人主动向国家安全机关自首。其中2人是被他人"引荐"给境外间谍情报机关，另外2人是在使用某知名网络交友软件时被境外间谍情报机关实施了网络勾连。

吴某某，被朋友"引荐"给境外间谍情报机关后，按对方要求搜集了当地公告、交通管制信息等情况，并获取了对方给予的报酬。后来，因对方提出需要他想办法搜集"红头文件"，他才意识到对方可能是间谍，于2021年1月拨打12339自首。

沈某某，是一名退役军人，退役后以开私家车载客为兼职。一名受雇于境外间谍情报机关，在我国境内开展工作的人员搭乘其私家车进行观测时，将沈某某"引荐"了给境外间谍。对方认为沈某某具备观测军事目标的条件,于是对他实施了勾连,并部署搜集情报的任务。后来,沈某某发觉对方要求拍照的地点都是敏感的军事基地周边,意识到对方可能是境外间谍,于2021年5月主动向国家安全机关自首。

陈某某,在使用某网络交友软件时被境外间谍勾连。他执行了对方布置的观测任务并收受了报酬,后在家人劝说下,于2021年1月拨打12339自首。孙某某,同样在使用该交友软件时,被境外间谍网络勾连。对方要求他查看当地部队发布的道路管制公告、录制军事目标视频。孙某某认为对方的行为与新闻报道中的间谍行为很吻合,于2021年6月向国家安全机关自首。

鉴于4人主动向国家安全机关自首,且未造成实质性危害,当地国家安全机关依法免于处罚,没收其违法所得,并进行了教育训诫。

故意泄露国家安全机关工作秘密

2021年3月,因工作需要,国家安全机关多次前往北京市西城区某餐厅开展工作,依法要求该餐厅副经理黄某某配合调查,同时告知其保守秘密的义务。不久后,国家安全机关工作发现,该餐厅配合调查的情况疑似被其他人员知悉掌握,给后续工作开展带来了严重不利影响。国家安全机关随即对这一情况进行了深入调查。通过进一步调查取证,证实了黄某某涉嫌泄露有关反间谍工作的国家秘密。

经鉴定,黄某某泄露内容系秘密级国家秘密。在确凿的证据面前,黄某某如实交代,其在明确被告知应保守国家秘密的前提下,先后两次故意对外泄露国家安全机关依法开展工作的情况。此外,在国家安全机关此前依法要求黄某某配合调查时,他还对办案人员故意隐瞒了其所知悉的情况。针对以上违法事实,根据

《中华人民共和国反间谍法》第三十一条之规定，2021年6月17日，国家安全机关对黄某某处以行政拘留十五日的处罚。

《中华人民共和国国家安全法》第七十七条规定，公民和组织应当履行下列维护国家安全的义务：一是遵守宪法、法律法规关于国家安全的有关规定；二是及时报告危害国家安全活动的线索；三是如实提供所知悉的涉及危害国家安全活动的证据；四是为国家安全工作提供便利条件或者其他协助；五是向国家安全机关、公安机关和有关军事机关提供必要的支持和协助；六是保守所知悉的国家秘密；七是法律、行政法规规定的其他义务。

国家安全机关提醒，维护国家安全没有"局外人"，每个人都应该参与其中，贡献一份力量。国家越安全，人民就越有安全感；人民越有安全意识，国家安全也就越有依靠。

最高人民检察院发布4起检察机关依法惩治危害国家安全犯罪典型案例（节录）[①]

（2022年4月16日）

检察机关通过办案发现，近年来，随着互联网科技的迅速发展，网络招聘、网络交友等社交软件成了境外敌对势力渗透的温床，其利用网络发布高薪兼职信息，宣称"兼职技术含量不高、工作时间灵活、且报酬优厚"，极具诱惑性和误导性，网络求职者就业需求强烈，加之对国家安全知识缺乏了解，在"高报酬"的诱使下极易成为境外不法分子的"猎物"。尤其是学生、务工

---

① 参见《检察机关依法惩治危害国家安全犯罪典型案例》，载最高人民检察院官网，https：//www.spp.gov.cn/xwfbh/wsfbt/202204/t20220416_554500.shtml#1，最后访问日期：2023年4月24日。

人员以及无业青年，他们大多在网络求职期间或者使用社交软件交友期间易被境外人员策反利用。

……

1. 陈某某为境外刺探、非法提供国家秘密案

被告人陈某某系某职业技术学院学生。2020年2月中旬，陈某某通过"探探"APP平台结识了境外人员"涵"。陈某某在明知"涵"是境外人员的情况下，为获取报酬，于2020年3月至2020年7月间，按照"涵"的要求，多次前往军港等军事基地，观察、搜集、拍摄涉军装备及部队位置等信息，并通过微信、坚果云、rocket.chat等软件发送给"涵"。陈某某先后收受"涵"通过微信、支付宝转账的报酬共计人民币1万余元以及鱼竿、卡西欧手表等财物。经密级鉴定，陈某某发送给"涵"的图片涉及1项机密级军事秘密、2项秘密级军事秘密和2项内部事项。

最终，陈某某因犯为境外刺探、非法提供国家秘密罪被判处有期徒刑六年，剥夺政治权利二年，并处没收个人财产人民币一万元。

2. 黄某某为境外刺探、非法提供国家秘密案

黄某某，案发前系婚纱摄影师。2019年7月，被告人黄某某通过微信聊天与境外人员"琪姐"结识。在"琪姐"的指示下，于2019年7月至2020年5月间，黄某某利用在某军港附近海滩从事婚纱摄影的便利，使用专业照相器材、手机等远景拍摄军港周边停泊的军舰，为了避免暴露自己，黄某某还采用欺骗、金钱引诱等方式委托他人为自己拍摄该军港附近海湾全景。黄某某以

每周2到3次的频率,累计拍摄达90余次,其中涉及军港军舰照片384张。黄某某将拍摄的照片通过网络以共用网盘、群组共享等方式发送给境外人员"琪姐",共收取对方提供的报酬人民币4万余元。经鉴定,涉案照片涉及绝密级秘密3项,机密级秘密2项。

最终,黄某某因犯为境外刺探、非法提供国家秘密罪被判处有期徒刑十四年,剥夺政治权利五年,并处没收个人财产人民币四万元。

3. 吴某某间谍案

被告人吴某某,男,案发前系某机场航务与运行管理部运行指挥员。2020年7月,被告人吴某某通过自己及其姐姐、哥哥等人的闲鱼账号在"闲鱼"软件承接跑腿业务,某间谍组织代理人"鱼总"通过"闲鱼"软件的自动回复号码搜索添加了被告人吴某某的微信。后吴某某在金钱诱惑下被"鱼总"发展,并接受其要求吴某某提供政府机关重要人员到某机场的行程信息,被告人吴某某利用自己在该机场运行管理部担任运行指挥员的便利,多次刺探、截获政府机关重要人员的行程信息,并通过境外聊天软件发送给"鱼总",共收取"鱼总"提供的间谍经费人民币2.6万余元。经鉴定,被告人吴某某为间谍组织代理人"鱼总"提供的信息涉1项机密级军事秘密,2项秘密级军事秘密。

最终,吴某某因犯间谍罪被判处有期徒刑十三年,剥夺政治权利四年。

……

最高人民法院发布全民国家安全教育典型案例及相关法律规定（节录）[①]

（2019年4月15日）

……

黄某某为境外刺探、非法提供国家秘密案

被告人黄某某通过QQ与一位境外人员结识，后多次按照对方要求到军港附近进行观测，采取望远镜观看、手机拍摄等方式，搜集军港内军舰信息，整编后传送给对方，以获取报酬。至案发，黄某某累计向境外人员报送信息90余次，收取报酬5.4万元。经鉴定，黄某某向境外人员提供的信息属1项机密级军事秘密。

法院认为，被告人黄某某无视国家法律，接受境外人员指使，积极为境外人员刺探、非法提供国家秘密，其行为已构成为境外刺探、非法提供国家秘密罪。依照《中华人民共和国刑法》相关规定，对黄某某以为境外刺探、非法提供国家秘密罪判处有期徒刑五年，剥夺政治权利一年，并处没收个人财产人民币5万元。

……

---

① 参见《全民国家安全教育典型案例及相关法律规定》，载最高人民法院官网，https：//www.court.gov.cn/zixun-xiangqing-151722.html，2023年4月24日。

最高人民法院发布5起平安中国建设第一批典型案例（节录）[①]

李某某资助危害国家安全犯罪活动案

（一）基本案情

李某某，曾用名李某祥，男，1955年出生于上海，后加入伯利兹籍，但长期在国内经商。2009年，李某某在某西方大国参加一场反华活动时，结识了反华分子杨某某。此后，李某某在明知杨某某从事危害我国国家安全犯罪活动的情况下，长期资助杨某某实施相关犯罪活动。其中，2016年至2019年，李某某以现金或者支票方式资助杨某某10余万美元，折合人民币100余万元。

一审法院判决：李某某犯资助危害国家安全犯罪活动罪，判处有期徒刑十一年，并处没收个人财产人民币二百万元。一审宣判后，李某某提出上诉。二审法院裁定：驳回上诉，维持原判。

（二）裁判理由

根据刑法第一百零七条，资助危害国家安全犯罪活动罪，是指境内外机构、组织或者个人资助实施背叛国家、分裂国家、煽动分裂国家、武装叛乱、暴乱、颠覆国家政权、煽动颠覆国家政权的行为。背叛国家、分裂国家、煽动分裂国家、武装叛乱、暴乱、颠覆国家政权、煽动颠覆国家政权的行为都是对国家安全具有重大危害的犯罪，对这些危害国家安全的犯罪活动进行资助，

[①] 参见《最高法发布平安中国建设第一批典型案例》，载最高人民法院官网，https://www.court.gov.cn/zixun-xiangqing-339541.html，最后访问日期：2023年4月24日。

实际上就是帮助犯，资助行为与被资助的危害国家安全犯罪活动侵害的目标是一致的，都是国家安全。本罪的犯罪主体为境内外机构、组织或者个人，实际上是一般主体，不仅包括境内机构、组织、个人，而且包括境外机构、组织、个人。刑法第六条规定，凡在中华人民共和国领域内犯罪的，除法律有特别规定的以外，都适用中国刑法；犯罪的行为或者结果有一项发生在中华人民共和国领域内的，就认为是在中华人民共和国领域内犯罪。资助危害国家安全犯罪活动，无论资助行为发生在国内还是国外，因资助的结果发生在中国领域内，所以属于在中国领域内犯罪，适用中国刑法。

本案中，被告人李某某明知杨某某在境外实施危害我国国家安全的犯罪活动仍向杨某某提供资助，资助杨某某实施了一系列危害我国国家安全的犯罪活动，给我国的国家安全造成严重危害，其行为符合刑法规定的资助危害国家安全犯罪活动罪的构成要件，依法应以资助危害国家安全犯罪活动罪定罪处罚。

（三）典型意义

李某某资助危害国家安全犯罪活动案，是近年来人民法院审理的一起典型危害国家安全犯罪案件。李某某出生在中国，生意在中国，却资助境外反华分子实施危害我国国家安全的犯罪活动，属于典型的吃中国饭砸中国碗的内奸。案件的依法审理，传递出国家安全不容侵犯的坚决态度：不管是谁，只要触犯了中华人民共和国刑法，危害到了我国国家安全，都将依法追究其刑事责任。

《国家安全法》第十一条第一款规定："中华人民共和国公民、一切国家机关和武装力量、各政党和各人民团体、企业事业组织和其他社会组织，都有维护国家安全的责任和义务。"维护国家安全，人人有责，也必须人人负责、人人尽责。公民和组织应当切实履行维护国家安全的义务，及时报告危害国家安全活动的线索，保守所知悉的国家秘密，为国家安全工作提供便利条件或者其他协助等。机关、人民团体、企业事业组织和其他社会组织应当对本单位的人员进行维护国家安全的教育，动员、组织本单位的人员防范、制止危害国家安全的行为。

国家安全是安邦定国的重要基石，维护国家安全是全国各族人民根本利益所在。人民法院作为审判机关，肩负着维护国家安全和社会稳定的神圣使命。近年来，人民法院坚决贯彻党中央决策部署，忠实履行刑事审判职责，依法坚决打击危害国家安全犯罪，为维护国家安全提供了坚强有力的司法保障。新时代新征程，人民法院将全面贯彻总体国家安全观，依法严厉打击敌对势力渗透、破坏、颠覆、分裂活动，坚决捍卫国家政治安全特别是政权安全、制度安全。

……